잘 읽는
아이가
상위권이 된다

잘 읽는 아이가 상위권이 된다

강남 3구 26년 경력 독락서쾌의
1% 상위권 학습 독서법

초 판 1쇄 2024년 12월 12일

지은이 이연숙
펴낸이 류종렬

펴낸곳 미다스북스
본부장 임종익
편집장 이다경, 김가영
디자인 윤가희, 임인영
책임진행 이예나, 김요섭, 안채원, 김은진, 장민주

등록 2001년 3월 21일 제2001-000040호
주소 서울시 마포구 양화로 133 서교타워 711호
전화 02) 322-7802~3
팩스 02) 6007-1845
블로그 http://blog.naver.com/midasbooks
전자주소 midasbooks@hanmail.net
페이스북 https://www.facebook.com/midasbooks425
인스타그램 https://www.instagram.com/midasbooks

ISBN 979-11-6910-961-1 03370

값 22,000원

미다스북스는 다음세대에게 필요한 지혜와 교양을 생각합니다.

잘 읽는
아이가
상위권이 된다

강남 3구 26년 경력 독락서쾌의
1% 상위권 학습 독서법

독락서쾌 **이연숙** 지음

미다스북스

READING LEARNING

책은 세상을 배우는 커다란 창이다.

단순히 독서 지도 방법을 알려주는 기술을 넘어,

26년 경력 독서지도사의 삶과 철학을

이 책에 담으려 노력했다.

진정한 삶의 길이 책에 있음을 경험하는 삶이 되길 바라며

자녀 교육에 일희일비하며 고민하고

자녀와 함께 성장하고 있는

세상 모든 학부모에게 이 책을 바친다.

추천사 ─────

1969년 평생교육으로 시작된 지역사회교육운동은 1989년부터 부모교육을 시작하였고, 교육부와 함께 전국의 학교에 도서관을 만들어 독서문화를 확대하는 데 활약하였다.

그 가운데 본인 또한 20년째 지역사회교육실천본부에서 학생과 학부모가 책과 가까이 생활할 수 있도록 돕는 환경을 만들고, 자녀를 양육하는 부모들에게 약이 되는 교육을 펼치는 역할을 해내고 있다.

알고만 있는 부모가 아닌, 보고 배울 수 있는 모습을 삶에 녹여내는 부모가 되기 위해서는 독서를 통한 평생학습자로 지속적인 노력을 기울이지 않으면 안 된다.

앞으로의 사회는 개인의 생애주기에 따라 필요한 학습을 하고자 하는 평생학습자가 증가할 것이다. 삶을 통해 경험하는 학습, 책을 통한 경험 해보지 못한 것의 학습이야말로 스스로 깨우치는 최고의 방법이라는 것에 이견이 없을 것이다. 또 이를 조금 더 빨리 알고 익힐 수 있도록 하여 자녀 학습력 향상에도 도움을 받는다면 두말할 나위가 없을 것이다.

이연숙 선생님의 조언과 책 추천으로 생각의 범위가 한층 더 깊고 넓어진 경험자로서, 이 책을 통해 잘 읽는 법을 익혀 뇌를 깨우고 사고력을 확장하고 기억력을 높인다면, 변화하는 세상에서 앞서가며 평생의 삶을 풍요롭고 가치 있게 만드는 데 분명 도움이 될 것이라고 확신한다.

부모교육 지도자이며 독서교육 전문가로, 그리고 평생교육사로 몸과 마음의 단련을 끊임없이 몸소 실천하는 선생님의 도서 출간을 축하하며, 더 많은 사람들에게 좋은 영향력을 펼치시길 진심으로 응원한다.

– 독서로부터 배우는 평생학습자 박설미

"상위권 성적 아이"
"공부 잘하는 아이"
"1등 아이"

　교육에 관심이 있는 초·중·고 학부모라면 누구나 자녀가 상위권 아이가 되길 바란다. 그리고 누구나 어떻게 해야 자녀가 상위권에 오를까를 고민한다.

　'공부 잘하는 아이'는 모든 부모의 로망이다. 부모는 자녀의 학교 성적으로 인해 천국과 지옥을 맛보며 자녀 학업에 시간과 자본을 아낌없이 투자한다. 그러나 모든 부모가 공부 잘하는 상위권 아이의 부모가 아니다. 누구나 잘하고 싶은 공부지만 누구나 좋은 결과를 내지는 못한다. 바람이 이루어지지 않는 이유는 너무나 많다. 국가, 지역, 교육정책, 교육 방향의 전환, 기술 발전, 부모의 학력, 직업, 소득, 기대치, 교육관, 학교의 위치, 학교 풍토, 학교 시설, 교우관계, 이웃 등 외부적인 요인들이 많은 부분의 원인일 수 있다. 그러나 모든 원인 중 기본은 결국 공부하는 아이 자신이라는 것은 부인할 수 없다. 아이가 갖고 있는 학습 태도와 학습 수용량이 가장 기본적인 영향을 미친다.

학습 태도는 배움 앞에서 보이는 마음의 준비 상태이다. 학습에 대해 가지는 동기, 의지, 관심, 참여도 등을 의미한다. 그동안 가르친 많은 학생 중 학습 태도가 낮은 학생은 단 한 명도 없었다. 현재 자기의 성적과 무관하게 모든 학생은 노력해서 좋은 성적을 받고 싶어 했고 공부 잘하는 아이라는 말을 듣고 싶어 했다. 그리고 부모에게 자랑스러운 자녀가 되고 싶어 했다. 태도에 문제가 없다면 학습 수용량이 문제의 답이다.

학습 수용량은 효과적으로 학습할 수 있는 정보의 양과 이해 수준을 의미한다. 학습 수용량에는 인지능력 즉 기억력, 이해력, 추론 능력 등도 포함되며 풍부한 배경지식과 기존 지식도 바탕이 된다. 또한 집중력, 주의력, 학습 전략, 학습 태도 등도 학습 수용량을 결정한다. 어렵게 느껴지지만 학습 수용량은 결국 '아이의 생각하는 힘'이라고 할 수 있다.

'생각하는 힘'은 언어를 통해 형성되고 발전한다. 언어는 생각을 논리적으로 정리하고 구조화하는 데 필수이다. 인간은 특정 언어적 표현이나 문장을 통해 생각을 조직적으로 형성하고 표현할 수 있다. 언어는 추상적인 개념을 형성하고 이해하는 데 중요한 역할을 하며 논리적 사고를 가능하게 한다. 비판적 사고와 문제 해결력도 언어를 통해 키워지며 지식을 습득하고 확장하는 데 가장 중요한 매개체도 역시 언어이다. 언어가 발달한 사람일수록 새로운 정보를 빠르게 이해하며 내면화하는 능력이 뛰어나다. 그리고 이러한 능력은 학습 결과에 영향을 미친다. 결국 공부 잘하는 아이의 힘은 '생각의 힘'이며, 그 힘은 '언어'에서 나오는 것이다. 이러한 언어 성장의 핵심이 바로 읽기이다. 그래서 잘 읽는 아이가 상위권이다.

　최근 한강 작가의 노벨상 수상으로 전 국민이 기뻐하는 가운데 문학상 수상의 기쁨이 무색해지는 우려의 목소리도 들린다. 바로 높아진 한국의 문화직 위상에 비해 낮은 문해력을 걱정하는 목소리이다. 국어 보통 학력 이상은 절반이며 기초 학력 미달은 늘어나고 10년 전보다 독서 권수는 6권이 감소되었다는 통계 보고가 현실을 보여준다. 전체적으로 낮아진 한국의 문해력 상황은 초중고 현장에서 단어를 이해하지 못해 제대로 된 설명이 어렵다는 교사들의 호소에서 더욱 절실함이 느껴진다.

　소셜미디어(SNS) 등에 빠져 재미만 추구하고, 디지털 기기와 인터넷의 발전으로 검색 몇 번으로 모든 답을 찾을 수 있다며 지식을 가볍게 여기는 정보화 사회가 만든 그늘이 문해력 저하이다. 지식은 꾸준한 인내와 노력이 필요하다. 결코 클릭 몇 번으로 외부의 지식이 내면으로 체화하고 전이되지 않는다. 지식 습득은 고독하고 고통스러운 인간적인 작업이다. 이런 지식을 쇼핑 카트로 옮겨 담는 일회용 물건 정도로 가볍게 취급하고 있는 현실이 안타깝다.

　특히 초중고 학령기 학생들의 독서와 도서관 이용 그리고 어휘력 저하는 세대 간 소통의 어려움과 교육의 질 저하까지 우려해야 할 상황이다.

화성 탐사를 위해 전 세계 지성인이 모이고 초끈이론을 넘어 M이론을 탐구하는 현대 사회에 대한민국의 문해력 저하는 단순한 안타까움을 넘어 국가 경쟁력 저하까지 걱정하지 않을 수 없다.

　교육부는 독서 교육 통합플랫폼인 '독서로' 등을 통해 학생 수준에 따라 맞춤형 독서 활동이 이루어지도록 지원하겠다는 정책을 밝혔다. 양질의 독서 프로그램을 운영하고 다양한 교육이 이루어지도록 노력하겠다는 정부의 방향 제시와 역할은 두말할 필요 없이 중요하다. 교육부의 독서 활성화 정책이 중요한 것은 아이의 독서 습관 형성과 학습력, 사고력 발달에 지대한 영향을 미치기 때문이다. 하지만 교육부 정책만으로는 내 아이의 독서력 향상과 바른 독서 습관 길들이기에는 부족하다. 이러한 빈 부분을 채워 줄 곳이 바로 가정이다. 그러나 바쁜 일상생활 속에서 내 자녀의 독서는 많은 부모가 해결해야 할 과제이자 숙제로 다가온다.

　『잘 읽는 아이가 상위권이 된다』는 바로 이러한 부모들에게 도움을 드리고자 하는 고민에서 시작되었다. 내 자녀를 위해서 어디에 집중할 것인가를 알려주기 위한 책이다. 시간은 돈으로 살 수 없다. 내 자녀의 오늘은 그 어느 날보다 소중하다. 그렇기에 부모가 먼저 독서가 무엇인지 정확하게 알아야 한다. 그래야 책을 읽고 있는 내 자녀에게 수학 숙제, 영어 공부 다 하고 읽으라는 방해를 안 할 것이다.

　돈을 내고 읽기를 배운다는 것이 어색하던 1990년대 초반부터 '독서지도사'라는 이름으로 활동을 시작했다. 치열한 강남 3구에서 26년간 어머니들의 선택받는 독서논술전문지도 강사로 활동했다. 그리고 지역사회교육실천본부 소속 부모 교육 강사로도 활동했다. 긴 기간 동안 나 자신도 읽고 공부하며 끝없이 변화해 왔고 독서에 대한 개념과 방식도 변화 발전해 왔다. 그 동안 수많은 학생, 학부모와 함께 고민하고 함께 성장하는 과정을 거쳤다. 지금까지 만나 모든 학생과 학부모 그리고 앞으로 만날 모든 이들이 한 송이 꽃처럼 아름다운 존재들이다. 자녀를 위해 희생하고 애태우는 학부모들과 그런 부모의 기대를 만족시키기 위해 참고 인내하며 노력하는 학생들에게 독서가 줄 수 있는 힘과 기회가 진심으로 전달되길 바란다. 선택과 집중의 순간에 바른 선택의 길잡이가 되길 바란다.

　1장 '왜 읽어야 할까? : 부모가 먼저 알아야 하는 독서 기적'에서 '읽는다는 것'에 대한 답을 찾아간다. 독서의 중요성을 강조하고자 독서란 무엇이며, 뇌와 독서의 관계에 대한 이해와 적서, 적자, 적시 독서의 의미와 중요성을 설명하고자 한다. 많은 부모가 말로는 책 읽기가 중요하다고 하지만 실제로 자녀에게 책 읽을 시간은 주지 않는다. 초등 저학년만 되어도 수학 문제풀이와 영어 공부에 밀려 독서는 뒤로 밀린다. 독서는 국어라는 교과목이 아니라며 우선순위가 뒤로 밀리고 학습이 아닌 취미 활동이 되고 만다.
　독서의 중요성을 알고 있다고 착각하는 부모이기 때문이다. 또는 자녀가 무언가를 읽기만 해도 뿌듯한 마음에 막연히 잘 읽는다고 안심하며 독서 단계를 살피지 않는 부모도 역시 착각하는 부모이다. 독서의 중요성을 막연하게 아는 정도를 넘어 진심으로 알아야 한다. 독서가 자녀의 뇌에 미치는 진짜 마술 같은 힘을 알게 되면 어떤 부모도 독서를 가볍게 생각하고 뒤로 미루지 않을 것이다. 자녀의 하루 일과 중 가장 우선순위에 두고 학년과 발달에 적절한 독서 시간과 독서량을 확보하기 위해 노력할 것이다. 마치 영양 균형이 잡힌 음식을 정성으로 요리해 먹이듯 말이다. 그러기 위해 부모가 알아야 한다. 진짜 독서가 무엇이며 독서가 왜 중요한지를 말이다. 제대로 알면 알맞게 선택하고 행동한다. 되돌릴 수 없는 자녀의 학습 시기를 뒤돌아보며 후회하지 않는 방법은 제대로 알고 진심으로 실천하는 것이기 때문이다.

2장 '1% 독서법 기초 : 우리 아이 발달에 맞추는 독서 지도 가이드'에서는 우리 아이의 성장 단계에 맞는 독서와 뇌 발달 관계를 유아기부터 고등학생까지 단계별로 자세히 설명했다. 시기마다 독서는 성장하는 자녀의 뇌 발달에 중요한 자극 요소가 된다. 독서가 뇌에 미치는 영향을 좀 더 자세히 알아보고 뇌 발달 단계에 따른 도서 선택과 읽기 방법을 영유아기부터 고등학생까지 나누어 설명했다. 내 자녀 학년과 상황에 맞는 부분부터 골라 먼저 읽어도 좋다. 독서와 발달 관련 일반적인 사항과 보편적인 정보를 담고 있어 기초편이라고 할 수 있다.

3장 '1% 독서법 심화 : 잘 읽는 아이가 반드시 상위권이 된다'에서 잘 읽는 아이가 왜 상위권 학생이 되는지를 독서와 학습력 향상 관계로 설명했다. 초등 저학년 아이에게 중학교 수학 진도 선행을 위해 책을 읽힐 시간이 없다는 학부모, 입소문 난 대치동 수학학원 입학시험을 위해 수학 과외를 집중적으로 공부하고 있어 책 읽을 여유가 없다는 학부모 등 지금까지 수학 학습을 위해 독서를 가볍게 뒤로 미뤄버리는 많은 학부모를 만났다. 자녀를 위해 무엇에 집중하고 선택해야 하는지 제대로 모르고 있는 용감한 부모들이 아닐까 싶다. 선행학습이 허약한 학습 체질을 만든다면 독서를 통한 학습력 향상은 튼튼한 기초 체력을 키우는 것이다. 학습력 향상을 위한 독서 방법과 가정에서 실제 자녀와 함께 독서를 실천하는 방법을 구체적으로 설명했다. 기초보다 심화된 내용이다.

4장 '1% 독서법 α+ : 평생 가는 독서 습관을 만드는 비밀'에서는 왜 초등학교 시기 독서 습관을 잡아야 하는지에 대한 이유와 독서 후 사고를 확장하기 위한 질문법의 중요성을 설명했다. 대화형 AI가 등장한 이후 명확하고 구체적인 질문이 더 정확하고 유용한 답변을 제공받을 수 있어 질문의 중요성은 커지고 있다. 또한 독서 환경 만들기를 구체적으로 설명해 내 자녀와 우리 집 상황에 맞는 최적의 환경 조성을 위한 정보를 제공했다. 아이의 일과에 맞는 독서 시간대와 함께 집에서 읽는 방법에 대한 설명도 있어 실제 내 자녀와 실천해 볼 수 있는 다양한 정보를 제시했다.

5장 '변화하는 미래, 독서는 무기다'에서는 생존하고 살아가기 위한 적응에 대하여 이야기한다. 학부모를 상담할 때마다 묻는 것이 있다. "자녀를 어떤 사람으로 키우고 싶으세요?"이다. 부모마다 각양각색의 다양한 바람이 담긴 대답이 나온다. "자기가 좋아하는 일을 하며 사는 사람", "남에게

해를 끼치지 않으면서 자기 일을 하며 사는 사람", "행복하고 능력 있는 사람" 등등. 모두 자녀를 사랑하고 아끼는 마음이 고스란히 담겨 있는 대답들이다. 이러한 바람을 정리해 보면 한마디로 '적응 잘하는 아이'이다.

내 자녀가 세상에 적응하고 생존하여 번식하기를 바라는 마음이다. 자녀가 살아갈 세상이 어떻게 변하더라도 어떤 상황이 되더라도 그 상황을 이해하고 파악하고 분석해 자기 힘으로 환경에 적응하고 타협하며 유연하게 살아가길 바라는 것이다. 급변하는 미래 세계에 대해 모든 대비책을 마련해주고 예견해서 준비시켜 줄 수 있는 부모가 몇이나 있을까? 결국 살아남아 문제를 해결하며 살아가는 것은 자녀 본인의 몫이다. 자신의 앞날을 스스로 선택하고 판단하며 살아가야 할 자녀들에게 진정으로 필요한 능력은 자기를 이해하고 세계를 이해하는 것이다.

결국 생각하는 힘, 즉 독서가 답이다. 우리 자녀들이 살아가야 할 미래 시대는 평생 학습이 선택이 아니라 필수이다. 급변하는 기술과 체재는 이미 알고 있는 '배운 사람'보다는 '배워갈 수 있는 사람, 빠르게 학습하고 적용할 수 있는 사람'을 요구한다. 독서는 학령기 학생들뿐만 아니라 성인기, 노년기에도 필수적인 활동이다. 평생 학습자로 살아가며 스스로 힘을 응축할 수 있는 사람이 성공한 사람이라는 점을 알아야 한다.

독락서쾌 Tip(5)와 부록(4)는 늘 곁에 두고 참고할 수 있는 실용적 내용으로 채웠다. 언제라도 옆에 놓고 활용할 수 있는 내용이다. 독락서쾌 Tip은 각 장마다 하나씩 넣었다. 1장에서 '독락서쾌'에 담긴 독서의 진정한 의미,

2장에서 평생의 동반자인 독서의 역할, 3장은 최신 뇌인지과학에서 설명하는 기억의 저장과 인출, 4장에서는 가족이 함께하는 다양한 독서 토론 주제를 통해 가정에서 의미 있는 대화 시간을 활용할 수 있는 정보를 담았다. 5장에서는 개발 과업 이론과 독서 활동 적용 방법을 설명해 효율적인 독서 활동이 될 방법을 담았다.

부록에서는 연령별 추천 도서 목록과 도서 선택의 포인트를 정리해 당장 내 아이의 상황과 학년에 맞는 도서 기준을 세울 수 있도록 정보를 정리했다. 무엇보다 독서 후 장르별 질문 총 420개 문항을 꼼꼼하게 정리했다. 자녀가 어떤 갈래의 도서를 읽어도 양질의 질문을 능숙하게 할 수 있는 부모가 되도록 질문 예시를 구체적으로 정리해 두었다. 자녀와 독서 후 대화시 펼쳐 놓고 이용하면 좋다. 좋은 질문은 좋은 사고를 만든다는 것을 잊지 말아야 한다. 그리고 취미 독서를 위한 환경 조성 방법도 구체적으로 정리해 놓았다.

부록의 마지막 4번은 독락서쾌의 우리 교육에 대한 제언을 실었다. 개인적으로 중요한 의미를 갖는 부록이다. 현대 사회에서 자녀를 양육한다는 것의 의미와 교육 주체 간의 협력의 가능성과 앞으로의 교육에 대한 개인적 신념을 정리한 글이다. 오랜 기간 사교육 현장에서 학생들을 가르친 경험과 학교라는 공교육 현장에서 부모 교육과 초등 고학년 독서 교사로 활동한 경험을 바탕으로 형성된 교육 철학이다. 복잡하고 변화무쌍한 인공지능 시대를 살아가고 있는 내 자녀를 잘 양육하고 교육하기 위한 방법이 무엇인지에 대한 현실적 제언이자 가능성에 대한 바람이 담겨 있다. 핵심은 '多인多각-전문가 교육공동체 교육'이다. 현대 사회는 더 이상 부모만의 지식으로 내 아이를 잘 키우기에는 다양하고 복잡하며 깊은 능력을 아이에게 요구한다. 부모가 가진 특정 분야의 전문성만으로는 아이의 성장 단계에 맞는 모든 필요를 충족하기에 역부족이다. 각 분야의 전문가라는 사회의 인적 자원을 활용하고 도움을 받는 부모가 현명한 부모이다.

책은 세상을 배우는 커다란 창이다. 단순히 독서 지도 방법을 알려주는 기술을 넘어, 26년 경력 독서지도사의 삶과 철학을 담으려 노력한 책이다. 이 책은 처음부터 읽어도 좋고 내 자녀의 학년이나 상황, 혹은 자신에게 맞는 부분부터 먼저 시작해 읽어도 좋다. 나 또한 한평생 학습과 지속적인 성장을 위해 독서를 실천해 온 한 사람의 독서가이다. 지난 시간을 돌아보면 부족한 나에게 부모 교육의 넓은 세계로 이끌어 준 지역사회교육실천본부와 소속 선후배 강사님들은 모두 감사한 분들이다. 그리고 겁 없이 도전한 석박사의 문을 기꺼이 열어주시고 한 걸음 한 걸음 도와주신 건국대 일반대학원 교수님들도 모두 감사하다. 무엇보다도 나를 믿고 지지해 준 사랑하는 가족 그리고 무거운 가방을 메고 묵묵히 매주 공부하는 제자들과 그런 훌륭한 자녀를 둔 학부모들에게 감사드린다.

진정한 삶의 길이 책에 있음을 경험하는 삶이 되길 바라며 자녀 교육에 일희일비하며 고민하고 자녀와 함께 성장하고 있는 세상 모든 학부모에게 이 책을 바친다.

차례

추천사 006

머리말 008

1장
왜 읽어야 할까?
부모가 먼저 알아야 하는 독서 기적

1. 독서는 더 넓은 세상을 보는 것이다 025
2. 책 읽기의 기본은 적서 · 적자 · 적시! 029
3. 뇌의 발달 단계에 따라 독서도 중요해진다 037
4. 독서할 때 우리 뇌는 어떻게 달라질까? 052
5. 독서로 생각의 넓이와 높이를 업그레이드! 060

독락서쾌 Tip '독락서쾌'에 담긴 독서의 진정한 의미 067

2장
1% 독서법 기초
우리 아이 발달에 맞추는 독서 지도 가이드

1. 연령과 발달에 따른 독서 교육이 필수다 073
2. 초등학교 이전: 언어 습득력과 상상력을 자극하라 076
3. 초등 저학년: 기본 습관과 기초 기술을 만들어라 082
4. 초등 고학년: 비문학적, 문학적 배경지식을 키워라 088
5. 중학생: 사고력을 확장해야 독해 기술이 자란다 097
6. 고등학생: 목적 독서로 심화 학습하라 108

독락서쾌 Tip 독서는 평생의 동반자다 – 성인기 독서의 힘! 119

3장
1% 독서법 심화
잘 읽는 아이가 반드시 상위권이 된다

1. 선행학습의 함정: 왜 학습력이 중요한가? 129
2. 학습의 비밀! 잘 읽어야 잘 푼다! 136
3. 지식의 양팔 저울: 문학과 비문학 144
4. 문학 작품 읽기로 뇌를 깨워라 155
5. 기억력과 인지능력 잡는 시 암송 훈련 159
6. 독해의 5단계에 적용하는 학습의 7가지 원칙 167

독락서쾌 Tip 기억의 옷장 만들고 활용하기! 184

4장

1% 독서법 α+

평생 가는 독서 습관을 만드는 비밀

1. 초등학교 때 독서 습관 반드시 잡아라 193
2. AI 시대, 질문 습관이 힘이다 200
3. 책 읽기 습관을 키우는 독서 환경 만들기 209
4. 독서 습관은 집에서 자란다 223
5. 아이와 함께 집에서 읽어라 229

독락서쾌 Tip 가족이 함께 하는 다양한 독서 토론 주제 241

5장

변화하는 미래,
독서는 무기다

1. 적응력과 문제 해결력의 키는 독서다 249
2. 디지털 교과서 시대, 능동적 독자만 살아남는다 259
3. 뇌 지도에 따라 독서력을 향상시켜라 266
4. 인생은 끝까지 읽는 자가 이긴다! 287
5. 배운 사람이 아니라 배울 수 있는 사람(평생학습자)! 292

독락서쾌 Tip 개발 과업 이론과 독서 활동 적용 방법 297

부록

부록 1. 연령에 맞는 책 고르는 기준 알기 307

부록 2. 독서 후 장르별 질문 420 327

부록 3. (부모를 위한) 취미 독서에 적합한 환경 만들기 가이드 352

부록 4. 독락서쾌의 우리 교육에 대한 제언 366

  1) 학교–학원–가정 교육은 선택이 아니라 필수다 366

  2) 2인3각(二人三脚)보다 多인多각! – 전문가 교육공동체 교육 374

참고문헌 379

READING LEARNING

1장

왜 읽어야 할까?

부모가 먼저 알아야 하는
독서 기적

READING LEARNING

1.

독서는
더 넓은 세상을 보는 것이다

"책을 읽는다는 것은 곧 세상을 보는 것이다."

알베르트 아인슈타인

독서는 새로운 지식과 시각을 제공하며, 세상을 바라보는 방식을 넓혀준다.

'읽는다'는 행위는 단순히 눈으로 문자를 따라가는 것이 아니라, 인간의 인지능력과 뇌 기능을 모두 동원하는 복합적인 과정이다. 읽기는 시각적으로 문자를 인식하고 이를 의미 있는 정보로 해석하는 과정이며, 이를 통해 독자는 지식을 습득하거나 다양한 감정을 경험한다. 이러한 과정을 위해 단어의 의미를 파악하고, 문맥을 이해하며, 추론을 통해 새로운 개념을 도출하는 능력까지 요구된다.

읽기는 뇌의 여러 부분이 협력하는 매우 복잡한 작업이다. 시각적인 정보를 처리하는 후두엽, 단어의 의미를 이해하고 해석하는 측두엽, 그리고 사고와 추론을 담당하는 전두엽이 동시에 작동한다. 이러한 복잡한 뇌 활동을 통해 단순한 문자가 뉴런의 자극을 통해 지식과 지혜로 변모하게 되는 과정이 읽는다는 것이다.

읽기는 인류가 언어를 문자로 기록하는 기술을 발전시키면서 시작되었다. 최초의 문자는 기원전 3000년경 메소포타미아 지역에서 발명된 쐐기문자였다. 문자 이전에 인류가 사용한 것은 물물교환과 거래 내용을 기억하기 위한 보조 수단 물표였다. 그러나 거래 품목이 다양해지고 거래량이 증가하면서 물표는 한계를 드러내고 더욱 발전된 무언가가 필요해지자 문자가 발명된다. 처음 단순한 보조 기록으로서의 문자를 인류는 더욱 복잡하게 발전시켜 생각을 기록하고 이야기를 전달하며, 법과 종교적 의미를 기록하는 문자로 발전시킨다. 본격적인 기록이 시작된 것이다. 기원전 2000년경에는 이집트에서 상형문자가, 기원전 1500년경에는 페니키아에서 알파벳 문자가 등장하면서, 문자가 인류 문명에서 중요한 역할을 하게 되었다. 특히 페니키아의 문자가 그리스로 전파되면서 인류는 한 차원 더 높이 도약하게 된다. 그리스 알파벳은 표음 문자 체계 특성으로 인해 인간의 복잡하고 다양한 언어생활과 그로 인한 관념과 감정 그리고 다양한 추상적 세계를 기록할 수 있게 된 것이다. 이후 그리스와 로마 제국은 문자를 체계적으로 발전시키고 이를 교육과 국가 운영에 필수적인 도구로 활용하면서 읽기의 필요성을 널리 확산시켰다.

중세에 들어서면서 책은 종교와 학문을 위한 중요한 도구로 자리 잡았으며, 15세기 구텐베르크의 금속 활자 발명으로 인해 읽기와 책의 대중화가 급격히 진행되었다. 이는 지식의 확산과 계몽 운동으로 이어지며, 근대 사회의 형성을 위한 혁명과 국가 조직 체계 및 사상에 밑거름이 된다.

인류가 문자를 발명한 이후, 읽기는 인류의 문화적, 정치적, 사회적 발전의 근간이 되었다. 국가가 형성되고 법이 제정되면서, 읽기는 법과 규칙을 이해하고 사회 시스템에 참여하기 위한 필수 능력이 되었다. 고대 문명에서는 법률과 종교 문서를 이해하기 위한 필수적인 기술로 여겨졌으며, 이를 통해 질서 있는 사회를 유지할 수 있었다.

근대에 이르러 국가 조직과 민주주의가 발전하면서, 읽기는 시민들이 정보를 이해하고 자신의 권리를 행사할 수 있는 기본적인 능력이 되었다. 특히, 민주주의 사회에서는 독서를 통해 다양한 의견을 접하고, 논리적인 사고를 바탕으로 정치적 판단을 내리는 능력 또한 성숙한 사회 발전을 위해 중요하게 여겨지고 있다.

특히 현대 사회에서 독서는 지식 습득을 넘어서서 개인의 삶의 질을 높이는 중요한 활동으로 자리 잡았다. 정보화 사회에서는 무수히 많은 정보가 쏟아지기 때문에, 이를 분석하고 올바르게 판단하는 능력은 필수이다. 독서는 이러한 능력을 기르는 데 핵심적인 역할을 한다. 또한, 책을 읽음으로써 우리는 타인의 경험과 생각을 이해하고, 공감 능력과 비판적 사고도 기를 수 있다.

인류라는 거대한 흐름뿐만 아니라 독서는 개인의 정신적, 감정적 성장을 도모한다는 면에서도 중요하다. 우리는 책을 통해 자신을 성찰하고, 다른 문화와 시대를 경험하며, 더 나은 삶의 방향을 모색할 수 있다. 이렇듯, 독서는 현대 사회에서 개인의 성장과 사회적 적응력을 높이는 필수적인 도구로서 기능하고 있다.

결론적으로 '독서'란 즉, 읽는다는 행위는 단순히 문자를 해독하는 것 이상의 의미를 지닌 가치 있는 인류문화이다. 인류의 역사와 함께 발전해 온 중요한 능력이자 개인이 사회에 적응하고 성장하는 데 반드시 갖추어야 할 능력이다. 현대 사회에서 독서는 정보 습득을 넘어 공감과 성찰의 도구이며, 개인과 사회의 발전에 도움이 되기 위한 필수적인 도구이다. 그러므로 책을 읽는다는 것은 곧 세상을 보는 것이다.

2.

책 읽기의 기본은
적서·적자·적시!

"인생에서 가장 중요한 것은 올바른 책을 올바른 시간에 만나는 것이다."

에드워드 불워 리튼

독서는 적절한 시점에 이루어져야 최대의 효과를 발휘한다.

'독락서쾌'는 나의 삶이 응축된 말로 내가 나에게 지어 준 호(號)이다. '즐길 락(樂)', '읽을 독(讀)', '글 서(書)', '중개할(거간) 쾌(儈)'라는 한자의 조합으로, 그 자체가 책 읽기를 즐기며 글을 통해 독자와 저자를 연결(중개)한다는 의미를 담고 있다. '독락서쾌'의 철학적 해석을 확장하면, 책을 통해 이루어지는 정보 및 의미의 중개와 정신적 교류를 중심으로 해석할 수 있다.

독서는 단순한 정보 전달을 넘어 정신적 교류와 의미 창출을 이루는 과정이므로 독자와 저자 사이의 중개자는 중요한 역할을 한다. 가장 알맞은 시기(적시)에 가장 알맞은 저자의 책(적서)을 가장 적합한 자가(적자) 읽을 수 있도록 '책과 독자'라는 둘 사이를 연결해 주는 중개인의 역할을 한다는 의미이다.

독락서쾌의 철학적 핵심은 저자의 생각과 경험이 책에 담긴 신경망의 인코딩을 통해 독자에게 전달되고, 독자가 그것을 디코딩 하면서 서로 연결된다는 것이다. 저자가 자신의 지식, 경험, 감정을 텍스트에 담아 인코딩하면, 독자는 그 텍스트를 읽고 자신의 신경망에서 해석(디코딩)한다. 이 과정에서 독자의 경험과 사고방식은 독서를 통해 저자의 사상과 교차되면서 새로운 의미와 지식이 그리고 신경망이 형성되는 것이다.

이는 독서가 단순히 내용을 이해하고 해독하는 수준이 아닌 정신적 중개 과정이라는 것을 잘 보여준다. 에릭 캔델(Eric Richard Kandel)의 해양 달팽이 아플리지아(Aplysia) 연구처럼 신경 세포는 경험과 학습을 통해 연결을 강화하거나 약화하는 능력이 있다. 이는 기억 형성의 핵심이며 신경 가소성(Neural Plasticity) 연구에서도 확인된 바이다. 캔델은 아플리지아의 신경 회로를 통해 민감화와 습관화라는 학습 과정을 설명했다. 민감화는 자극에 대한 반응이 강화되는 과정을, 습관화는 반복된 자극에 대한 반응이 감소하는 과정을 뜻한다. 두 가지 학습 형태는 신경 전달의 변화가 어떻게 기억에 영향을 미치는지를 이해하는 데 중요한 기초이다. 그의 연구는 기억이 시냅스 연결의 강도 변화에 의존한다는 사실을 입증한 것으로 기억이 형성될 때, 신경 세포 간의 시냅스 연결이 더 강해지거나 새로운 연결이 형성됨을 의미한다. 이러한 시냅스 가소성은 학습과 기억의 기초 메커니즘으로 독서를 통한 자극이 뇌 신경망 형성에 영향을 미침을 의미한다.

이처럼 독서는 두 사람의 신경망이 연결되어 하나의 사상과 철학이 공유되는 과정적 활동이다. 독락서쾌는 이 과정이 책을 통해 매개되는 중요한 연결 고리임을 강조하며, 책이 단순한 물질이 아닌 정신적 교류의 통로라는 철학을 담고 있다. 저자가 글을 통해 자신의 사상을 전달하고, 독자가 그 내용을 받아들이는 과정을 통해 두 사람은 서로 정신적으로 연결된다. 이는 독서의 본질을 넘어, 책이 사고와 사상을 중개하는 다리 역할을 한다는 점을 보여주는 것이다.

그러므로 '독락서쾌'는 책을 통해 이루어지는 사상적, 감정적, 지식적 연결을 통해 저자와 독자가 서로의 신경망을 잇는 중개 역할을 수행한다는 뜻이다. 그리고 독서가 즐거움이자 철학적 교류의 중요한 도구임을 시사하는 말이기도 하다. 이와 같은 기본 철학을 바탕으로 이를 실천하기 위해 강조되는 것이 적서(適書), 적자(適者), 적시(適時)이다. 이는 독서의 세 가지 중요 원칙으로 알맞게 조합되어야 가장 효과적이고 의미 있는 독서 경험이 될 수 있다.

1. 적서(適書): 가장 알맞은 책

적서는 두 가지 의미이다. 우선 독자가 현재의 능력과 필요 그리고 관심사에 알맞은 가장 적합한 책을 의미한다. 독서 경험이 풍부하고 의미 있게 되기 위해서는, 책의 내용이 독자의 현재 지적 수준과 관심 분야에 맞아야 한다. 예를 들어, 과학에 관심 있는 학생에게는 그 분야의 쉽고 흥미로운 책이, 철학에 관심 있는 성인에게는 깊이 있는 철학 서적이 적합하다. 두 번째는 의미는 현재의 수준에서 읽기 힘든 살짝 높은 수준의 책을 의미한다.

사회문화적 인지 발달 이론을 정립한 비고츠키(Vygotsky)의 근접 발달 영역(Zone of Proximal Developmnet, ZPD)이론은 적서의 두 번째 개념을 잘 설명한다. 인간의 인지 발달이 사회적 상호작용에 의해 크게 영향을 받는다는 이론을 발전시킨 비고츠키는 인간 발달이 개인 학습보다 사회적 환경과 문화적 맥락 안에서 이루어진다는 사회문화적 접근을 강조한 심리학자이자 교육 이론가이다. 근접 발달 영역 이론(ZPD)에 따르면, 사람은 자신의 발달 수준에 맞는 학습 자원을 통해 보다 높은 수준의 이해와 성장을 이룰 수 있다고 한다. 즉, 혼자서 수행할 수 있는 과제와 문제 해결 능력인 현재 발달 수준에서 스스로 해결할 수 없는 더 높은 수준의 과제 해결을 위해서는 적절한 지원을 받아야 수행이 가능하다는 이론이다. 이를 건설 현장에서 높은 층으로 철근을 올리는 데 사용되는 비계(Scaffolding)에 비유한 것이다.

적절한 난이도의 책은 독자가 그 내용을 이해하면서도 도전적인 책이어야 한다. 이를 통해 독자는 사고를 확장하고 학습 능력을 키울 수 있다. 자신의 수준에 맞는 책과 주위 사람들이 비계 역할을 함으로써 읽을 수 있는 상위 난이도의 책이 적서이다. 어려운 도서를 읽을 수 있도록 격려해 잠재 독서력을 최대한 끌어내는 책도 적서이다.

2. 적자(適者): 가장 알맞은 사람

적자는 책의 내용을 잘 소화할 수 있는 지적 준비 상태를 의미한다. 이는 독자의 성숙도와 지적 능력에 맞는 책을 선택하는 것과 연결된다. 지적 성장과 심리적 준비 상태에 따라 적절한 책을 선택해야 그 내용이 실질적 학습과 자기 성찰로 이어진다.

20세기 가장 영향력 있는 심리학자이자 생물학자인 피아제(Piaget)의 인지 발달 이론은 이 부분을 잘 설명한다. 각 독자는 자신의 인지 발달 단계에 맞는 정보를 잘 받아들일 수 있다. 0~2세 감각운동기 아동과 2~7세 전조작기 아동이 대상을 바라보는 인식은 다르다. 감각운동기의 아동이 대상 영속성 개념을 이해하기 시작하는 단계라면 전조작기 아동은 상징적 사고로 언어, 이미지, 그림 등을 사용하며 주변 세상을 자기중심성과 물활론을 갖고 언어와 이미지로 표현한다. 7~11세 구체적 조작기 아동은 논리적 사고를 시작하며 보존 개념을 이해하고 12세 이상 아동은 추상적이고 가설적인 사고를 할 수 있다. 아동은 각 발달 단계에서 적합한 학습 환경을 제공받을 때 가장 효과적으로 학습한다. 아동 스스로 자신만의 지식을 구성해 나가 탐구하는 학습 환경이 필요하다. 어린이는 구체적 사고 단계에 맞는 감각적 책이, 성인은 추상적 사고를 요하는 책이 적합하며, 이 책을 읽는 과정에서 인지 능력이 확장된다.

3. 적시(適時): 가장 알맞은 시기

적시는 독서가 가장 적합한 시기에 이루어질 때 최고의 학습 효과와 인지적 성장이 이루어진다는 원칙이다. 적시에 독서를 한다는 것은 독자의 발달 상태와 감정적 상태에 맞는 시기에 독서가 이루어지는 것을 의미한다. 즉, 지적 호기심이 강한 시기, 또는 특정한 지식이 필요한 시기에 맞추어 책을 읽는 것이 중요하다.

발달 심리학자이자 정신분석학자인 에릭슨(Erikson)의 심리사회적 발달 이론(Psychosocial Development Theory)에 따르면, 인간은 특정 시기에 정체성 탐색이나 자아실현과 같은 중요한 과업을 맞이한다. 에릭슨은 인간 발달을 전 생애에 걸친 연속적인 과정으로 보았다. 각 발달 단계 특성에 맞는 적절한 독서는 독자가 자기 탐구와 성장을 위한 중요한 지적 도구로 작용한다. 특히 6~12세는 근면성 대 열등감으로 대표되는 시기로 학교에서 자기의 능력을 발휘하고 성취감을 얻으려는 욕구가 있다. 그러므로 자신이 능력이 부족하다고 느끼거나 비교를 통해 열등감을 느낄 수 있으므로 독서를 통한 정서 인식과 실력 향상이 필요하다. 12~18세는 정체성 대 역할 혼란의 단계이므로 앞으로의 역할과 명확한 목표를 갖도록 정체성 확립에 대한 기회가 필요하다. 그 기회를 책이 제공해야 한다.

4. 적서, 적자, 적시의 조화

적서의 선택에 있어서 지적 수준과 발달 단계에 맞는 적절한 책을 찾도록 돕고 흥미와 발달 단계에 맞는 맞춤형 책을 제공함으로써, 학습 동기를 자극하고 성장을 촉진할 수 있다. 적자의 이해를 위해 부모는 자녀가 자신의 관심사와 필요에 따라 독서를 계획하고 선택하도록 격려해야 한다. 자녀가 어떤 시점에 있는지를 분석하고, 그에 맞는 독서 프로그램을 제공함으로써 독서의 학습적, 정서적 효과를 극대화할 수 있다. 적시의 지도를 위해 적절한 시점에 독서를 할 수 있도록 지도하고 특정한 시기에는 지적 도전이 필요하며 인생의 전환점에서 독서가 얼마나 중요한지 이해해야 한다. 그리고 그 순간에 맞는 책을 선택할 수 있도록 정보와 도움을 주어야 한다.

콜브(David Kolb)의 경험 학습 이론에 따르면, 학습은 경험, 반성적 관찰, 추상적 개념화, 능동적 실험이라는 순환 과정을 거친다고 한다. 독서는 이러한 과정에서 경험과 관찰의 중요한 도구가 될 수 있으며, 독자는 책을 읽고 반성적 사고를 통해 내용을 분석하며, 그 결과를 현실에 적용하는 과정을 경험한다. 적서, 적자, 적시는 이 사이클 안에서 적절한 경험을 제공하고, 독자의 반성과 실험적 학습을 도와주는 것이다.

또한 아지리스(Chris Argyris)와 쇤(Donald Schön)의 이중고리학습 (Double-loop Learning)은 학습자가 문제 해결을 넘어서 근본적인 사고방식을 변화시키는 것을 목표로 한다. 독서는 이러한 이중고리학습에서 독자가 책을 통해 자신의 기존 신념이나 사고 체계를 비판적으로 검토하고 새로운 사고방식을 채택하게 하는 데 중요한 역할을 한다. 독서 활동은 이러한 이중고리학습을 지원하며, 독자가 적서, 적자, 적시에 적합한 책을 읽는 경험을 통해 사고의 변혁을 경험할 수 있도록 돕는다.

결론적으로, 적서(가장 알맞은 책), 적자(가장 알맞은 사람), 적시(가장 알맞은 시기)라는 세 가지 중요한 원칙을 기반으로 하는 독서는 단순한 지식 습득을 넘어 비판적 사고와 근본적인 인식 변화를 일으키는 학습 과정이 되는 것이다. "인생에서 가장 중요한 것은 올바른 책을 올바른 시간에 만나는 것이다."라는 빅토리아 시대의 소설가이자 정치가인 에드워드 불워 리튼의 명언처럼 인생에서 성공과 성장의 중요한 요인은 자신에게 필요한 시점에 적합한 책을 만나는 데 있다.

3.

뇌의 발달 단계에 따라
독서도 중요해진다

"독서는 음식과도 같다. 올바른 시기에 올바른 것을 섭취해야 몸과
마음이 건강해진다."

마르쿠스 툴리우스 키케로

정신과 마음의 성장을 위해 각 시기에 필요한 책을 읽는 것은 중요하다.

인간의 뇌는 발달 단계에 따라 서로 다른 자극과 학습 방식이 필요하다.
독서 또한 뇌의 발달과 학습 능력에 맞추어 적절한 방법과 도서 선택이 이
루어져야 뇌 발달을 극대화할 수 있다. 뇌 발달에 지대한 영향을 미치는
독서는 태아기부터 노년기까지 각 나이에 걸쳐 뇌 성장과 발달, 유지 및
기능 회복에 중요한 역할을 한다. 나이에 따라 뇌의 발달 속도와 학습 능
력이 다르므로, 각 시기에 적합한 독서 방법도 필요하다.

각 발달 시기별로 뇌의 특징과 독서가 뇌에 미치는 영향을 구체적으로 살펴보면 다음과 같다.

1) 임신 준비기 및 태교기: 뇌의 형성 및 기초 구조 형성

① 뇌 발달의 특징

| 임신 준비기: 부모의 신체적, 정신적 건강을 다지는 시기로 앞으로 임신과 육아를 위한 환경을 준비하는 중요한 시기이다. 부부는 모두 금주 및 금연과 균형 잡힌 영양 섭취 그리고 스트레스 관리로 건강한 육체와 건전한 정신을 만들어야 한다. 또한 건강한 사회적 관계를 형성하여 안정된 가정을 형성해야 한다. 부부의 건강한 몸과 마음 그리고 사회 형성은 태아의 뇌 발달 기초를 다지는 데 중요한 바탕이 된다. 부부는 앞으로 태어날 자녀에 대한 양육과 교육에 대한 서로의 역할을 이해하고 협의해야 한다. 새로운 구성원 맞이에 대한 물리적, 정신적 준비 과정을 위해 시 예비 육아 양육프로그램과 부모 교육 프로그램을 수강하여 진정한 부모됨의 의미와 가치를 배우고 깊이 이해하는 노력도 중요하다.

| 태교기(임신기): 뇌의 신경계가 급속도로 발달하는 시기다. 4주경에 뇌의 기초 구조가 형성되며, 6개월까지 대뇌피질이 발달하기 시작한다. 청각은 임신 18주경부터 발달하기 시작해, 임신 24주 이후에는 외부 소리를 인식할 수 있을 정도로 발달한다. 임신 후반기로 갈수록 외부의 다양한 소리, 특히 부모의 목소리를 구별하고 이에 반응하게 된다.

② 독서의 역할

| 임신 준비기: 부모 교육, 육아 정보 도서를 읽으며 궁금증을 해결한다. 그리고 다양한 정보를 탐색하고 양육을 이해하고 준비한다.

| 태교기: 태아를 위한 독서를 하면, 모의 목소리나 감정을 통해 정서적 안정감이 태아에게 전달된다. 반복적으로 듣는 언어 자극은 태아의 청각 발달을 도와 뇌 신경회로의 발달을 촉진한다. 예를 들어, 리듬감이 있는 동화책이나 의성어나 의태어가 잘 구성된 동시를 읽어주면 뇌에서 언어와 음악적 리듬을 처리하는 영역이 활성화된다. 또한 아버지의 육아 동참이 필요한 첫 시기로 일정한 시간에 편안한 음성으로 아버지가 책을 소리 내어 읽어주는 활동은 태아를 편안하게 하고 익숙한 목소리에서 정서적 공감대를 형성하게 된다. 아버지의 목소리는 어머니의 목소리와 다른 저 음역대가 많아 태아에게 깊고 부드러운 진동을 전달해, 태아에게 새로운 자극으로 느껴진다. 이 자극은 태아의 감각을 자극하며, 두뇌의 청각 피질 발달을 도와 청각 인지능력 향상에 기여한다. 이는 출생 후에도 인지 발달에 긍정적인 영향을 줄 수 있다.

2) 생후 1세에서 5세: 뇌 발달의 황금기

① 뇌 발달의 특징

생후 1세부터 5세까지는 뇌가 급격하게 성장하는 뇌 발달의 황금기이다. 신경 회로가 폭발적으로 형성되며 언어 능력, 감정 조절, 운동 기능 등의 기초가 형성된다. 이 시기의 뇌는 신경 가소성이 매우 높아, 외부 자극에 빠르게 반응하며 새로운 연결을 형성한다. 1~2세는 언어와 기초 인지능력이 본격적으로 발달하기 시작해 주위 사람들의 말을 듣고 따라 하며 언어를 습득하고, 단순한 단어와 문장을 이해하고 사용하게 된다. 2~3세는 본격적으로 말을 하며 타인과 의사소통을 시작하고, 자신의 감정을 표현하는 법을 배운다. 상상력이 발달하여 놀이를 통해 자신만의 이야기를 만들고 새로운 아이디어를 탐구하기 시작한다. 3~4세는 기억력과 기초적인 논리적 사고 능력이 발달한다. 이야기를 기억하고 재구성하며 단순한 원인과 결과를 이해하기 시작한다. 4~5세는 다양한 경험을 바탕으로 창의적 사고와 추론 능력을 확장된다. 이야기 속 인물의 감정과 상황을 분석하고 다음 이야기를 예측하려고 시도하는 등 고차원적인 사고를 하게 된다.

② 독서의 역할

▎생후 1~2세: 부모가 아이에게 그림책을 보여주고 이야기를 들려주는 것은 시각적 자극과 언어적 자극을 동시에 제공해 뇌 발달에 큰 도움을 준다. 책 속의 단순한 그림과 반복적인 어휘 사용은 언어 발달과 시각 처리 능력을 촉진한다. 이러한 언어 자극을 제공하면, 단어와 개념을 습득하는 데 도움이 된다. 부모가 책을 읽어줄 때 아이는 어휘와 언어 리듬을 익히며, 언어 발달이 촉진된다.

▎3~5세: 아이들이 문장을 이해하고 자신의 언어로 표현할 수 있는 능력이 발달하는 시기이다. 이 시기에는 상상력과 창의성을 자극하는 동화책을 읽어주는 것이 좋다. 예를 들어, 『빨간 모자』와 같은 이야기를 통해

문제 해결 능력과 감정 이입 능력을 키울 수 있다. 아이는 이야기를 따라가며 기억력을 키우고, 사건 간의 연결 관계를 이해하는 기초적인 논리적 사고를 배울 수 있다. 이는 추후 학습과 문제 해결 능력의 기초가 된다. 자녀와 함께 책을 읽으며 질문을 하고 얘기 나눔으로써 창의적 사고를 자극할 수 있다. 또한, 이야기 속 인물의 감정을 이해하고 예측하는 연습은 아이의 사회적 이해력과 추론 능력을 키워준다.

3) 유치원기(5~7세): 학습 준비와 뇌 발달

① 뇌 발달의 특징

유치원 시기에는 뇌의 인지능력, 언어 처리 능력, 사회적 상호작용 능력이 급격히 발달하는 중요한 전환기이다. 5~7세는 뇌의 우반구가 집중적으로 발달하는 시기로 상상력과 창의력, 감성적 언어가 활발하게 발달한다. 이 시기의 아이들은 눈앞에 없는 것들도 마음속에서 그려내며, 가상 세계와 현실 세계를 넘나드는 사고를 즐긴다. 언어와 관련된 좌뇌의 발달도 활발해지며, 어휘력과 문장 이해 능력이 급격히 향상된다. 언어를 다루는 뇌의 영역이 빠르게 성장하면서, 다양한 단어와 문장을 이해하고 표현하는 능력이 발달한다. 기억력과 인지능력이 크게 향상되며, 정보를 이해하고 저장하는 능력이 빠르게 발달한다. 또한 뇌의 전두엽이 점차 성숙해지며 주의 집중력과 논리적 사고력이 향상되면서 복잡한 생각을 할 수 있는 기초가 마련된다. 감정을 인식하고 조절하는 뇌의 능력도 발달하며, 사회적 상호작용과 타인의 감정을 이해하고 이에 공감하는 능력이 성장한다. 특히 논리적 사고가 발달하기 시작하는 시기로, 사건의 인과관계를 이해하고 규칙을 인식하는 능력이 생긴다.

② 독서의 역할

| 국어 학습 대비: 문장 구조와 어휘를 이해하기 위해 그림책에서 글이 포함된 책으로 점차 옮겨간다. 독서로 언어 이해 능력과 읽기 능력을 기초부터 단단하게 다져준다. 책을 읽는 것은 어휘 확장과 문장 구조 이해에 직접적인 도움이 된다. 반복적으로 듣고 읽는 과정에서 단어와 문장의 리듬, 의미를 인식하며 언어 능력을 기르게 되고, 더 나아가 표현력과 의사소통 능력이 발달한다. 이야기 속 등장인물, 다양한 사건, 배경 묘사를 통해 상상력을 자극하며 이를 통해 아이들은 새로운 상황을 상상하고, 창의적인 사고를 확장하며 문제 해결 능력도 키워간다. 등장인물의 감정을 경험하고 이해하는 것은 공감 능력을 높이고 감정 조절 능력을 키우는 데 도움을 준다. 독서를 통해 아이들은 타인의 입장에서 생각하고 감정을 이해하는 훈련을 하며, 이는 나중에 사회적 관계 형성에도 중요한 기반이 된다.

| 수학 학습 대비: 수와 모양에 관한 간단한 수학책이나 문제 해결 관련 동화책을 통해 수리적 사고의 기초를 마련할 수 있다. 책을 읽는 과정에서 이야기를 따라가고, 등장인물의 행동과 사건을 기억하고 연결하는 것은 인지력과 기억력을 높여준다. 독서를 통해 아이들은 정보와 사건을 순차적으로 기억하고, 이를 나중에 되돌아보며 종합적으로 이해할

수 있는 능력을 키운다.

| 과학 학습 대비: 간단한 과학적 개념을 다루는 책, 예를 들어 '날씨'나 '동물'에 관한 책을 읽어주면 과학적 사고의 기초를 제공한다. 이야기 속 사건과 문제 해결 과정은 아이들이 인과관계와 논리적 사고를 이해하는 데 도움을 준다. 또한 책 속에서 인물이 문제를 해결하는 과정을 보며 아이들은 다양한 해결책을 생각해 볼 수 있게 되어 문제 해결 능력을 키운다.

4) 초등학교 시기(8~12세): 학습의 기초를 다지는 시기

① 뇌 발달의 특징

| 초등학교 저학년 시기(8~10세): 자기 통제와 감정 조절 능력도 발달해 자기 행동을 더 잘 조절하고 충동적인 반응을 줄이는 능력을 키운다. 어휘량이 급격히 증가하며, 더 복잡한 문장 구조와 의미를 이해할 수 있게 되고 독해 능력과 작문 능력이 향상되어 다양한 표현을 학습하게 된다. 무엇보다 글을 읽고 의미를 파악하는 능력이 크게 발전하며, 새로운 개념을 텍스트를 통해 이해할 수 있게 된다. 뇌의 가소성 덕분에 새로운 정보를 빠르게 흡수하고, 기억 및 학습 능력이 향상되며 편도체와 전두엽 사이의 상호작용이 성숙해지면서 감정 조절과 사회적 상호작용에서 중요한 변화를 겪는다. 감정 이입 능력이 발달하며, 친구들과의 관계를 통해 협력과 타협을 배우고, 사회적 규범을 더 잘 이해하게 되어 사회적 뇌가 발달한다. 작업 기억과 장기 기억이 더욱 발달하여 학습한 정보를 더 오

랫동안 유지하고, 이를 기반으로 더 복잡한 문제 해결 과제를 수행한다.

| 초등학교 고학년 시기(11~13세): 이 시기의 뇌는 효율성을 높이고 학습과 기억 형성을 위해 시냅스 가지치기(Synaptic Pruning)를 한다. 경험과 학습을 통해 중요한 인지능력을 강화하는 한편 감정적으로 예민한 상태가 될 수 있다. 11~13세 아동은 정서적 반응을 더욱 강하게 경험할 수 있으며, 때로는 극단적인 감정 변화를 겪을 수도 있다. 이는 전두엽이 완전히 성숙하지 않아 감정 조절이 어려운 것과도 관련이 있다. 또한 초기 사춘기로 접어드는 시기이므로 뇌 발달과 성호르몬의 변화가 동시에 일어난다. 신체적 변화뿐 아니라 뇌의 구조적, 기능적 변화도 크게 나타난다. 성호르몬(테스토스테론, 에스트로겐)이 급격하게 분비되고 뇌에 직접적인 영향을 미치며, 감정과 사회적 상호작용을 처리하는 뇌 영역을 활성화시킨다. 이에 따라 청소년들은 새로운 사회적 상황과 관계에서 더 민감한 반응을 보일 수 있다. 사춘기 뇌도 여전히 높은 가소성을 유지하고 있어, 새로운 경험과 학습을 통해 뇌 구조가 계속해서 변화한다. 이 시기에 부정적인 경험이 뇌 발달에 부정적인 영향을 미칠 수 있다. 전두엽의 발달로 인해 자기의 행동이 타인에게 어떻게 보이는가에 대한 인식이 점점 강해지며, 타인의 시선을 신경 쓰기 시작한다. 이로 인해 자아 정체성을 형성하는 과정에서 혼란을 겪을 수 있다. 도파민 시스템의 변화로 인해 보상 민감도가 증가해 보상에 대한 기대감과 자극을 더 크게 느끼며, 위험한 행동에 더 끌리게 만드는 원인이 되기도 한다. 이러한 변화는 사춘기 뇌가 감정적 자극에 더 민감해지고, 쾌락을

추구하는 경향을 증가시키는 이유 중 하나이다.

② 독서의 역할

| 국어: 교과서 외에도 문학 작품이나 역사, 과학과 같은 다양한 주제의 책을 읽는 것이 중요하다. 예를 들어, 동화책을 읽으면 이야기 구성력과 창의적 사고가 발달하며, 역사책은 논리적 사고와 비판적 사고를 키운다. 학습 독서를 통한 다양한 문학 작품 감상은 어휘력과 문장 구조를 이해하는 능력이 향상되고 언어에 대한 감각을 높인다. 다른 교과 학습의 기본이 되는 문해력도 강화된다. 또한 문학 독서를 통해 여러 상황과 감정을 접하게 되어 비판적 사고와 공감 능력이 자라며, 자기 생각을 창의적으로 표현하는 데 도움을 준다.

| 수학: 논리적 사고를 촉진하는 퍼즐 책이나 수학 동화책을 통해 수리적 사고력을 높일 수 있다. 문제 해결 과정을 다룬 이야기나 계산이 필요한 이야기를 읽으면 수학적 사고가 자연스럽게 강화된다. 수학 독서(수학 동화나 논리 퍼즐 책 등)는 아이들이 수학적 사고와 논리적 추론 능력을 기르는 데 도움이 되고 수학 문제를 해결할 때 논리적 접근 방식을 강화해 준다. 재미있는 수학 이야기나 문제 풀이 과정을 다룬 책을 읽으면서 수학에 대한 흥미가 생기고, 수학 개념에 대한 이해도 높아져 수학에 대한 거부감이 줄어들게 된다.

| 과학: 과학적 탐구심을 자극하는 책을 읽으면 실험 정신을 키울 수 있다. 예를 들어, 『용선생 과학 교실』과 같은 책은 과학 원리를 이해하고

탐구하는 능력을 길러준다. 과학 독서는 아이들이 자연 현상과 과학 개념을 이해하는 기초를 다지고, 관찰과 탐구 능력을 키우는 데 도움을 준다. 이를 통해 호기심과 탐구심이 자라며 과학적 사고를 기르게 된다. 과학 도서에서 다루는 다양한 실험과 문제 해결 과정을 읽으면서 실험적 사고가 길러지고, 복잡한 과학적 개념을 쉽게 이해하게 된다.

▎**사회**: 사회성 및 이해력 향상에 도움이 된다. 사회 독서를 통해 역사와 지리, 경제, 정치 개념을 쉽게 접하게 되어 역사적·사회적 배경 지식이 넓어진다. 이를 통해 사회 현상을 이해하고 분석하는 능력이 강화된다. 역사적 사건과 사회적 이야기를 접하면서 다양한 사람의 삶과 관점을 이해하게 되어 공감 능력과 공동체 의식이 향상된다. 이는 타인과의 관계에서 사회적 감수성을 높이는 데도 도움이 된다.

▎**미술과 음악**: 미술과 음악 이론을 다룬 책을 읽으면 예술적 감각을 키울 수 있다. 미술 작품의 설명이 담긴 책은 시각적 사고를 자극하며, 음악과 리듬을 다룬 책은 음악적 사고를 강화한다. 예술 관련 도서는 아이들이 미술과 음악의 세계를 이해하고, 자신의 창의력을 표현하는 방법을 배우는 데 도움이 된다. 이는 예술적 감수성과 상상력을 풍부하게 해준다.

▎**체육**: 운동 관련 이야기나 스포츠 선수의 일대기를 다룬 책은 체육 활동의 중요성과 신체 건강을 강조하는 데 도움이 된다. 체육 관련 도서를 통해 신체 활동의 중요성과 스포츠 정신을 배우며, 신체 발달과 함께 긍정적인 태도와 성취감을 느끼는 데 도움을 받을 수 있다.

5) 중고등학교 시기(14~19세): 고등사고 기능 발달

① 뇌 발달의 특징

┃ 중학교 시기(14~16세): 뇌 발달 특징은 추상적 사고와 비판적 사고가 발달하며, 뇌는 점점 더 복잡한 사고와 논리를 처리하는 능력을 키워간다는 것이다. 고차원적인 인지 기능을 담당하는 뇌의 중요한 부분인 전두엽이 빠르게 발달해 추론 능력과 문제 해결 능력이 향상 되지만 아직 완전히 성숙하지 않아 충동 조절이 어렵고 장기적인 계획을 세우는 데 어려움을 겪으며 사춘기 동안 감정을 처리하는 편도체가 더 빠르게 발달하는 경향이 있어 감정적 반응이 강하고 충동적이다. 신경 회로가 정리되면서 시냅스 가지치기가 활발하게 진행되어 학습과 기억의 효율성을 높이지만 자주 중요한 내용을 기억하기 힘들어 하기도 한다.

이 시기 메타인지(Metacognition)가 활성화된다. 메타인지란 자신의 사고 과정에 대한 인식과 통제를 의미한다. 자기 점검 능력(Self-Monitoring)이 발달해 자신의 학습 과정을 인식하고, 어떤 부분에서 어려움을 겪는지 스스로 점검하고 학습 전략을 수정하고 더 나은 학습 계획을 세울 수 있다. 메타인지가 발달하면서, 계획 세우기와 목표 설정을 통해 학습 과정을 효과적으로 관리한다. 스스로 장기적인 목표를 세우고, 학습 계획을 조정하며 성취도를 평가하는 능력이 향상되기 때문이다. 또한 메타인지 발달을 통해 전략적 학습하게 된다. 예를 들어, 특정 학습 방법이 효과적이지 않다는 것을 인식하고, 다른 방법을 시도하거나 새로운 학습 자료를 활용하는 것이다.

| 고등학교 시기(17~19세): 청소년기의 마지막 단계로, 이 시기의 뇌 발달은 성숙 과정의 중요한 부분을 차지한다. 비판적 사고, 분석적 사고, 문제 해결 능력이 최고조로 발달하며 뇌는 심화 된 추론과 복합적인 정보 처리에 적합한 상태가 된다. 계획력, 조직력, 의사결정능력이 더욱 정교해진다. 전두엽이 완전히 성숙하지 않았기 때문에 때때로 충동적이거나 감정적 결정이 나타날 수 있지만, 이 시기에는 점차 논리적이고 장기적인 사고를 할 수 있는 능력이 강화된다. 시냅스 가지치기도 활발하게 이루어진다. 편도체와 같은 감정 처리 영역은 여전히 발달 중이므로, 청소년들은 여전히 감정적으로 민감한 상태에 놓일 수 있다. 이 시기에는 자아정체성이 확립되며, 감정 조절과 자기 인식이 중요하다.

고등학교 시기 메타인지를 통해 학생들은 자신의 학습 전략을 평가하고, 무엇이 효과적인지, 무엇이 비효율적인지를 스스로 판단할 수 있다. 학습 계획을 세우고, 자신의 공부 습관을 모니터닝하며, 학습 목표를 달성하는 데 더 큰 책임감을 갖는다. 시험 준비와 같은 상황에서 메타인지는 자신이 알고 있는 것과 모르는 것을 구별하고, 전략적으로 복습할 수 있게 해준다. 또한 자신에 대한 깊은 성찰을 가능하게 한다.

특히 사회 진출이나 진학이라는 큰 관문을 앞둔 이 시기 청소년들은 자신이 누구인지, 무엇을 추구하는지에 대해 깊이 고민한다. 이는 자아 정체성의 형성과 직결되며, 진로 선택과 같은 중요한 결정을 내리는 데 영향을 미친다. 또한 또래와의 관계와 사회적 인식이 매우 중요한 시기이기도 하다. 타인의 시선을 의식하거나, 사회적 역할 관련 고민을 많이

하게 되며, 이는 성격 형성에도 큰 영향을 미치기도 한다. 이 시기의 청소년들은 부모나 교사로부터 독립을 추구하며, 자신의 결정에 대한 책임을 더 강하게 느끼고 자기 결정권이 중요해지며, 독립적인 사고와 행동을 추구하는 경향이 강해진다.

② 독서의 역할

│ 국어: 문학적 독서를 통해 비판적 사고와 감정 이입 능력이 향상된다. 국어 과목의 독서는 언어 능력, 표현력, 그리고 비판적 사고력을 기르는 데 필수적이다. 문학 작품, 수필, 시 등을 읽는 과정에서 학생들은 다양한 시각과 감정을 접하며, 언어적 표현 능력을 연마할 수 있다. 또한, 인물과 상황을 분석하는 과정에서 논리적 사고와 감정 이입 능력이 함께 발달하게 된다.

│ 수학: 수학적 개념과 응용문제를 다룬 책, 수학적 논리와 연관된 책을 읽으면 추론 능력이 향상된다. 수학 교과는 독서와의 연관성이 적다고 느낄 수 있지만, 수학적 사고법을 설명하는 글이나 문제 해결 방법을 다룬 책을 읽는 것은 논리력과 문제 해결 능력을 강화하는 데 유익하다. 수학 독서는 추론 과정과 논리적 전개를 이해하는 데 도움을 주며, 이를 통해 수학적 사고와 개념적 이해가 깊어진다.

│ 과학: 과학 탐구 도서나 과학적 실험을 다룬 책을 읽으면 과학적 사고력과 탐구심을 키울 수 있다. 지구과학, 생물, 물리, 화학, 응용과학 및 기술에 관련된 기초 도서는 교과 내용을 보충하는 중요한 자원이 된다.

과학 분야의 독서는 논리적 사고와 탐구 능력을 증진 시키는 역할을 한다. 과학적 개념을 설명하는 글이나 실험 과정의 기록을 읽는 것은 학생들이 가설을 세우고 검증하는 과정을 이해하는 데 도움을 준다.

| 사회/역사: 이 시기의 뇌는 논리적이고 체계적인 사고를 발전시키기 때문에, 역사적 사건과 사회 문제를 분석하고 비판적으로 생각할 수 있는 능력이 강화된다. 역사적 관점과 사회 구조에 대한 다양한 자료를 읽으면 사회적 사고력과 문제 해결 능력이 발달한다.

| 외국어(영어 등): 외국어 교과의 독서는 언어 습득과 문화적 이해에 중요한 역할을 한다. 외국어로 된 문학, 기사, 에세이를 읽으면 언어 구조와 어휘력이 향상되며, 다양한 문화와 가치관을 접할 수 있다. 이를 통해 글로벌 감각과 언어 구사 능력을 기르고, 외국어로 사고하는 능력을 키울 수 있다.

| 예술(음악, 미술 등): 예술 과목과 관련 된 독서는 창의적 사고와 심미적 감수성을 키우는 데 도움을 준다. 예술 작품의 배경, 역사, 그리고 예술가의 관점을 설명하는 글을 읽는 것은 학생들이 예술을 이해하고 감상하는 데 도움을 주며, 창의적 사고와 감수성을 함양하는 데 기여한다.

요람에서 무덤까지 즉 생애 전체에 걸쳐 뇌는 한순간도 멈추지 않고 계속해서 성숙하며 변화하고 발달하며 성장한다. 이 말은 뇌의 능력이 고정되어 있지 않으며 상승도 하지만 아래로 떨어질 수도 있다는 의미를 내포하고 있다. 훈련된 뇌를 갖고 있다고 해서 안심해서는 안 된다는 의미이다. 학창 시절 상당히 많은 책을 읽고 공부도 했다고 자부했던 성인 중 나이 들어 읽고 생각하고 판단하는 일에 자신감이 사라졌다고 호소하는 분이 많은 것은 뇌의 이러한 특성 때문이다. 그러므로 전 생애에 걸쳐 시기마다 독서는 중요하다. 성인기 독서를 통해 인지력을 유지하고 발전시키는 것도 중요 하지만 생애 초반인 태아기부터 학령기까지는 더욱 중요한 시기이다. 뇌 성장이 가장 활발한 시기이며 모국어 등 학습의 기본 배경지식이 쌓이는 시기이기 때문이다. 태아기에는 부모의 목소리와 리듬을 통해 청각 자극을 받아 초기 뇌 발달을 촉진하며, 유아기와 아동기에는 그림책과 이야기를 통해 언어 능력과 상상력을 키워야 한다. 청소년기에는 추론과 비판적 사고가 강화되면서 학습과 교과 과목별 독서가 넓은 배경지식으로 쌓여 깊이 있는 사고를 길러주기 때문이다. 독서는 신체적 건강을 위한 음식처럼 정신과 마음의 건강을 위해 시기마다 필요한 내용의 책을 읽어야 정신적 영양분을 적절히 취하는 것이다.

4.

독서할 때 우리 뇌는
어떻게 달라질까?

"나는 어려운 책을 읽는 것을 주저하지 않는다. 왜냐하면 그것들이 내
이해의 한계에 도전하게 하고 더 깊은 진리를 드러내기 때문이다."

리처드 파인만

난해한 책을 읽는 것은 높은 이해에 도전하고 더 깊은 진리를
드러내는 계기가 되며 깊은 사고를 강화한다.

독서는 뇌 발달에 매우 중요한 역할을 한다. 하지만 책의 난이도에 따라
뇌에 미치는 영향은 다르게 나타난다. 난이도가 낮은 책을 읽는 것에서 점
차 난이도를 높여 가는 과정은 뇌 발달에 서로 다른 방식으로 기여한다.
특히, 난이도가 높은 책을 읽는 과정에서 뇌는 더 큰 과부하를 겪으며, 이
는 독서력과 인지능력을 극대화하는 데 중요한 역할을 한다.

1) 낮은 난이도의 독서: 만화책이 뇌에 미치는 영향

만화책은 시각적 요소와 간단한 대화로 이루어져 있어, 독자가 복잡한 해석 과정을 거치지 않고도 내용을 쉽게 이해할 수 있는 읽기 자료이다. 만화책은 출판물로서, 문학적, 예술적 작품으로서 공식적으로 책의 한 종류로 인정된다. 만화책(또는 그래픽 노블)은 서사와 예술적 표현을 결합한 출판물로, 책의 중요한 기준인 서사적 구조와 출판 형식을 충족하기 때문이다. 여러 문화적, 학문적 영역에서도 만화책을 문학적 작품과 예술적 작품으로 인정하며, 교육적으로도 중요한 도구로 사용된다. 특히 어린이와 청소년에게 복잡한 내용을 이해하도록 도움이 되며, 성인 독자를 위해 심도 있는 주제를 다룬 것도 있다. 특히 그래픽 노블은 성인 독자에게도 널리 받아들여지고 있다.

하지만 만화책은 주로 그림을 통해 이야기를 전달하며, 텍스트보다는 시각적 요소에 의존하는 경우가 많아 심도 있는 전통문학의 깊이가 부족하다. 오랫동안 오락물로 간주되어 왔으며 학문적으로 깊이 있는 문학 작품이나 교육적 도구로 간주되기에는 인식이 부족하다. 또한 서사적 복잡성이 전통적인 텍스트에 비해 단순해 복잡한 사고나 심오한 아이디어를 전달하는데 제한이 있다. 형식적으로도 전통적인 책이 글 중심이라면 만화책은 그림 중심이다. 그러므로 만화책이 문학적, 예술적, 교육적 가치를 지닌 책의 한 종류인가 아닌가는 개별적이고 주관적인 관점이 많이 좌우하는 것도 사실이다. 그러나 줄글에 아직 익숙하지 않고 전통적인 텍스트 해독에 어려움을 겪는 아동이 낮은 난이도의 만화책만을 읽거나 만화책 중심으로 독서 활동을 하는 것은 지양한다. 특히 뇌과학적으로 이유가 있다.

만화책과 같은 시각적 요소가 많은 책은 뇌의 심상 형성이나 추론 능력을 충분히 자극하지 못할 수 있다. 뇌는 이미 그림으로 시각적 정보를 제공받기 때문에, 독자가 자신만의 상상력을 발휘할 기회를 제한하게 된다. 또한, 만화책은 주로 간단한 서사 구조를 가지고 있어, 뇌가 복잡한 이야기 전개를 추적하거나 등장인물의 심리 변화를 이해하는 데 필요한 전두엽과 해마의 활성화를 제한할 수 있다.

만화책을 읽는 것은 뇌의 고차원적인 사고나 분석을 요구하지 않기 때문에 뇌의 깊이 있는 자극이 부족할 수 있다. 이에 따라, 독자의 비판적 사고력과 논리적 사고력은 충분히 발달 되지 않으며, 단기 기억만을 주로 사용하게 되어 장기적인 뇌 발달에 기여하는 정도가 낮다.

2) 중간 난이도의 독서: 뇌에 긍정적인 자극과 발전

중간 난이도의 책, 예를 들어 대중 소설이나 자기계발서 등은 뇌에 더 많은 자극을 제공한다. 이러한 책들은 독자가 이야기의 전개를 추적하고, 감정적 공감을 유도하며, 독서 도중 자신의 경험이나 지식을 활용해 내용을 해석하게 만든다.

중간 난이도의 독서는 해마와 전두엽을 자극하여 기억과 추론 능력을 강화한다. 또한 편도체는 등장인물의 감정 변화나 사건 전개를 처리하며, 독자는 이에 감정적으로 반응하고 공감 능력을 키우게 된다. 독서 과정에서 독자는 이야기의 구조를 이해하고, 인물 간의 상호작용을 분석하며 비판적 사고와 창의적 사고를 발달시킨다.

이 과정에서 뇌는 더욱 깊이 있는 정보를 처리하고 통합하는 데 필요한 시냅스 연결을 강화한다. 신경 가소성이 촉진되어 새로운 정보를 받아들이고 이를 기존의 지식과 연결하는 능력이 향상된다. 에릭 캔델(Eric Kandel)의 연구에 따르면, 새로운 정보를 학습하고 이를 반복적으로 사용하면 시냅스 간 연결이 강화되어 기억과 학습 능력이 더욱 발전하게 된다고 했다.

3) 높은 난이도의 독서: 뇌의 고차원적 발달과 과부하 독서의 필요성

높은 난이도의 책이란 문장 처리를 위해 독자의 깊은 사고와 분석을 요구하며, 뇌의 여러 영역을 동시에 자극하는 복잡한 과정을 거쳐야 하는 책이다. 예를 들어, 철학적 저서, 고전 문학, 학술 논문 등이 해당된다.

과부하 독서가 필요한 이유는 미국의 언어학자이자 교육학자인 스티븐 크라셴(Stephen Krashen)의 입력 가설로 설명된다. 학습자는 자신이 이해 가능한 범위보다 약간 더 높은 수준의 입력을 받았을 때 학습이 극대화된다고 한다. ESL(English as a Second Language) 프로그램에 널리 적용되는 크라셴의 입력 가설은 자연스러운 언어 노출의 중요성을 강조하며 오늘날 학교 교육에서 몰입 교육이나 듣기, 읽기 중심 교수법을 강조하는 이론적 배경이 되고 있다. 그의 이론은 읽기 교육에서 널리 응용되고 있으며 '자유로운 읽기(free voluntary reading)'는 학습자들이 스스로 흥미를 가진 책을 읽도록 유도하여 학습 효과를 극대화하는 방법으로 주목받고 있다. 이를 독서에 적용하면, 난이도가 높은 책을 읽는 것은 독서력과 뇌의 발달을 최대화하는 중요한 과정이 된다. 높은 난이도의 텍스트는 독자의 기존 지식과 경험을 뛰어넘는 도전 과제를 제시하며, 이를 해결하며 읽는 과정에서 뇌는 더 복잡한 신경 연결을 형성하게 되는 것이다.

또한 미국의 심리학자이자 컴퓨터 과학자인 존 안데르센(John Anderson)의 ACT-R 이론(Adaptive Control of Thought-Rational Theory)으로도 설명이 된다. ACT-R 이론은 인간의 인지적 과정이 다양한 정보처리 모듈을 동시에 활용해 복잡한 문제를 해결하는 방식으로 작동한다고 설명하고 있다. 인지 과정을 컴퓨터 시뮬레이션을 통해 모델링한 그는 인공지능 및 인간의 인지 과정을 이해하는 데 중요한 기여를 했다. ACT-R 이론은 인간의 정신이 컴퓨터처럼 정보 처리 장치로 기능한다고 가정하고 인지적 과정의 복잡성을 시뮬레이션을 통해 설명했다. 인간의 인지 체계를 모듈로 구성되어 있다고 가정한 그는 각 모듈이 특정 유형의 인지 작업을 수행하고 이들이 함께 협력하여 복잡한 인지 과정을 완성한다고 보았다.

그는 지식을 선언적 지식(Declarative Knowledge)과 절차적 지식(Procedural Knowledge) 두 가지로 구분했다. 선언적 지식은 사실과 정보이고 절차적 지식은 방법적 지식을 의미한다. 인간이 문제를 해결하기 위한 기본 규칙인 생산 규칙이 절차적 기억에 저장되어 있어 특정 상황에서 자동으로 활성화되며 동시에 여러 가지 인지 작업을 수행하며 병렬로 일을 처리하게 된다. 그래서 특정 지식이 얼마나 자주 사용되었는지, 얼마나 관련성이 있는지에 따라 더 빨리 활성화될 수 있고 학습 과정을 통해 새로운 생산 규칙을 형성하고 개선해 나가게 된다. 이런 개선과 생성이 인지적 학습이 되는 것이다. 이는 고난이도의 과부하 독서가 뇌의 여러 영역을 동시에 자극해 인지 발달에 크게 기여 하는 이유를 설명해 준다.

난이도 높은 책을 읽으면 독자는 때로는 정보를 처리하는 데 과부하를 느낄 수 있지만, 이는 뇌의 학습과 성장을 자극하는 중요한 경험이자 요소이다. 도전적인 텍스트는 뇌가 새로운 사고방식을 수용하도록 강요하며, 이를 통해 뇌의 신경 연결이 복잡해지고, 사고력과 창의력이 극대화된다. 특히, 고난이도 책을 반복적으로 읽는 과정은 작업 기억과 장기 기억을 모두 활성화해 지속적인 인지 발달을 촉진한다. 그러므로 독서력 성장을 위해 적시에 높은 난이도 도서가 제공되는 것은 중요한 독서 방법이다.

4) 최상의 난이도의 과부하 독서가 뇌 발달에 필요한 이유

최상의 난이도, 즉 독자에게 극한 과부하를 주는 독서는 뇌의 고차원적 발달을 위해 필수이다. 이는 자기 주도 학습(Self-Regulated Learning)을 촉진하고, 뇌의 비판적 사고와 문제 해결 능력을 극대화하는 과정이기도 하다.

에릭 캔델의 앞서 언급한 연구대로 뇌는 새로운 도전 과제를 해결하는 과정에서 시냅스 간 연결이 더욱 활성화되며 신경 가소성이 강화된다. 난이도가 최상위인 책을 읽는 것은 뇌에 이러한 도전 과제를 지속적으로 제공하며, 이를 해결하기 위해 뇌는 더욱 복잡한 신경 네트워크를 형성하게 된다.

또한 존 스웰러(John Sweller)의 인지 부하 이론(Cognitive Load

Theory)은 학습자에게 적정 수준의 인지 부하를 제공하는 것이 학습을 극대화하는 방법이라고 설명한다. 학습에 영향을 미치는 인지 부하는 내재적 부하, 외재적 부하, 본질적 부하가 있다. 내재적 부하는 학습 내용 자체의 복잡성에 따라 달라지고, 외재적 부하는 학습에 불필요한 방해 요소로 인한 인지 부하를 의미하며, 본질적 부하는 학습에 도움을 주는 인지 지원의 사용을 뜻한다. 이론에 따르면 외재적 부하를 줄이고, 본질적 부하를 적절히 증가시켜 학습 효율을 극대화하는 것을 목표로 한다. 이를 최고 난도 독서에 적용하면, 고난도 독서는 뇌에 본질적 부하를 적절히 제공해 고차원적 사고와 깊이 있는 이해를 돕는 역할을 하게 된다. 최고 난이도 독서에는 복잡한 개념과 추론 과정이 포함되므로, 독자는 이를 이해하기 위해 내재적 부하와 본질적 부하를 적극 활용해야 하기 때문이다. 이러한 독서는 학습자의 인지 자원을 효율적으로 사용할 수 있도록 도우며 깊이 있는 사고력, 비판적 분석 능력, 문제 해결 능력을 발달시킨다. 따라서 최고 난이도 독서는 본질적 부하를 높여 학습자가 고차원적인 인지 과정을 통해 지식을 더욱 효과적으로 내면화하게 한다. 결국 난이도가 최고로 높은 텍스트는 뇌의 인지 부하를 증가시키고, 이 과정에서 뇌는 새로운 정보를 효율적으로 처리하고 기존 지식과 통합하는 능력을 발달시키며 이는 장기적으로 독서력과 인지능력을 높이는 효과를 가져온다.

최고로 난이도가 높은 책은 독자에게 하나의 시각이나 접근법만을 요구하지 않는다. 다양한 관점과 복잡한 개념을 이해하고 분석하는 과정에서 뇌는 종합적 사고 능력을 키우게 된다. 이를 통해 독자는 다양한 지식을 연결하여 더욱 창의적이고 논리적인 사고를 발전시킬 수 있다.

　독서 난이도에 따라 뇌에 미치는 영향은 크게 달라진다. 낮은 난이도의 독서는 뇌에 적은 자극을 제공하며 상상력과 비판적 사고력 발달에 제한적일 수 있다. 반면, 중간 난이도의 독서는 뇌의 기억력과 추론 능력을 자극하며, 독서력이 향상될 수 있다. 높은 난이도와 최상의 난이도, 즉 과부하 독서는 뇌의 신경 가소성을 극대화하여 고차원적 사고력과 문제 해결 능력을 발달시키는 데 중요하다. 난이도 높은 도전적인 텍스트는 뇌에 자극을 주며 이러한 자극은 뇌가 새로운 정보를 처리하고 통합하는 능력을 길러주며, 이를 통해 뇌의 전반적인 발달과 독서력이 향상된다. 책을 읽지 않는 사람은 책을 읽지 못하는 사람과 다를 바 없듯이 낮은 난이도의 책만 편하게 읽는 것도 읽지 못하는 바와 다를 바 없는 것이다.

5.

독서로 생각의 넓이와
높이를 업그레이드!

"책을 읽는 목적은 더 많은 책을 읽는 것이 아니라, 더 잘 이해하는 데 있다."

모티머 애들러

올바른 독서 방법은 내용을 분석하고, 비판적으로 사고하며,

배운 것을 내면화하는 것이다.

1) 벤자민 블룸의 마스터리 학습을 독서에 적용하면?

독서는 단순한 정보 습득을 넘어 고등사고 능력(Higher-Order Thinking Skills, HOTS)을 강화하는 중요한 활동이다. 독서를 통해 우리는 지식을 습득하고, 이를 이해, 적용, 분석, 비판하여 창조적 사고로 발전시킬 수 있다. 미국의 교육 심리학자로 교육 목표 분류 체계(Bloom's Taxonomy)와

마스터리 학습(Mastery Learning) 개념을 제안한 벤자민 블룸은 20세기 중반 교육학과 심리학에 큰 영향을 미친 학자이다. 그는 교육 평가와 수업 설계, 학습 전략 등에서 중요한 이론적 기틀을 세웠으며 교육의 목표를 인지적·정의적·심리 운동적 영역으로 나누어 무엇을 배워야 하며 어떻게 평가할지의 기준을 세웠다. 특히 인지적 영역으로 학습을 깊이에 따라 6단계로 나눈 '블룸의 교육 목표 분류(Bloom's Taxonomy)' 이론이 유명하다.

> 지식(Knowledge): 기본적인 사실과 정보를 기억하고 회상하는 능력.
>
> 이해(Comprehension): 정보를 해석하고 설명할 수 있는 능력.
>
> 적용(Application): 배운 개념을 새로운 상황에 적용하는 능력.
>
> 분석(Analysis): 정보의 구조를 파악하고, 요소 간의 관계를 이해하는 능력.
>
> 종합(Synthesis): 여러 요소를 결합해 새로운 개념이나 구조를 만드는 능력.
>
> 평가(Evaluation): 정보를 비판적으로 평가하고 판단하는 능력.

또한 벤자민 블룸의 마스터리학습은 모든 학생이 일정 수준의 학습 성취에 도달할 수 있다는 신념에 기반한 이론으로 적절한 시간과 지원이 주어지면 대부분 학생들이 각 학습 단위에서 마스터리(숙달), 즉 높은 수준의 성과를 달성할 수 있다는 개념이다. 개별 학습자의 학습 속도와 필요에 맞춘 교육을 통해 각 단계에서 완전한 이해와 숙달을 달성하게 하고 다음 단계로 넘어갈 수 있는 학습 전략 연습과 피드백을 제공하여 완전한 이해와 숙달을 달성할 수 있다는 것이다.

벤자민 블룸의 교육 목표 분류 체계와 마스터리학습 이론은 독서 교육에 효과적으로 적용될 수 있다. 이 접근법을 독서 교육에 접목하면 학습자가 책을 단순히 읽는 것 이상으로, 비판적 사고와 심화된 이해를 통해 독서 경험을 더욱 풍부하게 만들 수 있다. 각 독서 단계(독서 전, 독서 중, 독서 후)에서 지식, 이해, 적용, 분석, 종합, 평가의 6가지 교육 목표를 어떻게 달성할 수 있으며 이를 숙달하는 방법과 성취 기준을 설명하면 다음과 같다.

2) 독서 전: 준비 및 예측

① 지식 단계

▌**목표**: 책에 대한 기본 정보를 알고, 저자나 주제에 대한 배경지식을 습득한다.

▌**성취 기준**: 책의 제목, 저자, 출판 연도 등 기본적인 정보를 말할 수 있으며, 관련 주제나 역사적 배경을 알고 있는 상태이다.

▌**마스터리 방법**: 책을 읽기 전에 관련 자료를 조사하고, 주제에 대한 개요를 작성하는 것이 좋다. 배경 지식과 연관된 질문을 만들어 독서 과정에 답을 찾도록 유도한다.

② 이해 단계

▌**목표**: 책의 내용을 예측하고, 책에서 무엇을 배우고자 하는지 이해한다.

▌**성취 기준**: 책의 주제를 예상하고, 책에서 다룰 핵심 개념에 대한 예비 지식을 가진 상태이다.

❙마스터리 방법: 책의 목차, 표지, 서평 등을 통해 독서 전 기대하는 내용을 정리하고, 자신의 관심사와 연결 지어 예측한다.

3) 독서 중: 깊이 있는 독서

③ 적용 단계

❙목표: 읽는 내용을 실제 상황에 적용하고, 자기의 경험이나 다른 책과 비교하며 내용을 이해한다.

❙성취 기준: 책에서 배운 내용을 일상생활에 적용하거나, 다른 책의 주제와 비교할 수 있다.

❙마스터리 방법: 책의 내용과 유사한 경험을 떠올리며 이를 바탕으로 더 깊이 이해한다. 또한, 사례 연구나 실생활의 예를 생각하며, 텍스트에서 얻은 정보를 새로운 상황에 연결 짓는다.

④ 분석 단계

❙목표: 책에서 주요 개념을 분석하고, 각각의 구성 요소를 파악하며, 글의 구조와 저자의 의도를 평가한다.

❙성취 기준: 등장인물, 사건, 주제 등 다양한 요소를 분석하고, 저자가 이끄는 논리나 구조를 비판적으로 평가할 수 있다.

❙마스터리 방법: 책의 내용 속에서 논리적 흐름이나 핵심 주제를 찾아내고, 표지(밑줄)하며 등장인물이나 사건 간의 관계를 분석하는 토론을 진행하거나 요약한다.

4) 독서 후: 성찰 및 확장

⑤ 종합 단계

▎**목표**: 책의 여러 요소를 종합하여 새로운 관점을 제시하거나, 책의 내용을 재구성한다.

▎**성취 기준**: 책의 내용을 바탕으로 창의적인 의견을 제시하거나, 여러 개념을 통합하여 새로운 해석을 제시할 수 있다.

▎**마스터리 방법**: 독서 후 책의 주제나 메시지를 바탕으로 글을 쓰거나, 이를 바탕으로 다른 책이나 주제와 결합해 새로운 개념을 만든다. 또한, 독서 클럽이나 토론 모임에서 자신의 의견을 표현하며 논의를 확장한다.

⑥ 평가 단계

▎**목표**: 책의 내용, 주제, 저자의 주장을 비판적으로 평가하고, 자신만의 의견을 제시한다.

▎**성취 기준**: 책이 전달하려는 메시지의 타당성을 평가하고, 자기의 입장에서 책이 주는 의미를 설명할 수 있다.

▎**마스터리 방법**: 책에서 다룬 주제와 관련하여 자신의 의견을 정리하고, 저자의 관점에 대해 동의하거나 반박하는 에세이를 작성한다. 이를 통해 자신의 비판적 사고 능력을 확인하고 발전시킨다.

5) 각 단계의 성취 기준과 마스터리 방법을 요약하면 다음과 같다.

지식: 독서 전 책의 배경지식 습득

　　　(성취 기준: 책의 기본 정보 이해, 마스터리: 배경 조사)

이해: 책의 주제를 예측하고 개요 파악

　　　(성취 기준: 주제 예측 및 이해, 마스터리: 서평 분석)

적용: 읽은 내용을 실제 상황에 적용

　　　(성취 기준: 실생활 적용 및 비교, 마스터리: 사례 연구)

분석: 주제와 구조를 논리적으로 분석

　　　(성취 기준: 논리적 흐름 분석, 마스터리: 토론 및 요약)

종합: 책의 내용을 바탕으로 새로운 관점 제시

　　　(성취 기준: 창의적 의견 제시, 마스터리: 글쓰기 및 토론)

평가: 책의 주장을 비판적으로 평가

　　　(성취 기준: 비판적 평가, 마스터리: 글 작성)

블룸의 마스터리 학습을 독서에 접목함으로써 각 단계에서 학생이 충분히 숙달할 수 있도록 반복 독서를 하고 대화를 통해 피드백을 제공해 스스로 깊이 있는 읽기가 가능하게 한다. 독서 후 질문이나 토론을 통해 학습자가 각 단계를 완벽히 이해하고 실천할 때까지 기회를 주며, 어려운 부분이 있으면 개별적으로 맞춤형 설명과 지도를 제공하는 것도 방법이다. 예를 들어, 지식 단계에서 어려움을 겪는다면 배경지식에 대한 추가 자료를 제공하거나 정보를 제공하고 설명함으로써 깊이 있는 이해가 가능하도록 돕는다. 분석 단계에서는 논리적인 사고를 도울 수 있는 가이드를 제공한다. 이와 같은 방식으로 블룸의 교육 목표 분류 체계와 마스터리학습 이론을 독서 교육에 접목하면, 학습자는 독서 과정을 통해 점진적이고 체계적으로 성장할 수 있으며, 단계마다 숙달하여 독서의 깊이를 더욱 확장할 수 있다. 책을 많이 읽기보다 한 권을 제대로 깊이 이해하는 것이 중요하다.

'독락서쾌'에 담긴 독서의 진정한 의미

'읽을 독(讀)'은 좁은 의미로 문자나 문장을 보고 그 내용을 해독하여 의미를 이해하는 행위를 가리킨다. 문자나 글의 내용을 정확히 해석하고, 저자의 의도나 정보를 파악하는 것에 집중되는 것으로 좁은 의미의 읽기는 학습에서 기본적인 정보 수용과 이해를 위한 필수적인 능력으로, 글을 통한 직접적인 의미 전달에 초점을 둔다. 그러나 넓은 의미로는 글자를 눈으로 보고 이해하는 것을 넘어, 텍스트, 이미지, 상황, 맥락 등을 해석하고 의미를 이해하는 모든 행위를 포함한다. 풍경을 보고 그 속의 분위기를 파악하거나, 타인의 표정이나 행동을 통해 감정을 읽어내는 것도 넓은 의미의 읽기에 해당한다. 이처럼 읽기는 사물이나 현상을 직관적으로 이해하고 의미를 추론하는 과정까지 포괄할 수 있다. 책을 읽는 행위와 삶의 맥락을 모두 아우르는 의미로 독서를 통해 지식을 습득하고 사고의 폭을 넓히는 인지적 과정을 의미한다.

'즐길 락(樂)'은 독서가 단순한 학습이 아닌 즐거움이 되어야 한다는 의미를 내포한다. 이는 단순하고 본능적인 기쁨을 의미하는 것이 아니다. 맛있는 음식을 먹거나 오락을 즐기는 순간적이고 감각적인 만족을 의미하지 않는다. 심리적 안정과 성취에서 오는 지속적인 만족감이며 세상과의 소통에서 오는 유대감과 안정감이며 깊이 있는 감상을 통해서 느끼는 감정적 즐거움이다. 또한 지식을 습득하면서 느껴지는 자기 성장에 대한 확신과 성취감, 효능감을 의미한다. 무엇보다 삶의 본질에 대한 통찰과 자기 이해에서 오는 내면적 통찰과 평온함 그리고 존재의 의미와 연결된 즐거움을 의미한다. 독서가 개인에게 주는 내적 만족과 정신적 기쁨을 강조하며, 책을 통해 삶을 더욱 풍요롭게 만든다는 뜻을 담고 있다.

'글 서(書)'는 넓은 의미에서 생각이나 감정을 전달하기 위해 문자나 상징을 사용해 기록한 모든 표현을 포함한다. 소설, 시, 기사, 편지글뿐만 아니라 법률 문서, 공지, 표지판, 온라인 게시물 등 일상에서 접하는 다양한 형태의 매체를 모두 포함한다. 또한, 글은 정보 전달뿐만 아니라 감정 표현, 예술적, 창조적, 사회적 소통의 수단으로서 광범위한 의미의 글을 말한다. 좁은 의미에서 글은 문학적, 학문적 또는 지식 전달의 목적으로 쓰인 글에 국한될 수 있다. 여기에는 논문, 소설, 에세이, 보고서 등과 같이 깊이 있는 사고와 표현을 담은 문장과 문단으로 구성된 형태의 글을 말한다. 글과 책을 통해 정보와 사고를 전달하는 역할을 강조한다. 이는 단순히 텍스트가 아니라 글을 통해 저자의 사상과 지식, 즉 신경 회로망이 독자에게 전달되는 중요한 매개체로서의 글을 상징한다.

 '중개하다(거서간) 쾌(儈)'는 좁은 의미에서 물품이나 서비스를 거래하거나 중개하는 사람을 뜻하며, 상업적 중개인을 지칭하는 경우가 많다. 이때 '쾌(儈)'는 주로 상업적 중개를 통해 이익을 창출하는 행위나 사람을 의미하여, 거래와 교환의 과정에서 상대를 연결하는 직접적인 중개 역할을 의미한다. 그러나 넓은 의미는 중개하거나 연결하는 역할을 수행하는 사람을 뜻하며, 이를 통해 다양한 사람과 정보를 연결하고 소통을 돕는 역할을 의미한다. 넓은 의미에서 '거서간 쾌(儈)'는 사람들 간의 소통, 문화, 지식, 혹은 감정 등을 중개하고 이 과정에서 기쁨이나 즐거움을 제공하는 일을 의미한다. 즉, 사회나 공동체 내에서 정보를 전달하고 관계를 매개하는 중요한 역할을 지칭한다. 책을 통해 저자와 독자가 연결되는 과정을 나타내는 것이다.

부모는 자녀가 자신의 관심사와 필요에 따라
독서를 계획하고 선택하도록 격려해야 한다.
자녀가 어떤 시점에 있는지를 분석하고,
그에 맞는 독서 프로그램을 제공함으로써
독서의 학습적, 정서적 효과를 극대화할 수 있다.

아이 교육 전에 알아야 할 부모의 역할

READING LEARNING

2장

1% 독서법 기초

우리 아이 발달에 맞추는
독서 지도 가이드

READING LEARNING

1.

연령과 발달에 따른
독서 교육이 필수다

"모든 책에는 독자가 준비되기를 기다리는 시간이 있다. 그리고 그
시간에 읽어야만 그 책이 진정으로 이해된다."

알랭 드 보통

책의 메시지는 독자의 경험, 지적 성숙도, 감정 상태가

그 책을 이해할 준비가 되었을 때만 제대로 전달된다.

인간 발달 과정을 살펴보면 시기마다 인지적, 정서적, 사회적 요구가 다
르며 이에 따라 독서의 목적과 전략 또한 연령 및 학년에 따라 달라야 한
다. 이를 설명할 수 있는 여러 학자 중 대표적인 학자는 장 피아제(Jean
Piaget)와 레프 비고츠키(Lev Vygotsky) 그리고 벤자민 블룸(Benjamin
Bloom)이다. 세 학자의 이론을 이해해 보면 독서 교육에서 연령과 발달에

맞는 전략이 필요한 이유가 잘 설명된다.

인간의 인지 발달 단계를 4단계로 나누어 설명한 피아제의 이론에 따르면 감각운동기인 0~2세는 감각적 경험과 신체적 활동을 통해 세상을 탐구하므로 독서는 시각적 자극을 제공하고 기본적인 인과관계를 이해하는데 도움을 주는 그림책을 중심으로 이루어져야 한다. 전조작기인 2~7세 아동의 경우 상징적 사고를 발달시키고, 간단한 이야기와 상상력을 자극하는 도서를 통해 언어 능력을 강화하는 것이 좋다. 이 시기 이야기 중심 책을 통해 언어 발달과 자기 표현 능력을 길러준다. 구체적 조작기인 7~11세는 논리적 사고가 가능해지는 시기이다. 이때, 독서를 통해 사실 기반의 정보와 논리적 추론을 할 수 있는 능력을 키워준다. 문제 해결과 사고력을 높일 수 있는 정보 도서나 추리소설, 퀴즈를 제공하는 도서가 효과적이다. 형식적 조작기인 12세 이상부터는 추상적 사고와 논리적 분석이 가능하므로 철학적, 추상적 내용을 다룬 도서를 비판적 사고와 심도 있는 토론을 하며 읽는 것이 좋다.

비고츠키는 아동의 발달이 사회적 상호작용과 문화적 환경에 의해 크게 영향을 받는다고 주장했다. 그의 근접발달 영역 이론에 따라 아동은 자신이 독립적으로 해결할 수 있는 능력 이상으로 어른 혹은 더 능숙한 또래의 도움을 통해 더 높은 수준의 문제를 해결할 수 있다. 그러므로 교사나 부모는 아동이 독서 활동에 적절한 지원을 제공받을 수 있도록 이해를 돕고 도서의 수준을 높여 나가도록 지도해 주는 것이 좋다. 학습에서 사회적 상호작용을 중요하게 여기는 비고츠키 이론을 기반했을 때 또래와의 협력 읽기와 협동 독후 활동은 매우 바람직하다.

벤자민 블룸은 학습자들이 지식을 단순히 암기하는 것을 넘어, 이해, 적용, 분석, 종합, 평가까지 다양한 수준에서 학습하는 것을 중요하게 여겼다. 이에 나이에 따라 기대되는 학습 수준이 다르므로 독서의 목표가 달라져야 하는 것이다. 초등 저학년은 주로 지식과 이해 수준에서 학습이 이루어지므로 책에서 얻은 기본적인 정보를 이해하고 설명할 수 있는 능력을 기르는 것이 중요하다. 초등 고학년 및 중학생은 적용과 분석 단계로 나아가야 하며 독서를 통해 얻은 정보를 새로운 상황에 적용할 수 있어야 한다. 또한 내용을 분석하고 비교하는 비판적 독서 능력을 길러야 한다. 고등학생 및 성인 이후는 종합과 평가가 이루어져야 한다. 책의 내용을 종합적으로 이해하고 비판적으로 평가하며, 이를 바탕으로 새로운 해석이나 아이디어를 창출하고 글로 표현될 수 있어야 한다.

각 연령대는 인지 발달의 수준과 사회적 상호작용의 필요가 각기 다르기 때문에 그에 맞는 독서 목적과 전략이 요구됨을 알 수 있다. 이를 보다 구체적으로 나누어 설명해 보고자 한다.

2.

초등학교 이전:
언어 습득력과 상상력을 자극하라

"아이의 첫 번째 도서관은 부모의 무릎이다."

에밀리 뷜러

영유아의 독서는 부모와의 친밀한 상호작용에서 시작된다.

유아기(0~5세)는 뇌 발달의 황금기로 불리며, 이 시기에 아이들은 언어 습득, 상상력 발달, 정서적 안정을 형성한다. 뇌는 매우 빠르게 발달하며, 신경 회로가 활발하게 연결되고 재구성된다. 이 시기의 언어 경험은 뇌의 언어 처리 영역을 발달시키고, 기억력과 학습력의 기반을 만든다. 한마디로 전체 학습 기간 중 기초를 다지는 시기로 향후 학습 결과에 큰 영향을 미치는 시기이다.

1) 모국어 발달의 중요성

이 시기에는 인지적, 정서적, 신체적 발달과 함께 독서에 있어 가장 중요한 모국어가 발달하게 된다. 모국어는 태아기부터 듣고 배우기 시작한 언어로, 유아기의 언어 발달에 핵심적인 역할을 한다. 아이가 태어나기 전부터 듣는 모국어는 신경 연결망을 형성하는 중요한 자극이 되며, 이 시기의 언어 발달은 평생의 인지능력, 기억력, 학습력의 기초가 된다. 한마디로 학습이라는 거대한 피라미드의 기반이 되는 것이다.

애착 이론(Attachment Theory)에 따르면, 부모나 주 양육자와의 안정적인 정서적 관계는 아이의 전반적인 발달에 중요한 영향을 미치며 모국어는 애착 형성의 중요한 매개체로 작용한다. 언어를 통한 감정적 소통은 아이가 주 양육자에게서 정서적 안정감을 얻고, 자신감을 키울 수 있도록 돕는 것이다. 부모가 아기에게 계속해서 말을 걸고, 친밀한 대화를 나누면 아이는 그 언어를 통해 부모와 정서적으로 연결되며, 이로 인해 안전하고 신뢰할 수 있는 관계가 형성된다. 이는 아이의 자신감과 사회적 능력을 높이며, 언어 발달의 기반이 된다.

또한 모국어는 뇌의 기억 시스템과 밀접하게 연결되어 있다. 태어나서부터 항상 듣고 사용하는 모국어는 장기 기억(Long-Term Memory)으로 저장되며, 나중에 더 복잡한 개념과 지식을 습득하는 데 중요한 역할을 한다. 모국어의 기초가 잘 다져지면, 이후에 배우는 다른 언어나 지식도 더 쉽게 습득할 수 있는 것이다. 더하여 모국어는 뇌의 언어 처리 시스템을 구축하며, 이를 통해 정보를 처리하고 인출하는 능력이 발달된다. 아이가 어릴 때 다양한 언어 자극을 받으면, 기억력과 학습력이 발달하고, 학교에서의 학습 성과도 긍정적인 영향을 받게 된다.

2) 독서 방법:

① **그림책 읽기(Interactive Reading):** 아이와 그림을 보면서 부모가 책을 읽어주고 대화를 나누는 방식이 좋다. 이는 감정적 공감과 언어 발달에 도움이 된다. 책 한 권을 처음부터 끝까지 읽어야 한다는 강박을 갖지 말고 아이가 좋아하는 페이지부터 시작해도 좋다. 글자를 익히게 하겠다는 욕심을 갖지 말고 말글로 편안하게 들려주고 싶은 이야기를 대화식으로 들려주면 좋다. 손가락으로 글자를 짚어주거나 글자를 보도록 하지 말고 의성어와 의태어를 풍부하게 넣어 재미있는 가락으로 이야기를 전해주는 것이 좋다.

② **반복 독서(Repetitive Reading):** 자주 읽어주면 뇌는 언어 패턴을 익히고, 새로운 단어를 배울 수 있다. 아이들은 각자 좋아하는 그림 형태나 색감이 있다. 아이의 선택을 존중해 주고 다양한 역할과 내용으로 개작하여 이야기하듯 반복해 들려주는 것도 좋다. 특히 입말로 된 동시는 암송할 정도로 자주 들려주고 가락을 붙여 노래해 주는 것이 좋다. 반복하며 특정 동작이나 손발 흔들기 등 몸을 움직이는 놀이를 함께 해도 좋다.

3) 5세를 지나 초등학교 이전까지는 다음과 같은 독서 방법을 추천한다.

① **읽기 전 활동:** 책을 읽기 전에 표지나 제목을 보며 책의 내용을 예측하게 하여 아이의 상상력을 자극한다.

② **대화형 읽기:** 책을 읽는 동안 아이에게 질문을 던지거나, 이야기의 내용을 다시 말하게 하여 이해력과 언어 표현력을 강화한다. 예를 들어, "이 부분에서 주인공이 왜 이렇게 행동했을까?" 같은 질문을 통해 사고력을 자극한다.

③ **반복적 읽기:** 영유아기와 마찬가지로 유치원 시기에도 반복된 이야기를 통해 자신감을 얻고, 언어적 구조와 어휘를 습득할 수 있다. 익숙한 이야기를 다시 들려주는 것도 중요하다.

④ **다양한 장르 소개:** 동화뿐만 아니라, 정보책이나 시 같은 다양한 장르의 책을 통해 아이들이 여러 방식으로 세상을 이해할 수 있도록 돕는다.

⑤ **상호작용을 통한 독서:** 독서를 놀이처럼 활용하여, 아이가 이야기 속 인물처럼 행동하거나, 그림을 보면서 이야기를 스스로 만들어 보게 하는 활동이 유익하다. 또한 형제자매 혹은 조부모, 친구들과 함께 읽으며 각자 역할 놀이를 하며 독서 후 책 밖으로 이야기를 끌어내 지속적으로 활동해 가면 흥미가 고조된다.

4) 일상생활에서의 언어 활동과 독서 활동

유아기의 언어 발달을 돕기 위해서는 일상생활 속에서 풍부한 언어 자극과 정서적 교감이 중요하다. 부모나 주 양육자가 아기와 계속해서 소통하며, 언어 활동과 독서 활동을 자연스럽게 접목할 수 있다.

① 일상 대화 방법

일상 대화는 유아기의 언어 발달에 매우 중요한 역할을 한다. 주 양육자는 아이와 끊임없이 소통하며, 아이의 언어 능력을 확장해 줄 수 있다.

| 대화의 예시

- **묘사형 대화**: "이 사과는 빨갛고 아주 달콤하단다. 먹으면 맛있을 거야."와 같이 구체적으로 설명하는 대화는 아이의 어휘력을 넓히고, 사물과 단어의 연관성을 강화한다.
- **질문형 대화**: "오늘 어린이집에서 무슨 일이 있었니?"와 같은 질문을 통해 아이가 자기의 경험을 말로 표현하게 유도하면, 언어 표현 능력을 기를 수 있다.
- **감정 표현 대화**: "오늘 기분이 어땠어? 슬펐니, 아니면 기뻤니?"와 같은 대화는 아이가 자신의 감정을 말로 표현하는 데 도움을 준다.

5) 독서 활동과 동시 읽기

독서 활동은 언어 발달과 상상력 자극에 매우 효과적이다. 특히, 동시는 짧고 리듬감이 있는 문장으로, 아이들이 언어의 리듬과 소리, 그리고 감정을 쉽게 익히는 데 도움을 준다.

① 동시 읽기의 특성

| 리듬감: 동시는 리듬과 운율이 있어 아이들이 언어의 음성적 패턴(운율)을 익히는 데 적합하다. 이는 뇌의 청각 처리 능력을 발달시키며, 언어의 리듬을 통해 자연스럽게 어휘를 습득하게 한다.

▌짧은 구절: 동시는 짧은 문장으로 구성되어 있어 아이들이 집중력을 유지하면서도 내용 전체를 쉽게 이해할 수 있다.

▌압축적인 표현: 동시는 아름다운 우리말의 맛을 살리면서 압축적인 표현으로 우리말 특유의 깊은 표현의 묘미를 느낄 수 있게 한다. 또한 다양한 의성어와 의태어 및 반복으로 읽는 즐거움을 느끼게 한다.

② 동시 읽기 방법

▌함께 읽기: 주 양육자가 아이와 함께 동시를 읽으면서 리듬감에 맞춰 읽으면 아이의 청각적 기억이 발달한다. 예를 들어, 『우산 속』과 같은 작품은 동시적인 리듬이 있어 아이들이 감정 이입을 하며 내용을 기억할 수 있다.

▌행동과 함께 읽기: 동시를 읽으면서 손동작이나 표정을 함께 사용하면, 아이의 감각 통합 능력을 자극할 수 있다. 이는 언어와 신체의 연결성을 높여 기억력을 강화한다.

유아기의 언어 습득과 상상력 자극은 뇌 발달에 매우 중요한 요소이며 모국어는 유아기의 정서적, 인지적 발달을 도와줄 뿐만 아니라, 이후 학습과 기억력의 기초를 형성하는 중요한 역할을 한다. 애착 이론에 기반한 정서적 교감과 언어 자극을 통해 아이는 자신감을 갖게 되고 언어 능력을 발전시킬 수 있으며, 일상생활 속 대화와 동시 읽기 활동은 언어 발달을 촉진하는 데 효과적이다. 아이의 첫 번째 도서관은 부모의 무릎임을 잊지 말아야 한다.

3.

초등 저학년:
기본 습관과 기초 기술을 만들어라

"독서 습관은 아이에게 줄 수 있는 가장 값진 선물이다."

– 메리 워드

독서는 단순한 활동이 아니라 삶의 풍요로움을 더하는 가장 중요한 선물이다.

초등 저학년(1~3학년)은 아이들의 인지적, 정서적, 신체적 성장이 활발히 이루어지는 시기로, 이 시기에 기본적인 독서 기술(Basic Skill)과 기본 독서 습관을 형성하는 것이 중요하다. 독서 습관은 학습 능력을 발달시키는 동시에 사회성을 기르고, 아이가 새로운 정보와 지식을 습득하는 데 있어 중요한 역할을 하는 기초 기술이 된다.

1) 기초 학습 및 사회성 발달 관련 독서의 중요성

초등 저학년은 학습의 기초를 형성하는 시기로, 독서 습관은 모든 학문 분야에서의 학습을 촉진하는 역할을 한다. 독서는 국어뿐만 아니라 수학, 과학, 사회 등 다양한 교과목에서 요구되는 이해력, 추론 능력, 문제 해결 능력의 기초를 마련하기 때문이다. 특히 2022년 교육 과정 개편에서는 융합적 사고와 비판적 사고를 중시하고 있으며, 이는 독서를 통해 강화될 수 있는 능력이므로 이 시기 성장시켜야 한다.

또한 초등 저학년은 사회적 관계를 맺고 협력하는 능력을 배우는 시기로, 독서는 사회적 규범을 이해하고 타인과의 관계를 발전시키는 데 도움을 준다. 문학을 읽으며 감정 이입과 타인의 시각을 이해하는 능력을 기르고, 비문학을 통해 사회적 정보와 지식을 습득할 수 있다. 이는 아이가 학교생활에서 협력하고, 또래 친구들과 소통하는 능력에 긍정적인 영향을 준다. 한 자녀 등 형제자매와의 사회성 익히기가 미숙한 아동들에게 독서는 간접 체험을 통한 사회성 성장의 도구가 되어준다.

2) 독서 방법(초등 저학년)

① **정독(Close Reading):** 간단한 이야기지만, 주인공의 감정 변화나 사건 전개를 논리적으로 이해하며 읽는 연습이 필요하며 밑줄 긋기와 줄거리 요약을 하며 사실적 독해를 완성한다.

② **질문 독서(SQ3R):** Survey(개관), Question(질문), Read(읽기), Recite(암송), Review(복습)의 5단계로 책을 읽기 전 주제를 미리 파악하고, 중

간에 질문을 던지며 읽으면 비판적 사고력을 기를 수 있다.

3) 독서력 향상을 위한 기초 기술 습득기(Basic Skill)

초등 저학년 시기는 독서를 위한 기초 기술을 습득하는 식이다. 기초 기술 습득은 독서력이 향상되기 위한 기초 기술로 문자를 편안하게 낭독하고 자연스럽게 해독하기 위한 기술이다. 이러한 기초 기술은 자연스럽게 묵독으로 넘어가고 독해를 위한 다음 단계인 코어 기술로 발전된다. 초등 저학년에서 기초 기술을 습득하기 위해서 입학 전 단계부터 살펴보면 다음과 같다.

① 입학 전 단계: 듣는 언어에서 읽는 언어로

아이들이 글자와 숫자를 인식하고, 간단한 단어와 짧은 문장을 이해하는 능력을 키운다. 부모나 주 양육자가 소리 내어 읽어주는 책을 통해 아이들은 언어를 귀로 듣고 시각적으로 따라가게 하며, 이 과정에서 문자와 소리의 연결성을 이해하게 된다. 그리고 조금씩 스스로 읽을 수 있도록 격려한다. 부모가 아이에게 동화책을 읽어주면서, "이 그림에서 토끼가 무엇을 하고 있니?"라고 묻고, 대화를 이어나가며 아이의 언어 표현 능력을 자극한다. 책 속 인물들의 감정을 표현하며 느끼도록 질문하고 이야기를 나눈다. 또한 간단한 단어와 문장을 스스로 읽으며 문자를 친숙하게 한다. 다만 글자를 익히게 한다는 목적이 앞서 지나치게 글자에 주목하게 하고 손가락으로 글자를 지시하며 이야기보다 글자만을 강조하는 것은 좋지 않다.

② 1학년: 읽기에 능숙해 지기

학생들은 소리와 문자를 연결하는 능력을 발달시키며, 간단한 문장 및 긴 문장을 읽고 이해할 수 있다. 이 시기의 독서 활동은 단어와 발음을 배우는 것이 중요하며 읽기가 자연스럽고 편안해지도록 해야 한다. 이 과정에서 읽기 유창성이 발달하며, 아이들은 글을 끊어지거나 조사를 바꾸지 않고 부드럽게 어절을 나누어 읽고 스스로 내용을 이해할 수 있게 된다. 이 시기 학생들 간의 읽기 실력은 격차가 크다. 그러므로 자연스럽게 읽고 해독할 수 있도록 격려하며 책과 놀고 책을 읽는 노출 시간을 늘려주고 확보해야 한다. 부모와 아이가 함께 짧은 이야기를 읽고, 등장인물의 감정과 행동을 묻고 대답하며 스스로 내용을 생각해 보는 기회를 제공한다.

③ 2학년: 읽고 해독하고 요약하기

이 시기에는 문장 이해 능력이 발달하며, 문장 내에서 단어의 의미를 파악하고, 짧은 이야기의 구조를 이해할 수 있다. 또한, 간단한 설명문과 이야기를 읽고 요약하는 능력이 필요하다. 2학년 때는 독해 능력이 향상되며, 글의 흐름을 따라가며 중요한 내용을 추출하고 요약하는 기술이 발달한다. 읽은 이야기의 내용을 부모에게 설명하게 하고, "왜 그랬을까?"라는 질문을 통해 아이가 이야기의 흐름을 이해하고 자기의 생각을 표현하게 돕는다. 글을 읽을 때 연필을 잡고 밑줄을 긋고 이야기를 문장으로 요약하는 훈련을 시작한다.

④ 3학년: 읽고 해독하며 조망하기

아이들은 이제 더 긴 이야기와 비문학을 읽으며, 비판적 사고와 추론 능력을 발달시키기 시작한다. 이 시기에는 구조적 읽기와 정보 요약 능력을 배양해야 한다. 3학년이 되면 내용 분석 능력이 발달하며, 글의 주제나 핵심을 파악하고, 이야기 속에서 인물의 행동을 분석하는 사고력이 요구된다. 이를 통해 비판적 독해와 논리적 사고가 발전한다. 부모는 아이에게 읽은 책에서 어떤 부분이 가장 기억에 남았는지 묻고, "그 장면이 왜 중요하다고 생각하니?"라고 질문해 비판적 사고를 자극한다. 또한 인물이 이야기의 진행 과정 중 어떠한 변화를 보이는지 과정을 이해하도록 한다.

4) 2022년 교육과정 개편과 독서의 중요성

2022년 교육 과정 개편에서는 융합적 사고와 창의적 문제 해결 능력을 강조하고 있다. 특히, 국어, 수학, 과학 교과에서의 독해 능력은 각 과목의 학습 성과를 높이는 데 중요한 기초 학습의 역할을 한다. 글을 읽고 비판적으로 분석하고, 주제를 명확히 파악하는 능력은 국어에서 중요한 평가 요소이다. 수학의 문제 해결 능력은 문제 이해에서 시작된다. 독서를 통해 논리적 사고와 지문 해독력을 키우는 것이 문제 해결력을 키우는 것이다. 과학 또한 과학적 탐구 과정에서 정보를 읽고 분석하는 능력이 필요하다. 이는 독서를 통해 발달하며, 과학적 사고력과 비판적 사고를 기르게 된다.

초등 저학년 시기는 독서의 기초 기술을 형성하고 습득하는 중요한 시기이다. 이 시기에 이루어지는 독서 습관은 인지적, 정서적, 사회적 발달에 매우 중요한 역할을 하며, 이후 학습의 성공을 결정짓는 중요한 기반이 된다. 입학 전, 1학년, 2학년, 3학년 단계별 독서 활동을 통해 기초적인 읽기 능력을 배양해야 한다. 그리고 이를 바탕으로 다음 단계인 코어 독서 능력을 키워 독해력, 분석력, 비판적 사고를 점차 발달시켜야 한다. 초등 저학년 시기는 독서 습관이라는 선물을 아이에게 줄 수 있는 가장 효과적인 시기임을 기억해야 한다.

4.

초등 고학년:
비문학적, 문학적 배경지식을 키워라

"책은 아이에게 날개를 달아준다. 상상력이라는 하늘을 날 수 있도록."

알베르트 아인슈타인

독서는 아이의 상상력을 무한히 확장시킬 수 있는 강력한 도구이다.

초등 고학년(4~6학년)은 인지적, 정서적, 신체적 성장이 급격하게 일어나는 중요한 시기이다. 이 시기 독서는 학습 능력, 사회성 발달, 시간과 공간 인식의 확장을 도와준다. 비문학적 지식(역사, 과학, 사회 등)과 문학적 지식을 고루 읽어 배경지식을 체계적으로 모두 갖추는 것이 고학년 독서의 핵심이다. 이 시기 독서는 학습 능력을 강화하고, 사회적 관계를 형성하며, 나아가 초기 사춘기에 접어드는 학생들에게 심리적 안정과 메타인지 형성에도 중요한 역할을 한다.

1) 학습 관련 독서의 중요성

초등 고학년의 학습 과정에서 비문학적 배경지식은 매우 중요하다. 과학, 역사, 사회, 정치, 경제, 문화, 도덕과 같은 비문학적 지식은 교과목 학습을 이해하는 데 필수적이다. 예를 들어, 역사를 읽음으로써 아이들은 사회 변화의 흐름을 이해하고, 시간과 공간에 대한 인식을 확장할 수 있다. 또한, 문학 작품을 읽는 것은 창의적 사고력과 언어 표현 능력을 강화하며, 글쓰기나 표현 활동에 도움이 된다. 서서히 사회에 대한 인식이 확장되면서 사회에서 발생하는 다양한 사건 사고에 대한 사회적 이슈나 역사적 사건에 대해 이해하고, 타인의 관점을 존중하는 능력을 발달시켜 간다.

또한 초등 고학년은 또래와의 관계 속에서 자신을 발견하며 깊은 교류를 통해 안정감을 느끼므로 사회적 관계가 더욱 중요해지는 시기이다. 문학적 독서는 아이들이 다양한 인간관계를 이해하고, 사회적 상호작용을 학습하는 데 도움이 된다. 문학 속 인물 간의 갈등과 해결 과정을 통해 협력, 공감, 의사소통 능력 등 사회정서를 학습할 수 있다.

2) 독서력 향상을 위한 배경 지식 중 '역사 읽기'의 중요성

역사 읽기는 아이들에게 시간과 공간에 대한 인식을 확장한다. 과거와 현재의 연관성을 이해하고, 역사적 사건을 바탕으로 미래를 예측하는 능력도 향상된다. 이러한 지식은 학교에서 배우는 역사나 사회 과목뿐만 아니라 비판적 사고력을 기르는 데 도움을 준다. 역사를 읽는 것은 개인의 사고 폭을 넓히고, 문화적 이해와 사회적 통찰력을 높이는 데 중요하다.

역사적 배경지식을 쌓는 과정에서, 아이들은 과거와 현재를 연결하고, 사건과 사건 사이의 인과관계를 이해하는 능력을 발달시키게 된다. 예를 들어, 고대 문명이 현대 사회에 미친 영향을 이해하게 되고, 이를 통해 세계관과 시간적 사고력이 확장되는 것이다.

3) 독서 방법(초등 고학년)

① **심화 내용의 책 선택:** 추상적 사고 능력과 비판적 사고가 발달하는 이 시기에는 단순한 이야기보다 도덕적 딜레마, 사회적 문제, 복합적 감정을 다룬 책을 제공하는 것이 좋다. 이를 통해 아이들은 자신과 사회를 깊이 있게 성찰할 수 있는 기회를 얻게 된다.

② **주제별 토론과 상호작용 독서:** 자아 정체성과 도덕적 가치에 대해 고민하기 시작하는 시기이다. 책을 읽은 후 토론이나 질문을 통해 이야기 속 등장인물의 선택, 사회적 이슈, 도덕적 딜레마 등에 대해 생각해 보도록 유도하는 것이 좋다. 예를 들어, "만약 너라면 어떻게 했을까?"라는 질문을 던져 독서 후 더 깊은 이해를 도와야 한다.

③ **논리적 추론을 돕는 책:** 전두엽 발달로 인해 논리적 사고와 문제 해결 능력이 발달하는 시기이므로, 추리소설이나 논리적 퍼즐이 포함된 책을 선택하여 읽는 것은 아이들의 사고력과 인지적 도전을 돕는다.

④ **독립적 독서 장려:** 독립적인 사고와 자기 주도적 학습 능력이 발달하는 시기이므로, 아이들에게 독립적 독서를 장려하는 것이 중요하다. 스스로 책을 선택하고 독서 계획을 세우며 이를 완수하는 경험은 성취감을 주

고, 독립심을 기르는 데 도움이 된다.

4) 학년별 독서 전략

① 4학년: 독립적인 학습자로 성장하기

4학년은 본격적으로 독립적인 독서 습관을 형성하는 시기이다. 이 시기에는 아이들이 스스로 책을 선택하고, 자신의 속도에 맞춰 읽어 나가는 것이 중요하다. 역사책이나 과학책을 통해 배경지식을 쌓고, 문학 작품을 통해 감정 이입 능력을 기르는 시기이다. 아이들이 스스로 학습의 목적을 설정하고, 읽은 내용을 정리하거나 부모나 교사와 토론하는 활동을 통해 독립성을 기를 수 있다.

② 5학년: 비판적 사고력과 논리적 추론 발달기

5학년은 뇌 발달에 있어 중요한 학년이다. 뇌 발달이 완성되는 시기이기며 비판적 사고력과 논리적 사고가 본격적으로 발달하는 시기이다. 이 시기에 아이들은 독서를 통해 복잡한 문제를 분석하고, 논리적으로 추론하는 능력을 기를 수 있다. 비문학적 텍스트, 특히 과학적 글이나 사회적 이슈를 다룬 책을 읽으면 논리적 사고가 강화된다. 책을 읽고 요약하는 것에 그치지 않고, 책의 내용을 비판적으로 평가하거나 자신의 의견을 덧붙이는 활동을 통해 비판적 독해 능력을 발전시킨다.

③ 6학년: 메타인지 형성과 자기 주도 학습기

6학년은 메타인지(Metacognition)가 본격적으로 발달하기 시작하는 시기이다. 발달 정도의 차이는 있으나 자각몽(꿈속에서 자신이 꿈을 꾸고 있음을 인식하는 것)을 꾼다면 메타인지가 발달되었음을 보여준다. 이로써 아이들은 스스로 자신의 학습 과정을 인식하고 조절하는 능력을 갖추게 된다. 독서를 통해 자신이 모르는 부분을 인지하고, 추가로 학습할 내용을 찾아 읽는 능동적 독서는 자기 주도 학습 습관을 기르게 한다. 독서를 통해 얻은 지식을 바탕으로 학습 계획을 세우고, 스스로 학습 목표를 설정하는 과정에서 메타인지를 형성할 수 있다.

5) 초등 고학년: 초기 사춘기와 독서의 역할

초등 고학년은 초기 사춘기를 맞이하는 시기로, 신체적 변화와 함께 심리적 변화도 급격하게 일어난다. 사춘기 신체적 변화는 성별에 따라 차이가 있으며, 이에 따른 심리적 반응도 다르다.

남학생은 급격한 신체 성장과 더불어 자아 인식이 강해진다. 이 시기에는 모험적이고 자립심을 강조하는 문학 작품이 심리적 안정과 자아 탐구에 도움이 된다. 여학생은 신체적 변화로 인해 감정적 기복이나 육체적 불편함이 클 수 있으며, 이때 감정을 다루는 문학 작품이 감정 조절과 자기 인식에 도움을 된다.

사춘기 시기 문학 독서를 통해 다양한 인물의 감정을 간접 경험하면서 자신의 감정을 이해하고 조절하는 능력을 기를 수 있다. 또한 사춘기 시기는 자아 탐구가 중요한 시기이므로, 독서는 아이들이 자신의 정체성을 형성하는 데 도움을 준다. 역사적 인물이나 문학적 캐릭터를 통해 자신의 가치관을 형성하고, 나아가 학습과 삶의 목적을 인식할 수 있다.

6) 2022년 교육 과정 개편과 독서의 연계

2022년 교육 과정 개편에서 강조하는 창의적 문제 해결 능력과 융합적 사고 향상을 위해 초등 고학년의 학습 과정에서 독서는 교과 내용 이해와 학습 능력 향상에 결정적인 역할을 한다.

① 국어

국어 교육 과정에서는 비판적 읽기와 창의적 표현 능력을 중시한다. 독서는 단순히 텍스트를 읽는 것에 그치지 않고, 텍스트의 의미를 분석하고 자신의 의견을 논리적으로 표현하는 능력을 길러준다. 4~6학년 단계에서는 문학적 텍스트뿐만 아니라 비문학적 텍스트를 읽고 비판적 사고력을 강화하는 것이 중요하다.

학생들이 사회적 이슈를 다룬 기사를 읽고, 그 내용을 토론 하거나 자신의 의견을 글로 표현하는 활동을 통해 비판적 사고와 의사소통 능력을 키울 수 있다.

② 수학

수학적 사고력 발달을 위해서는 문제를 이해하고 논리적으로 해결하는 고등 사고 능력이 중요한데, 이는 독서를 통해 기를 수 있다. 수학적 개념을 설명하는 책을 읽거나, 수학 이야기를 통해 개념을 쉽게 이해하는 과정은 문제 해결 능력과 수학적 사고력 향상에 큰 도움이 된다.

수학과 관련된 스토리텔링 책을 읽고, 수학 문제를 이야기 속 상황과 연결 지어 생각해 보는 활동을 통해 논리적 사고력을 기를 수 있다.

③ 과학

과학 교과에서는 독서를 통해 과학적 원리와 탐구 방법을 이해하는 것이 중요하다. 과학 도서는 아이들에게 복잡한 개념을 쉽게 설명해 주고, 실생활과 연결된 사례를 통해 과학적 사고를 촉진한다. 특히 실험 방법이나 과학자의 연구 과정과 인류의 과학 발전을 다룬 책은 탐구 능력과 과학 전체에 대한 이해를 발달시키는 데 도움이 된다.

과학적 발견과 발명을 다룬 책을 읽고, 그 책에서 설명하는 실험을 간단하게 따라 해보는 활동은 탐구력을 키우는 좋은 방법이다.

④ 사회

사회 과목에서는 역사적 사건이나 사회적 이슈에 대한 배경지식이 필요하다. 역사책이나 사회과학 도서를 읽음으로써 아이들은 시간과 공간에 대한 인식을 넓히고, 사회 구조와 역사적 맥락을 이해하는 능력을 기르게 된다. 이를 통해 시사적이고 세계적인 이슈에 대해 비판적 사고를 할 수 있다.

역사적 사건을 다룬 책을 읽고 그 사건이 오늘날 사회에 미치는 영향을 분석하는 활동은 비판적 사고와 세계관 형성에 도움을 준다.

7) 일상생활에서의 대화 및 읽기 활동

초등 고학년은 독립적인 사고를 발전시키는 시기이므로, 일상생활 속에서의 대화와 독서 활동을 통해 학습을 보조하는 것이 중요하다. 특히, 부모와의 대화는 아이가 읽은 내용을 스스로 생각하고 정리하는 데 큰 도움이 된다.

독서 후 자녀와 질문형 대화를 하는 것도 좋은 방법이다. "오늘 읽은 책에서 가장 인상 깊었던 부분은 무엇이니?", "그 인물이 왜 그런 선택을 했다고 생각해?"와 같은 질문은 자녀의 사고를 자극하고, 책 내용을 정리하는 기회를 제공한다. 또는 비판적 사고를 유도하는 질문도 좋다. "이 책에서 다룬 주제가 오늘날 우리 사회에 어떻게 적용될 수 있을까?"와 같은 질문은 독서 내용을 현실과 연결 지어 생각하도록 돕는다.

고학년은 읽는 과정도 중요하지만 읽은 후 적절한 활동도 중요하다. 부모가 함께 해줄 수 있는 활동으로는 토론이 있다. 가족이 함께 책을 읽고, 각자의 생각을 나누며 토론하는 활동은 아이가 다양한 시각에서 책을 바라볼 수 있도록 돕는다. 독후 활동으로 글쓰기도 좋다. 책을 읽고 난 후 그 내용을 바탕으로 창의적인 글쓰기를 가족과 함께하는 것은 좋은 추억을 쌓는 일이다.

초등 고학년 시기의 독서는 비문학적 지식과 문학적 감수성을 동시에 발달시키며, 학습의 기초를 다지는 중요한 시기이다. 이 시기 아이들은 추상적 사고와 논리적 사고가 본격적으로 발달하기 때문에, 다양한 배경지식을 쌓는 독서가 필요하다. 특히 역사적 배경을 이해하고, 이를 바탕으로 시간과 공간에 대한 인식을 넓히는 독서는 아이들의 사회적 이해력과 비판적 사고력을 발달시키는 데 중요한 역할을 한다. 또한 초기 사춘기에 접어드는 초등 고학년은 신체적, 심리적 변화가 두드러지기 때문에, 독서를 통해 이러한 변화를 이해하고 적응하는 능력을 기를 수 있다. 이 시기에 메타인지가 형성되며, 독서를 통해 아이들은 자기 주도 학습을 시작하고, 삶의 목적을 이해하며 공부의 가치를 인식하게 된다. 책은 아이에게 꿈과 상상력이라는 하늘을 날 수 있도록 날개를 달아준다는 것을 기억해야 한다.

5.

중학생:
사고력을 확장해야 독해 기술이 자란다

"독서는 두뇌를 위한 운동이다."

조셉 애디슨

독서는 두뇌를 자극하고, 사고력을 키우며 정신적 훈련을 돕는다는 의미이다.

중등 교육 시기는 학생들이 본격적으로 사고력을 확장하고, 비판적 사고, 추상적 사고, 논리적 사고를 발전시키는 시기이다. 초등학생까지 학생들은 담임 선생님 한 분이나 교과 선생님 1~2분 정도만 감당하면 공부 잘하는 아이로 인정받았다. 그러나 중학생이 되면 감당해야 하는 선생님의 숫자가 10분 이상으로 늘어난다. 초등학생 때와 달리 각 과목의 전문 능력을 보유한 선생님들을 감당하며 학업에 있어 부담이 커지고 배경지식도 깊고 다양해야 함을 깨닫고 힘들어한다. 또한 이 시기 인지적 발달과 함께 정서적, 신체적 변화를 급격하게 겪으며, 본격적으로 학업에 대한 부담감이 현실로 다가온다. 독서 활동은 이러한 변화에 대한 이해와 적응에 도움을 주며 중등 학생들이 자신의 정체성을 탐색하고, 학업 성취를 높이며, 사회적 관계를 발전시키고 부족한 배경지식을 쌓는 데 핵심적인 보조 역할을 한다.

1) 중학생 시기 독서의 중요성

① 학습 관련 독서

중등 교육에서 독서는 교과 학습의 중요한 도구가 된다. 국어, 과학, 사회, 수학 등 다양한 과목에서 독서를 통해 학생들은 핵심 개념을 이해하고, 문제를 해결하는 데 필요한 사고력을 기를 수 있다. 특히 2022년 교육과정 개편에서는 비판적 사고력, 창의적 문제 해결 능력을 강조하고 있으며, 독서는 이러한 역량을 기르는 데 필수 도구가 된다.

② 사회성 발달과 독서의 중요성

독서는 학생들이 다양한 사회적 관계와 상호작용을 이해하는 데 중요한 도구이다. 문학적 독서는 학생들이 타인의 감정을 이해하고, 협력적 의사소통 능력을 발달시키는 데 기여한다. 비문학적 독서는 학생들이 사회적 이슈나 역사적 사건을 통해 사회적 책임감과 시민 의식을 발달시킬 수 있도록 돕는다.

2) 독서 방법(중학교 시기, 14~16세)

① **정독과 속독의 병행:** 문학 작품이나 역사적 사건을 다룬 책은 정독하되, 덜 중요한 부분은 속독하여 내용을 빠르게 파악하는 능력을 기른다.

② **발췌 독서(Selective Reading):** 논문이나 교과서에서 핵심 정보를 찾아내는 연습을 시작한다.

③ **다양한 장르의 독서:** 소설뿐만 아니라 논픽션, 역사서, 과학책 등 다양한 장르의 책을 접하는 것이 중요하다. 이는 지식의 폭을 넓히고, 다양한 주제를 깊이 있게 탐구할 수 있는 기회를 제공한다.

④ **독서 일기 쓰기:** 읽은 책의 내용을 정리하거나, 책을 읽고 느낀 점을 독서 일기로 기록하는 것은 메타 인지적 사고를 기르는 데 큰 도움이 된다. 이는 학생들이 자기 생각을 글로 정리하는 능력을 키우고, 읽은 내용을 되새기게 한다.

⑤ **토론 기반 독서:** 친구나 가족과 함께 책의 주제를 두고 토론하는 것도 좋은 방법이다. 이는 자기 생각을 말로 표현하고, 다른 사람의 관점을 이해하며 비판적으로 사고하는 능력을 기르는 데 도움이 된다.

⑥ **사실적 읽기(Factual Reading):** 사실적 읽기는 텍스트에서 명확한 정보나 사실을 찾아내는 읽기 방법이다. 텍스트에 명시된 정보를 이해하고 기억하는 데 중점을 두며 독해의 가장 기초적인 단계로, 문장이나 문단 속에서 바로 답을 찾을 수 있는 정보에 집중한다.

⑦ **추론적 읽기(Inferential Reading):** 추론적 읽기는 텍스트에 명시되지 않은 정보를 추론하는 읽기 방법이다. 텍스트에 포함된 단서나 맥락을 바

탕으로, 암시된 의미나 숨겨진 메시지를 해석해야 한다. 이 과정에서는 텍스트의 전후 맥락을 분석하여 논리적으로 연결하고, 숨겨진 의미를 도출하는 능력이 필요하다.

⑧ **비판적 읽기(Critical Reading):** 비판적 읽기는 텍스트의 논리적 타당성이나 사실의 신뢰성을 평가하는 읽기 방법이다. 텍스트의 논리 구조를 분석하고, 저자의 관점이나 주장이 타당한지, 설득력이 있는지 검토한다. 또한, 자료의 신뢰성과 저자의 의도를 비판적으로 분석할 수 있다.

⑨ **종합적 읽기(Synthetic Reading):** 종합적 읽기는 여러 자료를 종합하여 결론을 도출하거나 새로운 이해를 만들어 내는 읽기 방법이다. 여러 텍스트에서 정보를 결합하거나 통합하여 더 큰 의미나 새로운 관점을 도출한다. 이는 주로 다양한 출처에서 정보를 비교하고 대조하는 작업을 포함한다.

⑩ **창조적 읽기(Creative Reading):** 창조적 읽기는 텍스트에서 얻은 정보를 바탕으로 새로운 아이디어를 생성하거나 창의적인 반응을 끌어내는 읽기 방법이다. 읽은 내용에서 영감을 얻어 새로운 해결책을 모색하거나, 자신의 창의력을 활용하여 새로운 관점을 만들어 낸다.

3) 2022년 교육 과정 개편과 독서의 연계

2022년 교육 과정 개편은 융합적 사고와 창의적 문제 해결을 강조하며, 독서는 각 과목에서 이러한 목표를 달성하는 핵심 도구로 사용된다.

① 국어

국어 과목에서는 문학적 감수성과 비판적 독해 능력을 중시한다. 독서는 학생들이 다양한 텍스트를 분석하고, 자신의 의견을 표현하는 능력을 기르는 데 도움을 준다. 소설, 시(현대 및 고전시가), 수필을 통해 다양한 시대의 창발적인 사고방식을 접할 수 있으며, 비문학 독서를 통해 논리적 사고를 강화할 수 있어 국어 학습을 위한 배경지식이 되어준다. 학생들이 사회적 이슈를 다룬 비문학 텍스트를 읽고, 그 문제에 대한 자신의 의견을 논리적으로 전개하는 활동을 통해 사회의 다양한 현상을 파악하고 이를 논리적 글쓰기로 정리하는 경험은 학습이 교실 밖으로 연계되며 통찰력과 사고력을 기르게 한다.

② 과학

과학 과목에서는 과학적 사고력과 탐구 능력이 중요한데, 이를 독서를 통해 발전시킬 수 있다. 과학 관련 도서를 읽으며 실험 과정이나 과학 이론을 이해하는 것은 학생들의 과학적 탐구 능력을 기르는 데 큰 도움이 된다. 학생들이 과학적 발견이나 과학적 논문을 쉽게 풀어놓은 책을 읽고, 그 내용을 토론하거나 실험에 적용하는 활동을 통해 과학적 탐구력을 강화할 수 있다. 또한 지구과학, 생물, 물리, 화학 네 영역의 기초이론과 관련분야의 발전 역사를 읽는 것은 심도 있는 학문 탐구의 바탕이 된다.

③ 사회

사회 과목에서는 역사적 배경지식과 인문 지식, 즉 정치, 경제, 법, 문화 등의 다양한 지식이 필요하다. 또한 현시대에 대한 현상을 살펴볼 수 있는 사회적 이슈를 알고 이에 대한 이해가 필수적이다. 독서는 학생들이 사회 구조와 역사적 사건을 논리적으로 이해하고 분석하는 능력을 기르는 데 도움을 준다. 특히 중학교 2학년 세계사 과목과 3학년 한국사 과목은 깊고 넓은 배경지식을 필요로 해 교과 학습의 어려움을 호소하는 학생들이 많다. 과목 학습뿐만 아니라 역사서 읽기를 통한 배경지식 확보는 여타 과목 학습 이해와 성공에 기반이 되어 준다. 역사적 사건을 다룬 책을 읽고, 해당 사건이 당시 사회에 미친 영향이나 당시 사람들의 선택이 갖는 의미를 다각적으로 분석하는 활동을 통해 시대에 대한 이해를 보다 깊이 있게 할 수 있다. 또한 오늘날 사회에서 벌어지는 현상과 비교해 봄으로써 현 사회를 비추는 거울로서 역사의 의미를 확장하고 비판적 사고 능력과 역사적 사고력을 키울 수 있다.

④ 수학

수학 과목에서도 독서는 논리적 사고와 문제 해결 능력을 기르는 데 중요한 도구로 사용된다. 수학적 개념을 쉽게 설명하고 이를 일상생활에서 볼 수 있는 현상이나 기계 장치와 연결하여 설명하는 책을 통해 수학적 사고방식을 익힐 수 있다. 또한 각종 통계와 통계 결과를 적용한 사회 정책이나 기업의 전략을 설명하는 책을 통해 수학이라는 학문이 세상과 소통하는 방식을 익히고, 이를 실제 문제 해결에 적용할 수 있다.

4) 일상생활에서의 대화 및 읽기 후 활동

사춘기 시기의 중학생들과 부모 사이의 대화는 매우 중요하면서도 섬세한 접근이 필요하다. 이 시기 아이들은 신체적, 정신적으로 급격한 변화를 겪는다. 독립성과 자아 정체성을 형성해 가는 과정에 있어 대화가 일반적이지 않다. 감정 기복이 심해 부모와의 대화에서 감정적으로 민감하게 반응할 수 있으며 비판을 받으면 방어적이거나 공격적인 태도를 보이기도 한다. 또한 자율성과 독립성을 추구하는 시기이므로 자기의 의사를 존중받고 싶은 마음이 강해 강압적인 대화보다는 의견을 들어주는 태도가 필요하다. 자신이 누구인지, 무엇을 원하는지에 대한 고민이 깊어지는 이 시기 학생들과는 대화 중 모순된 의견이나 혼란스러운 감정을 표현하기도 해 대화가 이어지시 않기도 한다.

사춘기 시기 독서 후 중학생과의 대화에서는 공감과 인정을 기반으로 하는 개방형 질문이 좋다. "오늘 읽은 책에서 가장 놀라웠던 사실은 무엇이니?", "그렇게 생각하게 된 이유가 무엇일까?", "이런 상황과 비슷한 사건이나 경험을 얘기해 줄 수 있니?", "이 책에서 다룬 문제가 오늘날 우리 사회와 어떻게 관련이 있을까?"와 같은 질문을 통해 학생들이 스스로 생각하고 자신을 개방하고 표현하는 능력을 기를 수 있다.

비판적 사고 유도를 위해서 "이 책에서 저자가 말한 것에 동의하니? 왜 그렇게 생각하니?"와 같은 질문은 학생들이 책의 내용을 비판적으로 분석하고 자신의 의견을 표현할 수 있도록 돕는다.

가족이나 친구와 함께 읽은 책을 주제로 토론하며 각자의 의견을 나누는 활동도 좋다. 논리적 사고와 의사소통 능력을 강화하는 데 매우 효과적이다. 학생들이 서로 다른 관점을 접하고 자기의 생각을 논리적으로 표현하는 과정에서 비판적 사고와 문제 해결 능력을 발달시킬 수 있다. 학생들은 책에서 얻은 지식을 바탕으로 논리를 펼치고, 타인의 의견을 경청하며 자신의 견해를 정리하는 과정을 통해 사회적 인식과 논리적 사고력을 키울 수 있다.

문학 작품을 읽은 후 창의적 글쓰기를 통해 이야기를 재구성하거나 주제를 변형해 보는 활동도 유익하다. 글쓰기가 힘들다면 말로 하거나 녹음이나 영상 제작도 좋은 방법이다. 특히 이 시기는 작품성이 뛰어나고 글의 분량이 많은 도서를 읽는 것도 중요하다. 긴 글을 몇 주, 혹은 몇 달에 걸쳐 읽어내고 작품 속 인물과 함께 긴 시간을 보내보는 경험은 자신에게만 몰입할 수 있는 시기에 조금은 나를 잊고 지내는 시간을 확보하는 것이다. 이러한 문학 독서 읽기를 통해 상상력과 창의력을 발휘하고, 비판적으로 사고하는 능력과 자아 성찰의 시간을 발전시켜 나간다.

5) 중등 독서가 학습 및 성격 형성에 미치는 영향

독서는 중등 학생들에게 학습 동기를 부여하고, 자기 주도적 학습을 촉진하는 도구가 된다. 특히 비문학적 독서를 통해 학생들은 교과 지식의 기반을 다지고 다음 단계 학습을 위한 기초 학력을 강화할 수 있다. 과학, 사회, 국어 등 다양한 교과목에서 독서를 통해 습득한 배경지식은 학생들이 수업 내용을 쉽게 이해하고 응용하는 데 기여하기 때문이다.

문학 독서를 통해 학생들은 다양한 인물의 삶을 간접적으로 경험하면서 자기 이해와 타인에 대한 공감 능력을 발전시킨다. 이는 학생들이 사회적 관계에서 협력하고 갈등을 해결하는 능력을 기르는 데 도움을 준다. 또한 청소년기의 도전과 갈등을 다룬 문학 작품은 학생들이 자신의 문제를 해결하고 성숙해지는 과정을 이해하는 데 기여한다.

성장을 주제로 한 소설을 읽고 나서 학생들은 자신이 경험하고 있는 어려움을 인물과 비교하며, 문제 해결의 힌트를 얻을 수 있다. 이러한 경험은 학생들이 자신의 감정과 상황을 더 잘 이해하고, 타인의 입장도 생각해 보는 기회를 제공하여 사춘기 시기 발생하기 쉬운 다양한 문제의 방어 역할을 한다.

중등 독서는 사회성 발달에도 큰 도움을 준다. 다양한 인물과 상황을 접하면서 학생들은 타인의 감정을 이해하고, 자신의 감정을 효과적으로 표현하는 방법을 배울 수 있다. 또한, 학생들이 사춘기 동안 겪는 정서적 혼란을 극복하는 데 독서는 중요한 역할을 한다. 청소년 소설에서 등장인물이 어려운 상황을 극복하는 이야기를 읽으면, 학생들은 자신의 상황에 대한 새로운 시각을 얻게 되고, 정서적 문제를 해결하는 데 필요한 자원을 얻을 수 있다.

6) 독서를 통한 메타인지 발달과 자기 주도 학습 실천하기

중등 시기는 메타인지(Metacognition)가 본격적으로 발달하는 시기로, 독서는 학생들이 자신의 학습 과정을 인식하고 조절하는 데 중요한 역할을 한다. 메타인지는 학생들이 스스로 학습 목표를 설정하고, 학습 중에 자신의 성과를 평가하며 개선할 방법을 찾는 능력을 길러준다.

학생들은 독서를 통해 얻은 정보를 바탕으로 자신의 이해도를 평가하고, 스스로 부족한 부분을 인식한다. 이를 통해 더 깊은 이해를 추구하며, 필요한 지식을 보충하는 방향으로 학습을 조정하며 스스로 정서, 인지, 지식, 기억을 조절하게 된다. 이러한 과정에서 자신에게 가장 효과적인 학습 전략을 찾아 나갈 수 있다. 독서 중 자신의 학습 방법을 평가하고, 이를 개선하기 위해 다양한 학습 전략을 시도하는 기회를 갖게 된다. 특정 주제에 대해 독서를 진행한 후, 그 내용을 이해하지 못했을 때, 메타인지를 활용해 더 쉬운 자료나 보충 자료를 찾아 읽는 과정을 배우고 이를 학습에 적용할 수 있다.

중학교 시기는 사고력 확장과 자아 형성에 있어 중요한 시기이다. 독서는 이러한 시기 학생들이 비판적 사고, 논리적 추론, 창의적 문제 해결 능력을 발달시키는 데 필수적인 역할을 하며, 정서적 및 사회적 발달에도 중요한 도구로 작용한다. 다양한 독서는 학생들이 학습 성취도를 높이고 사회적 관계를 원활하게 형성할 수 있도록 도와준다. 또한 이 시기 깊이 있는 독서는 학습을 넘어, 학생들의 삶의 가치관과 목적의식을 형성하는 데

중요한 역할을 한다. 중등 시기에 독서 습관을 형성하는 것은 이후의 학업
과 사회적 성공에 기반이 된다. 운동을 통해 몸이 건강하게 성장하듯 독서
는 두뇌를 훈련하는 운동임을 알아야 한다.

6.

고등학생:
목적 독서로 심화 학습하라

"한 사람의 인생을 바꾸는 데 필요한 것은 단 한 권의 책일 수도 있다."

메리 올리버

적절한 책을 만나는 것은 꿈을 찾거나 새로운 길을 여는 계기가 될 수 있다.

고등학교 시기는 인지적, 정서적, 신체적 발달이 매우 강화되는 중요한 시기이다. 학생들은 대학 입시를 비롯하여 진로 목표를 갖고 학업에 집중하며, 학습 능력을 최대로 끌어올려야 한다. 이 시기 독서 활동은 단순한 지식 습득을 넘어, 학생들의 진로와 진학을 위한 실력을 쌓고 실제적인 도움을 받을 수 있는 도구가 된다. 대입 논술, 수시 입시, 수능시험, 약식 논술, 취업 시험 등에서 독서 능력과 독서로 쌓은 배경지식은 핵심적인 역할을 한다. 이러한 독서는 고등학교 국어의 다양한 언어 영역들과 깊은 연관을 갖는다.

1) 독서 방법: 고등학교 시기(17~19세)

① **비판적 독서와 토론:** 고등학생들은 비판적 사고가 발달하는 시기이므로, 책을 읽은 후 그 내용을 분석하고, 자기 생각을 정리하며, 친구나 교사와 토론하는 방식이 매우 효과적이다. 이러한 독서는 논리적 사고를 발전시키고, 다양한 관점을 수용하는 데 도움이 된다.

② **자기 계발을 위한 독서:** 진로 선택과 자아 성찰의 시기에, 자기계발서나 철학적, 심리학적 도서는 학생들이 자기의 내면을 탐구하고 미래에 대해 생각하는 데 중요한 자원이 된다.

③ **문학과 비문학의 균형:** 이 시기에는 문학 작품뿐만 아니라 비문학 도서를 읽는 것이 중요하다. 비문학 도서, 특히 사회 문제, 과학, 기술, 철학, 예술, 시사 등에 관한 책은 학생들의 비판적 사고와 지식의 폭을 넓히는 데 도움이 된다.

④ **자료 찾으며 읽기(Reading for Information Gathering):** 자료 찾으며 읽기는 특정 주제에 대해 정보를 수집하기 위해 다양한 자료를 읽는 과정이다. 이 방법은 문제 해결, 과제 작성 또는 연구를 위해 필수적인 정보를 찾는 데 중점을 둔다.

⑤ **타당성 판단하며 읽기(Reading for Validity Assessment):** 타당성 판단하며 읽기는 읽은 자료나 정보가 신뢰할 만한지, 그리고 그 주장이 사실에 기반하는지 평가하는 과정이다. 이는 자료의 출처, 논리적 근거, 증거

의 신뢰성을 검토하는 데 중점을 둔다.

⑥ **비교하며 읽기(Comparative Reading):** 비교하며 읽기는 두 개 이상의 자료를 읽고, 그 내용이나 주장을 서로 비교하는 과정이다. 서로 다른 관점, 정보, 사실을 분석하고, 공통점과 차이점을 찾아내는 데 중점을 두며 읽는다.

⑦ **정리하며 읽기(Summarizing Reading):** 정리하며 읽기는 자료의 핵심 내용을 요약하고, 중요한 정보만을 간략하게 정리하는 과정이다. 이는 책이나 논문, 기사를 읽고, 그 내용의 중요한 점을 효율적으로 요약하는 데 중점을 두는 읽기이다.

2) 대입과 독서의 중요성

① 논술고사와 수시: 논리적 글쓰기가 핵심이다

대학 논술고사와 수시 입시는 비판적 사고, 논리적 글쓰기 능력을 평가하는 데 중점을 둔다. 비문학적 글쓰기나 논증적 글쓰기를 위한 기본적인 사고 구조는 독서를 통해 발전할 수 있다. 논술고사에서 제시된 주제를 분석하고 자신의 의견을 논리적으로 표현하기 위해서는 독서 경험을 통해 다양한 관점과 지식을 습득하는 것이 필수적이다.

② 수능 시험: 제시문과 선지 읽기의 기반 만들기

수능 국어는 화법과 작문, 언어와 매체, 문학, 독서 영역으로 나누어져 있으며, 이 모든 영역에서 독서 능력이 중요한 역할을 한다. 수능에서 비문학 지문을 빠르고 정확하게 분석하고 이해하기 위해서는 사실적, 추론적 독해력과 정보처리 능력이 필요하며, 이러한 능력은 꾸준한 독서 활동을 통해 발전되는 능력으로 오랜 시간 사고 훈련이 필요하다. 특히, 수능 국어의 비문학 지문은 다양한 분야(과학, 기술, 철학, 인문학, 사회과학, 예술 등)의 내용을 포함하고 있어, 폭넓은 독서 경험이 선지(제시문) 읽기에 중요한 기반이 된다.

3) 고등학교 국어와 독서의 연결성

고등학교 국어는 화법과 작문, 언어와 매체, 문학, 독서로 나누어져 있으며, 각 영역은 독서를 통해 필수적으로 연결되고 강화될 수 있다.

① 화법과 작문: 생각을 정리하여 표현하기

화법은 의사소통 능력, 즉 말을 통해 자기의 생각을 정확하게 전달하는 능력이다. 작문은 이를 글로 표현하는 능력을 다룬다. 독서는 다양한 문체와 표현 방식을 접할 수 있는 기회를 제공하며, 이를 통해 학생들은 자신의 의견을 효과적으로 말하고 쓰는 능력을 배양할 수 있다. 다양한 에세이나 자기계발서를 읽고 난 후, 자기 생각을 정리하여 발표하거나 글로 작성하는 활동은 화법과 작문 실력 향상에 도움이 된다.

② 언어와 매체: 미디어 상식에 대해 탐구하기

언어와 매체는 현대 사회에서 언어가 어떻게 사용되고, 미디어를 통해 정보가 어떻게 전달되는지를 다룬다. 독서는 다양한 미디어에서 사용하는 언어의 특징을 이해하고, 정보의 전달 방식을 분석하는 데 중요한 자료를 제공한다. 신문 사설, 칼럼을 읽고 미디어에서의 언어 사용 방식을 분석하거나, 정보의 전달 방식이 어떻게 사회에 영향을 미치는지를 독서를 통해 탐구할 수 있다.

③ 문학: 감수성과 공감 능력, 배경지식 쌓기

문학의 핵심은 감상이다. 한국에서 문학은 1894년 갑오개혁을 기점으로 고전문학과 현대문학으로 나눈다. 고전은 범위가 정해져 있고 변화가 없어 문제의 난이도가 높고 배경지식이 상당히 필요하다. 현대문학은 세계 문학도 포함되는 방대한 범위로 대비가 쉽지 않다. 학생들이 문학적 감수성을 기르고, 주제와 상징, 은유와 같은 문학적 장치를 이해하기 위해서는 독서를 통항 입체적 공감 경험과 깊이 있는 심상 쌓기 경험이 장기간에 걸쳐 필요하다.

④ 독서: 독해력과 논리력 키우기

독서 영역은 모든 언어 영역 이해의 배경지식이 되는 비문학 읽기 분야이다. 철학, 윤리, 과학, 기술, 정치, 경제, 법, 문화, 예술, 미술 등 모든 분야가 들어간다. 이는 학습의 기초가 되는 중요한 내용이다. 학생들은 독서를 통해 다양한 정보와 지식을 습득하고, 이를 바탕으로 자기의 생각을 정리하고 논리적으로 표현하는 능력을 키울 수 있으며 이때 쌓인 지식은 문학과 다른 비문학 독서의 배경지식이 되어 활용된다. 다양한 분야의 비문학 도서를 읽고 요약하거나, 자신의 의견을 글로 작성하는 활동을 통해 독해력과 논리적 사고 능력을 키울 수 있다.

4) 학업 스트레스와 진로 고민에서 독서의 역할

고등학생들은 학업과 입시 그리고 진로에 대한 스트레스를 많이 받는다. 독서는 스트레스를 관리하는 데 효과적인 도구로 작용할 수 있다. 다양한 연구와 경험적 증거들이 독서가 정신적 긴장을 줄이고 심리적 안정감을 제공한다는 것을 보여준다. 문학 독서는 감정적인 안정과 정서적 지지를 제공하며, 학생들이 학업에서 벗어나 잠시 휴식 하는 기회를 제공한다. 또한, 비문학 독서는 학업적 부담을 논리적으로 해결하는 방법을 모색하게 해준다. 다양한 분야의 지식을 접하고, 이를 바탕으로 자신이 흥미를 느끼는 분야를 찾는 데 도움을 받고 자기계발서나 직업 관련 서적을 통해 학생들은 다양한 직업과 진로에 대해 이해하고, 자기의 적성에 맞는 선택에 도움을 받을 수 있다.

① 심리적 이완과 몰입

독서는 마음을 집중하게 함으로써 학업과 일상에서 느끼는 스트레스를 잊게 한다. 책 속의 이야기나 정보에 몰입하게 되면 스트레스를 유발하는 외부의 자극이나 걱정에서 일시적으로 벗어날 수 있다. 이 과정에서 뇌는 휴식을 취하며, 긴장감이 해소된다. 특히 문학적 독서(소설, 수필, 시 등)

는 이야기 속으로 몰입하게 만들어 이완 반응을 촉진하며 이는 스트레스를 줄이는 데 큰 역할을 한다. 2009년 영국 서식스대학교의 연구에 따르면, 독서는 단 6분 동안에 스트레스를 68% 감소시킬 수 있으며, 이는 음악 감상이나 산책보다도 효과적이라고 보고되었다.

② 정서적 공감과 감정 조절

문학 독서를 통해 다양한 인물과 그들의 감정, 상황을 간접적으로 경험하면서 독자는 자신의 감정을 더 잘 이해하게 된다. 특히 공감 능력이 향상되고, 정서적 변화나 갈등을 해소하는 데 도움을 준다. 책 속 인물의 감정과 상황에 몰입하면서 자신의 감정도 조절할 수 있게 된다. 이는 정서적 스트레스를 줄이는 데 매우 유효한 방법이다. 청소년이 성장 소설을 읽을 때, 주인공이 겪는 갈등과 문제를 해결하는 과정을 보며, 자신의 감정도 더 잘 다스리게 되는 경험을 학창 시절 한 번쯤은 경험했을 것이다.

③ 비판적 사고와 문제 해결 능력

입시와 진로 등 불안한 미래에 대한 스트레스로 힘든 학생들에게 비문학적 독서나 자기계발서는 자신의 상황을 논리적으로 분석하고 해결하는 능력을 길러준다. 스트레스의 주요 원인 중 하나는 문제 해결 방법을 찾지 못하는 데서 비롯되는데, 독서는 새로운 관점을 제시하거나 문제 해결의 실마리를 제공할 수 있기 때문이다. 자신의 상황을 더 객관적으로 보고, 해결책을 모색하는 데 도움을 받을 수 있고 자기주도적 학습과 메타인지를 촉진해 스트레스를 더 잘 다룰 수 있게 한다.

④ 휴식과 마음의 평화 제공

독서는 일종의 정신적 휴식을 제공한다. 하루 동안 쌓인 스트레스나 걱정에서 벗어나, 다른 세계로 여행을 떠나는 듯한 경험을 제공하기 때문에 마음의 평화를 찾을 수 있는 것이다. 특히 시나 명상적인 글을 읽는 것은 마음을 진정시키고, 심리적 안정감을 주는 데 효과적이다. 이는 명상과 비슷한 효과를 주며, 불안감을 해소하고 스트레스를 줄이는 데 기여한다.

⑤ 잠재적 탈출구 제공

스트레스가 높은 상황에서는 현실을 잠시 벗어나 휴식을 취하는 것이 필요하다. 독서는 잠재적 탈출구 역할을 하여 독자가 책 속의 세계에 몰입하게 해준다. 이는 스트레스로 인한 과도한 생각을 잠시 멈추고, 뇌를 쉬게 하며 정신적 재충전을 가능하게 한다. 환상적인 이야기나 미래 세계를 다룬 판타지나 과학 소설은 특히 이런 역할을 잘 수행하며, 독자가 현실의 스트레스에서 벗어나 다른 시각으로 문제를 바라보게 도와준다.

⑥ 기타 독서의 효과

독서는 긍정적인 심리 안정에 다양한 도움이 된다. 문학 작품인 소설, 시, 단편 등은 감정적 몰입과 이완을 제공하여 정서적 스트레스를 줄이는 데 매우 효과적이며 성장 소설이나 로맨스, 모험 이야기는 감정적 여정을 통해 독자에게 위로를 제공한다. 스트레스를 다루거나, 시간 관리, 감정 조절 방법을 다루는 책은 스트레스 상황에서 실질적인 해결책을 제공하고, 자기 관리를 돕는다. 철학적 에세이나 명상 관련 도서는 독자에게 마음의 평화를 제공하고, 심리적 안정을 찾는 데 도움을 주며 과학, 역사, 인문학적 지식을 다루는 책들은 독자의 사고력을 자극하고, 새로운 관점으로 문제를 바라볼 수 있게 하여 스트레스를 완화하는 데 기여한다. 그러므로 어떤 분야의 도서를 선택하든지 자신의 취미나 학업적 상황 그리고 진로와 흥미를 고려해 편안한 마음으로 선택하면 좋다.

5) 일상생활에서의 대화 및 읽기 활동

고등학생들은 학업과 입시 및 진로 준비로 인해 물리적 시간 부족을 겪는다. 이러한 상황에서도 높은 수준의 독서를 유지하고 심도 있는 학습을 이어 가기 위해서는 부모와 교사의 중요한 보조 역할이 필요하다. 이를 통해 학생들은 시간적 제약 속에서도 독서의 가치를 경험하고, 독서를 통해 얻은 지식을 실제로 활용할 수 있는 다양한 활동에 참여할 수 있기 때문이다.

가정에서는 학생이 공부와 독서를 동시에 할 수 있는 편안한 환경을 조성해 주는 것이 중요하다. 독서에 대한 부담을 줄이고, 짧은 시간이라도 집중할 수 있는 공간을 마련해 주면 좋다. 또한, 부모가 독서하는 모습을 보여주는 것만으로도 학생에게 독서의 중요성을 자연스럽게 전달할 수 있어 좋다. 학생의 일과 속에서 짧고 빈번한 독서 시간을 확보할 수 있도록 지도하는 것도 필요하다. 특히 휴식 시간이 독서로 이루어지는 것도 필요하다. 예를 들어, 하루에 10~15분 정도의 짧은 독서 시간을 꾸준히 가지도록 독려하고, 이를 통해 독서 습관을 형성하게 도와주는 것도 좋다. 또는 자녀가 관심 있는 주제나 학문 관련된 책을 추천하고 구매하는 것도 효과적이다. 이를 통해 독서를 학업의 연장선상에서 유용하게 인식할 수 있게 하고, 독서 자체가 부담이 아닌 흥미로운 활동으로 인식되도록 도울 수 있다. 무엇보다 처음부터 끝까지 다 읽어야 한다는 부담을 주기보다는 차례를 훑고 필요한 장을 선택적으로 속독하는 방식이 좋다. 통학 시간이나 짧은 휴식 시간에 오디오북을 듣거나 전자책을 읽는 방식으로 독서를 병행할 수 있다. 특히, 이동 중 독서를 할 수 있는 오디오북은 물리적인 시간 부족을 극복하는 데 유용하다. 그리고 짧은 에세이, 칼럼, 논문 요약본 등을 활용해 독서 습관을 유지하는 것도 좋다.

교사는 학생들이 배우는 과목 관련된 독서 목록을 제공함으로써 독서와 학습을 병행할 수 있도록 할 수 있다. 교과 내용과 연결된 읽기를 통해 독서가 학업에 실질적인 도움이 되는 활동으로 인식되게 하는 것이다. 입시 위주의 수업만 진행하는 대신, 수업 중 5~10분 정도를 독서 시간으로 제공하는 것도 효과가 있으며 짧은 시간이라도 독서를 할 수 있는 기회를 제공하는 것이 중요하다. 학생들에게 독서 후 토론이나 발표 기회를 제공해 책에서 얻은 지식을 깊이 있게 탐구하고 논의할 수 있는 장을 마련하는 것도 필요하다. 독서를 통해 얻은 지식을 바탕으로 교과목에서의 프로젝트나 과제를 수행하는 방법도 있다.

독서는 학업 및 진로, 인간관계 등 고등학생들이 갖는 다양한 스트레스 관리에 효과적이다. 독서를 통해 현실에서 잠시 벗어나 휴식을 취할 수 있으며, 정서적 안정을 얻고, 자신의 감정을 더 잘 이해할 수 있게 된다. 진학과 진로라는 커다란 인생의 문 앞에 서 있는 고등학생들에게 인생을 바꿀 수 있는 단 한 권의 책과의 만남은 매우 중요한 기회가 될 것이다.

독서는 평생의 동반자다 - 성인기 독서의 힘!

1. 성인기(20~60세): 창의력, 문제 해결 및 뇌 기능 유지

1) 뇌 발달의 특징

19세 이후의 뇌 발달은 이전 청소년기와 비교하여 성숙 단계에 이른다. 그러나 뇌는 여전히 변화하고 적응하며, 특정 영역에서는 지속적인 발달이 이루어지므로 계속해서 뇌 발달을 위한 노력은 지속되어야 한다. 전두엽(Frontal Lobe)의 발달이 거의 완성 단계에 이르러, 논리적 사고, 문제 해결, 계획 수립, 감정 조절 등의 기능이 더욱 향상된다. 뇌의 성장으로 성인은 더 복잡하고 추상적인 문제를 처리하고 장기적인 목표를 설정하며 이를 달성할 수 있는 능력이 강화된다.

성인 초기는 사회적 관계가 확장되는 시기로 대학 생활, 직장 경험 등을 통해 다양한 사회적 역할을 경험하며, 관계 형성 능력이 중요한 부분을 차지한다. 사회적, 경제적 독립을 이루려는 경향도 강해져 자기 주도성과 책임감을 키우며, 중요한 결정을 스스로 내리는 능력을 발달시키는 것도 이 시기다. 직업적 활동과 사회적 관계 속에서 창의력과 문제 해결 능력을 강화하는 시기로 새로운 정보를 계속 받아들이며, 문제 해결 능력과 창의성을 유지하기 위해 독서가 필수적이다. 독서는 지속적인 뇌 활동을 촉진하여 뇌 건강을 유지하고 신경 가소성을 증대시킨다. 성인기 뇌는 여전히 신경 가소성을 가지고 있어 새로운 정보를 받아들이고 학습하는 데 유연성을 지닌다. 성인기에도 새로운 언어나 기술 습득이 가능하며, 꾸준한 학습과 경험을 통해 신경 연결망을 강화할 수 있다. 성인기는 비판적 사고와 논리적 추론 능력이 성숙하는 시기이다. 다양한 문제 해결 능력이 향상되며, 직업이나 사회적 역할에 필요한 높은 수준의 사고력을 발휘할 수 있다. 성인기의 뇌는 감정 조절 능력이 더욱 발달하며, 타인의 감정을 이해하고 공감하는 사회적 지능이 성숙해진다. 복잡한 사회적 관계 속에서 성숙하게 행동할 수 있는 능력이 발달한다. 성인기는 이전보다 학습 속도가 다소 느려질 수 있지만, 깊이 있는 이해력과 지식 통합 능력은 더 향상된다. 또한, 잘 조직된 장기 기억 덕분에 배운 것을 유용하게 응용할 수 있는 능력이 확장된다.

2) 독서의 역할

① 20~40대: 직업적 성공을 위한 전문 서적, 경제 서적을 읽으면 지식 습득과 문제 해결 능력을 강화할 수 있다. 창의력 증진을 위한 문학 서적이나 자기계발서도 중요하다.

② 40~60대: 뇌의 노화가 서서히 시작되므로, 새로운 정보와 지식을 얻기 위한 학습이 중요하다. 비즈니스 서적, 철학적 서적을 통해 논리적 사고와 비판적 사고를 계속해서 자극하는 것이 좋다.

③ 독서 장르별 효과: 문학 작품을 읽는 것은 등장인물의 다양한 감정과 상황에 대해 공감하며 감정 조절 능력을 기르는 데 도움이 된다. 이를 통해 성인은 더 넓은 시각으로 인간관계를 이해하고, 감정을 조절하며 조화로운 사회적 삶을 영위할 수 있다. 역사서를 읽는 것은 사건의 인과관계를 이해하고, 사회적 맥락 속에서 다양한 관점을 분석하는 데 도움을 준다. 역사 독서는 비판적 사고를 기르며, 특정 상황이나 문제에 대해 다양한 시각을 이해하고 해결 방안을 도출하는 분석 능력을 키운다. 이는 복잡한 사회적, 직업적 문제 해결에 유용하게 작용하며 확대된 인간관계에서 중요한 소양으로 작용한다. 과학책 독서는 성인의 논리적 사고와 분석적 사고를 자극한다. 변화하는 사회에 새로운 정보와 기존 지식을 통합하는 능력은 중요하다. 철학 서적은 성인이 심층적인 사고를 하고 자신의 가치관과 신념

을 조정하고 새롭게 형성하는 데 필수 분야이다. 철학적 질문을 통해 존재와 의미에 대한 고찰을 강화하여 자기 이해와 인생의 방향성 설정에 도움을 준다. 이는 성숙한 삶을 살아가는 데 필수적인 성찰 능력을 키우는 데 매우 중요한 역할을 한다. 수학 관련 독서는 논리적 사고와 추론 능력을 강화한다. 수학적 문제 해결 과정을 통해 구조화된 사고 능력을 길러주며, 복잡한 문제를 단계적으로 접근하고 해결하는 데 필요한 논리적 사고력을 발달시킨다. 이는 성인의 직업적 과제나 복잡한 문제 해결에 유용하게 활용될 수 있다.

3) 독서 방법

① 자기 계발과 목표 설정을 위한 읽기: 성인은 자기계발서나 목표 설정에 관한 책을 통해 자신의 삶을 계획하고 발전시키는 데 도움을 받을 수 있다. 성인기에는 장기적 목표를 설정하고 이를 달성하기 위한 구체적인 전략에 필요한 자기 계발과 목표를 위한 독서가 필요하다.

② 비판적 사고를 위한 읽기: 복잡한 사회 문제나 철학적 주제를 다룬 책을 읽으며 비판적 사고를 기를 수 있다. 책을 읽으면서 저자의 주장을 분석하고 자신의 의견을 정리하는 습관을 기르고 이를 바탕으로 사회 문제를 미시적으로 분석하고 거시적으로 통찰하는 능력을 키우는 독서가 중요하다.

③ 다양한 분야에 대한 탐구를 위한 읽기: 성인은 다양한 분야의 책을 읽으면서 융합적 사고를 발전시킬 수 있어야 한다. 그리고 평소 읽지 않던 분야의 책을 의도적으로 읽는 것도 필요하다. 이러한 읽기 과정을 통해 뇌에 과부하를 줄 수 있기 때문이다. 과학, 기술, 예술, 사회, 정치, 경제 등을 다양한 시각으로 탐구하는 균형이 중요하다. 다양한 분야의 지식과 기술을 융합하여 복합적 문제 해결 능력을 키우고 디지털 역량과 기술적 이해를 위해 계속해 신기술에 대한 이해를 높일 수 있

는 도서가 필수적이다.

④ 창의적 사고와 혁신을 위한 읽기: 현대 사회는 새로운 해결책을 찾고 혁신을 주도할 수 있는 인재를 세대에 상관없이 필요로 한다. 창의성을 발휘하여 기손의 틀을 깨는 발상과 실행력 그리고 창조성은 개인의 삶을 변화 발전시키며 나아가 사회를 성장시키는 원동력이 되기 때문이다. 창의적 사고와 혁신의 원동력이 될 독서는 중요한 자원이 된다.

2. 노년기(60~90세 이후): 뇌 기능 유지 및 인지 저하 예방

1) 뇌 발달의 특징

노년기에는 뇌의 퇴행이 시작되며, 기억력과 인지 기능이 점차 저하된다. 그러나 독서는 뇌의 신경 가소성을 유지하고, 치매나 알츠하이머와 같은 질환을 예방하는 데 도움을 줄 수 있다. 노년기에 접어들면 전두엽과 해마의 기능이 감소하며 집중력, 문제 해결력, 계획하기 능력이 저하될 수 있다. 그러나 여전히 가소성이 있어, 자극과 학습을 통해 발달을 지속할 수 있다. 또한, 나이가 들어도 경험과 지혜를 통해 추론 능력, 감정 조절, 사회적 이해력은 더욱 깊어지는 경향이 있다. 이를 위해 꾸준한 학습과 자극이 필요하며, 독서는 특히 뇌 자극에 효과적이다.

2) 독서의 역할

① 60대 이후: 소설이나 역사책을 읽으며 뇌의 기억력을 유지하고, 논리적 사고를 자극한다. 특히, 퍼즐이나 추리소설과 같은 활동은 뇌를 계속해서 자극하여 인지 저하를 늦추는 데 도움을 준다. 시력 저하 등 읽기 능력 저하를 돕는 큰 문자 도서나 음성 파일 등을 활용하면 좋다.

❙ 문학: 문학 작품을 읽으며 이야기를 이해하고 등장인물의 감정에 공감하는 과정

은 언어 능력과 감정 조절 능력을 유지하고 강화하는 데 도움이 된다. 문학 독서는 기억력과 추론 능력을 자극하며, 다양한 감정 표현과 사회적 이해력을 높여주며 정서적 안정과 사회적 관계 유지를 돕는 역할도 한다.

역사: 역사책을 읽는 것은 노년기 기억력과 분석력을 유지하는 데 유용한 장르이다. 역사적 사건과 인물을 이해하고 과거와 현재를 비교하는 과정에서 기억력, 분석력, 논리적 사고가 필요하며, 이는 뇌의 전두엽을 자극하기 때문이다. 역사 독서는 또한 시야를 넓히고, 자신의 삶을 돌아보는 데도 도움을 주어 자아 성찰 능력을 강화할 수 있다.

과학: 과학 서적은 논리적 사고와 문제 해결 능력을 자극한다. 과학적인 개념과 원리를 이해하는 과정에서 추론 능력과 논리적 사고력이 요구되기 때문이다. 이는 인지 기능 유지를 돕는다. 특히, 건강 관련 과학 서적은 실생활에 직접적인 도움이 되며, 건강한 생활 습관을 유지하는 데 긍정적인 영향을 미칠 수 있다.

철학과 사회학: 철학과 사회학 서적은 비판적 사고와 자아 성찰을 돕는 중요한 도구이다. 철학적 질문에 대한 사유나 사회적 문제에 대한 분석은 전두엽을 자극하여 고차원적 사고를 유지하게 하고, 자신의 가치관과 삶의 방향을 재정립하는 데 도움이 된다. 또한 이러한 독서를 통해 정서적 안정과 삶의 만족도를 높일 수 있다.

수학과 퍼즐: 수학 관련 독서나 퍼즐 풀이 책은 뇌의 집중력, 문제 해결 능력, 논리적 사고력을 유지하는 데 유용하다. 복잡한 문제를 풀거나 패턴을 이해하는 과정은 뇌의 다양한 영역을 자극하며, 특히 노년기의 인지 저하 방지에 효과적이다.

예술과 음악: 예술과 음악 관련 독서는 창의력을 자극하고 정서적 안정을 돕는다. 예술 작품을 감상하고 해석하는 과정은 뇌의 창의적 사고를 자극하며, 음악 관련 독서는 감정 표현을 도와 심리적 안정감을 제공한다. 이는 노년기 정서적 유연

성을 높이고, 삶의 활력을 유지하는 데 적절한 자극이 된다.

　성인기에는 지식 습득과 문제 해결 능력 향상을 위해 다양한 분야의 독서가 필수이다. 성인기 중후반에는 독서를 통한 새로운 학습이 뇌의 유연성과 적응력을 유지하게 한다. 그래서 자신이 좋아하는 분야를 벗어나 관심이 낮은 분야, 읽기 어려워하는 분야의 책도 도전해야 한다. 끝으로 노년기에는 기억력과 인지 기능 유지를 위해 논리적, 창의적 사고를 자극하는 독서가 중요하다. '전 생애 독서'는 뇌의 발달과 기능 유지를 돕는 필수적인 활동이며, 지적 성장뿐 아니라 정서적 안정과 사회적 유대감 형성에도 기여한다. 그러므로 독서는 평생의 동반자이다.

인간 발달 과정을 살펴보면 시기마다
인지적, 정서적, 사회적 요구가 다르며
이에 따라 독서의 목적과 전략 또한
연령 및 학년에 따라 달라야 한다.

연령별 뇌유형으로 세우는 학습전략

READING LEARNING

3장

1% 독서법 심화

잘 읽는 아이가 반드시
상위권이 된다

READING LEARNING

1.

선행학습의 함정:
왜 학습력이 중요한가?

"독서는 하나의 교육이다. 그러나 올바른 독서는 수천 가지 교육을 포함한다."

존 루스킨

독서는 교육의 일부이며 선택적이고 체계적인 독서는 심층적인 학습이 된다.

초등학교 1~2학년 학생들이 책 읽을 시간이 없다고 호소한다.

왜 그렇게 바쁜지 물어보면 10명 중 8~9명은 학원 숙제가 많아서라고 한다. 예체능 교육은 필수이고 거기에 영어와 수학은 기본으로 다니고 있는지라 그렇겠구나 한편으로 이해가 된다. 그러나 선택과 집중이라는 기준으로 본다면 국어 학습은 심도 있게 공부해야 할 과목이고 발달 시기상 가장 필요한 학습인데 다른 학습 뒤로 밀리고 있어 안타깝다. 더구나 자기 학년에 맞는 영어와 수학 공부 때문에 과제가 많다면 그나마 이해가 되지만 대부분 학생은 자기 학년보다 몇 년을 앞선 선행 진도에 휘청이고 있다.

승자독식, 능력주의 사회를 살아가며 누구나 일등이 되고 싶어 한다. 서로 비교하고 줄 세우는 경쟁 교육의 선두에 선 일부 학부모들의 과욕이 어린 학생들에게도 영향을 미친 것인지 서로 학원 레벨로 서열을 정리하는 학생들을 보면 안타깝다. 특히 수학에 있어서는 몇 학년 문제를 풀고 있느냐가 자신의 지능이나 공부 능력의 바로미터라고 믿고 있어 수학을 못 하면 공부 못하는 아이가 되고 만다. 더 나아가 수학을 못 하면 더 이상 공부를 할 필요도 없다는 절망감까지 느끼는 아이들을 지켜보며 마음 아프다.

학생들이 자기 학년이 아닌 다음 교육 과정에서 요구되는 내용을 미리 배우는 선행학습은 교육 현장에서 흔히 볼 수 있는 현상이다. 부모나 학생들은 선행학습을 통해 더 높은 성적을 기대하지만, 이것이 실제로 성적 향상에 도움이 될지는 의문이다.

자녀의 학습을 위해 집중해야 하는 것은 선행이 아니라 근본적인 힘, 즉 학습력이다. 학습력은 학생이 새로운 내용을 이해하고, 이를 응용하고 창의적으로 활용할 수 있는 기초 체력이다. 스포츠에서 종목을 가리지 않고 좋은 성과를 내기 위해서는 기초 체력이 필수인 것과 같다. 이 장에서는 선행학습, 선수학습 그리고 학습력의 개념을 정리하고 차이를 살펴보며 독서를 통해 학습력을 어떻게 키울 수 있는지 실제적인 방법을 설명하겠다.

1) 선행학습과 선수학습의 개념 정의

선행학습은 학년, 혹은 교육 과정에서 배울 내용보다 미리 배우는 학습을 말한다. 즉, 정규 교육 과정에서 학습하기 전에 과목의 내용을 선제적으로 미리 앞당겨 학습하는 것이다. 주로 입시 경쟁이나 학업 성적을 올리기 위한 목적으로 시행되지만 현실은 입시와 무관한 초등학생들까지 선행학습에 몰리고 있다. 선행학습의 목표는 뚜렷하다. 그것은 배워야 할 학습 내용의 빠른 습득이다. 그렇기에 심화된 학습이라 할 수 없으며 이보다는 속도에 중점을 두는 학습으로 성적을 빠르게 올리는 데 목표를 두는 경향이 높고 단기적 성과는 있을 수 있으나 학습 내용의 깊은 이해를 기대하기는 어렵다. 또한 외우기에 치중하는 경우가 많다.

선수학습은 특정 내용을 학습하기 전에 필수적으로 알아야 할 기본적인 개념이나 지식을 사전에 습득하는 것을 의미한다. 선수학습은 학습의 이해도와 지속성을 높이기 위한 것으로, 새로운 지식과 기존의 지식 사이에 연결고리를 형성하는 것이 목표이다. 이는 장기 기억과 지식의 체계화에 도움을 주는 학습이다. 학습에 필요한 기본 지식을 습득하고, 이를 통해 새로운 내용을 더 쉽게 이해하고 장기적으로 학습 성과를 높이는 것을 목표로 학습 내용의 체계적인 연결을 중요하게 생각하는 학습이다. 이러한 학문적 체계성은 학생들의 머릿속에서 정리되어 자신이 무엇을 하고 있으며 어디로 가고 있는지 방향을 알고 학습하게 되는 것이다. 즉, 선수학습은 다음 단계의 학습을 준비하고, 새로운 지식을 더 잘 이해하기 위한 기초를 다지는 학습을 의미하는 것으로 미리 진도를 나가는 데 중점을 두는 선행학습과는 근본적으로 차이가 있다.

2) 학습력이란 무엇인가?

학습력은 학생이 새로운 내용을 학습할 때 이를 이해하고, 응용하고, 창의적으로 활용할 수 있는 능력이다. 이는 단순히 지식을 암기하는 능력을 넘어, 배운 것을 체계적으로 분석하고, 새로운 문제 상황에 적용할 수 있는 능력을 포함하는 것이다. 존 듀이(John Dewey)와 같은 교육학자는 학습력을 문제 해결력과 비판적 사고력의 기반으로 설명했다. 듀이는 학습력이란 학생이 자신이 배운 지식을 단순히 기억하는 것이 아니라, 실제로 적용할 수 있는 능력을 의미한다고 했다. 이런 의미에서 선수학습이 특정 과목에 대한 체계적인 지식 쌓기라면 학습력은 과목을 구분하지 않고 모든 학습에 적용되는 체계적인 지식 쌓기라고 할 수 있다.

3) 선행학습의 문제점과 학습력 키우기의 비교

선행학습의 문제점으로 첫 번째 이해 부족을 들 수 있다. 선행학습은 속도에 중점을 두기 때문에, 학생들이 학습 내용을 충분히 이해하지 못한 상태에서 진도를 나가는 경우가 많기 때문이다. 이러한 학습은 표면적 학습에 그치며, 장기적인 성과보다는 단기적인 성적 향상에만 도움을 줄 뿐이다.

두 번째 문제는 학습 의욕 상실을 초래한다는 것이다. 미리 배운 내용이 학교 수업에서 다시 반복되면 학생들은 흥미를 잃고 동기부여가 줄어들어 학습에 대한 흥미를 잃을 수 있다. 무엇보다 이는 장기적으로 학습 태도에 부정적인 영향을 미칠 수 있으며 학교와 교사 및 교실 수업에 대한 부정적 태도를 형성할 수 있다.

세 번째로는 깊이 없는 학습이라는 점이다. 선행학습은 이해보다는 암기에 치중하기 때문에, 학습의 깊이가 부족해진다. 이는 문제 해결 능력이나 창의적 사고력 향상에 도움이 될 수 없으며 뇌 발달상 자극을 받아야 할 시기에 적절한 자극을 받지 못하게 되어 일시적으로는 학업에 문제가 없는 듯 보이나 학년이 올라가고 학업 내용이 어려워지면 따라갈 수 없게 된다.

이러한 선행학습과 비교해 학습력 키우기 학습의 강점은 문제 해결을 위한 기본 능력을 키우는 학습이라는 점이다. 학습력은 단순히 지식을 습득하는 것이 아니라, 새로운 상황에서 배운 지식을 유연하고 유창하게 활용하는 능력을 키우는 학습이다. 이는 장기적으로 모든 과목에서 중요한 역할을 하며, 창의적 문제 해결력과 연결되어 학습 내용이 어려워져도 스스로 자신의 학습을 이해하고 통제하며 적절한 방법을 선택하게 된다. 또한 다양한 학습이 체계적으로 연결되어 크고 깊고 넓은 배경지식을 쌓아가게 된다. 학습력은 새로운 정보와 기존의 지식을 연결하는 능력을 포함하며, 지식의 구조화와 체계적 이해를 돕는 핵심이 된다. 선행학습이 개념 간의 연결보다는 개별적인 지식 습득에 중점을 두는 협소한 학습이라는 점에서 큰 차이가 난다.

4) 독서로 자라나는 학습력

　메리언 울프(Maryanne Wolf)는 독서가 뇌의 신경 구조와 연결망을 재구성하는 방법에 대해 연구한 신경과학자이자 교육 심리학자로 저서 『책 읽는 뇌』의 저자이다. 캘리포니아 대학교 교육 및 정보대학 교수인 그녀는 문해력 발달 관련 연구로 국제적인 인정을 받고 있다. 독서가 인간의 뇌 구조와 신경망을 재구성하는 과정을 연구한 그녀는 독서를 통해 언어 처리 영역, 기억력, 주의력, 비판적 사고력을 발달시킨다고 설명한다. 그리고 깊이 읽기의 중요성을 강조하며 독서를 통해 인간 뇌가 발달하고 인간 진화에 영향을 미쳤음을 설명했다. 이처럼 독서는 신경망의 발달을 촉진해 언어 처리, 인지 제어, 기억력을 활성화하며, 비판적 사고와 언어 능력 발달에 크게 기여 한다.

　독서를 통한 학습력 향상의 방법으로 첫 번째는 다양한 분야의 책 읽기이다. 독서를 통해 학생들은 과학서, 역사서, 철학서, 문학서, 자기계발서, 예술서 등 다양한 분야의 지식을 습득하고, 이를 바탕으로 학습력을 키울 수 있다. 이는 학생들이 한 분야의 지식에 국한되지 않고, 종합적 사고를 기를 수 있도록 도와준다. 두 번째는 비판적 사고를 유도하는 독서를 하는 것이다. 독서 시 다른 관점과 가치관을 지향하는 도서를 선택하여 학생들이 텍스트의 주제를 비판적으로 분석하고, 자신만의 의견을 형성하도록 돕는 것이다. 이는 논술이나 작문과 같은 과목에서 중요한 역할을 한다. 세 번째는 독서 과정 중 표지(밑줄 긋기)를 하고 요약과 노트 정리를 하는 것이다. 문학을 읽으며 각 장마다 스스로 제목을 짓고 내용을 요약하며 읽는 것이 중요하다. 비문학의 경우 차례대로 읽으며 정보와 지식을 조직화하고 도식화하여 노트로 정리하며 읽는 것이다. 독서 후에는 이러한 읽기 과정을 정리한 내용을 바탕으로 토론과 글쓰기를 하는 것이 학습력 형성에 도움이 된다.

선행학습은 단기적으로 성적을 올릴 수는 있지만, 장기적으로는 학습의 깊이를 부족하게 하고, 학생들이 학습의 흥미를 잃을 수 있다. 반면 학습력은 지식을 습득하는 능력뿐만 아니라, 이를 응용하고 창의적으로 활용하는 능력을 포함하며, 모든 과목에서의 성취도를 높이는 데 필수적인 능력이다. 독서는 이러한 학습력을 키우는 데 중요한 도구 역할을 하며, 다양한 주제의 독서를 통해 학생들은 신경망의 발달로 사고력과 문제 해결력을 기를 수 있다.

따라서 독서를 통한 학습력 향상은 학생들이 학문적 도전을 맞이할 준비를 하는 데 필수적인 전략이다. 체계적인 독서 습관은 학습의 기초를 다지며, 학생들이 새로운 지식을 이해하고 적용하는 데 필요한 힘을 길러준다. 학습력은 단기적인 성적 향상을 넘어서, 평생 학습의 중요한 기초가 되며, 학생들이 더 넓은 세상을 이해하고, 창의적이고 비판적인 사고를 발달시키는 데 도움을 줄 수 있다. 이처럼 독서는 하나의 교육이나 올바른 독서는 수천 가지 교육을 포함하는 것이다.

2.

학습의 비밀!
잘 읽어야 잘 푼다!

"책 속에는 과거와 현재와 미래가 담겨 있다. 학습은 이를 이해하고
활용하는 과정이다."

칼 세이건

독서는 인류의 지식을 한데 모은 결과물이며 학습은 이를 통해
과거를 배우고 현재를 이해하며 미래를 대비하는 과정이다.

독서가 학습력 향상을 위한 가장 중요한 핵심 도구 중 하나임은 확실하
다. 특히 뇌 발달을 최적화할 수 있는 독서 방법은 뇌의 인지능력, 창의성,
기억력, 문제 해결 능력을 촉진하며, 모든 학문 분야에서 학습력을 극대화
하는 강력한 힘이 된다. 최적의 독서법과 이를 학습과 자연스럽게 연결하
는 방법에 대해 설명하면 다음과 같다.

1) 뇌 발달을 최적화하는 독서법

독서는 뇌의 다양한 영역을 자극하여 인지 발달을 촉진하고, 신경 가소성을 높이는 활동이다. 학습력 향상을 위해서는 독서 방법이 뇌의 발달에 긍정적인 영향을 미칠 수 있도록 해야 한다. 특히 장기적이고 목표 지향적인 독서는 뇌의 여러 영역을 활성화하는 데 매우 효과적이다.

① 독서를 통해 활성화되는 뇌의 주요 부위

전두엽: 독서는 전두엽을 자극하여 문제 해결 능력, 논리적 사고, 계획 능력을 발달시킨다. 특히 복잡한 텍스트나 논리적인 구조를 가진 글을 읽을 때 전두엽의 활성화가 두드러진다.

측두엽: 언어 처리와 기억에 관여하는 브로카 영역이 있는 측두엽은 독서를 통해 강화된다. 특히 어휘 학습과 새로운 정보를 기억하는 능력 발달에 도움이 된다.

두정엽: 독서는 두정엽의 공간적 이해와 감각 정보처리 능력을 자극한다. 특히 시각적 상상력이 필요한 문학 작품을 읽을 때 두정엽이 활성화된다.

해마: 기억을 담당하는 해마는 독서를 통해 장기 기억이 형성되고 강화된다. 반복적인 독서와 학습 연관 독서는 해마의 기능을 최적화하는 데 기여한다.

② 최적의 독서법

| 루틴 만들기: 최적화된 독서법은 뇌의 여러 영역을 자극하고, 정보처리 능력을 극대화하는 데 도움을 준다. 뇌 발달을 촉진하는 독서 방법으로 우선 노출이다. 즉, 일정한 패턴을 유지하는 규칙적이고 정기적인 독서를 하는 것이다. 규칙적으로 특정 시간에 특정 시간만큼 책 읽기를 진행하여 늘 비슷한 루틴을 지키는 것이 좋다. 규칙적으로 책을 읽으면 뇌의 신경 연결망이 강화되며, 장기적으로 인지능력과 학습 능력이 향상된다. 아침이나 자기 전 일정한 시간 독서를 하는 것이 좋다.

| 적극적 독서(Active Reading)하기: 적극적 독서란 능동적 독서로 사실적 독해를 위한 것이다. 단순히 텍스트를 읽는 것이 아니라, 밑줄 긋기, 주석 달기, 요약하기, 노트 필기로 정리하기를 통해 텍스트를 분석하고 질문하며 읽는 것이다. 글에 들어간 내용과 정보를 정확하게 이해하고 정리하며 의미를 재구성하며 읽는 과정이 중요하다. 이 과정에서 뇌는 더 깊이 사고하고, 기억력도 강화되며 텍스트의 내용을 분석하고 비판하게 된다.

| 다양한 분야의 독서: 문학과 비문학을 고르게 읽으면 뇌의 여러 영역을 동시에 자극할 수 있다. 문학은 감정적 사고와 상상력을 자극하고, 비문학은 논리적 사고와 정보 처리 능력을 키워준다. 특히 독서 유창성을 위해서는 같은 주제라도 다양한 관점과 서술 방식으로 쓰인 책을 읽는 것이 좋다. 문학에서도 시대와 배경이 다양한 작품을 읽으며 깊은 감상을 통해 뇌에 적절한 자극을 줄 수 있다.

│ 소리 내어 읽기: 어린 학생들뿐만 아니라 성인도 소리 내어 읽는 것이 좋다. 연구에 따르면 책을 소리 내어 읽는 것은 시각, 청각, 언어 처리 영역을 동시에 자극하여 뇌 활성화를 높이는 데 매우 효과적이며 감정을 적절히 표출하며 연기하듯 읽는 것은 감정 이해와 표현에도 도움이 된다.

2) 학습력 향상을 위한 독서 활동 방법

독서는 학습 능력을 강화하는 데 필수적인 역할을 하지만 독서를 통해 얻은 정보와 지식을 체계적으로 학습에 연결해야 효과가 더 커진다. 이러한 연계를 위해 질문 독서, 메타인지적 독서, 다독과 정독의 균형을 잡으며 읽는 독서가 필요하다.

① **질문 독서:** 책을 읽는 과정 중 스스로 질문을 던지고 답을 찾는 방식으로 읽어 나가는 것이다. 이러한 독서 방법은 학습력을 극대화하는 데 매우 효과적이다. 단순히 문제에 답을 하는 일반 사고가 아니라 계속해서 질문을 찾아내며 읽는 과정은 고등사고를 강화한다. 스스로 던진 질문이지만 우리 뇌는 질문을 던지면 정보를 더 적극적으로 처리하고, 새로운 정보와 기존의 지식을 연결하려고 활발하게 활동하기 때문이다. 이런 질문 독서 활동 방법으로 가장 많이 알려진 것이 '5W1H 질문법'이다. 책을 읽으면서 '누가, 무엇을, 언제, 어디서, 왜, 어떻게' 등의 질문을 스스로 던지고, 그에 대한 답을 책 안에서 찾으며 책을 집중해서 읽는 것이다. 질문 독서

는 저자와 대화를 하는 과정이라고 생각해도 좋다.

다른 질문 독서 활동 방법에는 '예측하기'가 있다. 글의 전개상 다음 내용이 어떻게 전개될지 예측해 보는 활동은 추론적 사고와 비판적 사고를 기르는 데 도움이 된다. 이는 전망하고 예측하는 능력을 키우는 방법이다. 문학 작품에서 주인공의 선택을 예측하거나, 비문학에서 다음에 나올 정보를 상상해 보는 것이 그 예이다.

② **메타인지적 독서:** 메타인지는 자신이 배우고 있는 과정 자체를 인식하는 능력을 의미한다. 이 능력은 학습력 향상에 매우 중요한 요소로, 독서 과정에서 자신이 무엇을 이해했고, 무엇을 모르는지를 깨닫는 것이 핵심이 된다. 모든 학습의 시작점은 '나는 모른다.'이다. 한 문장 한 단어를 읽어도 날카롭게 자신이 아는 것인지 모르는 것인지 모니터링하며 읽는 사고 활동은 중요하다. 구체적인 활동 방법으로는 자기 점검하기가 있다. 독서 도중 일정한 간격으로 내가 이해한 내용을 점검하고, 부족한 부분을 보완하며 진행해 가는 것이다. 이를 통해 읽은 내용을 확실히 이해하고 학습에 효과적으로 적용할 수 있다.

또한 자기 질문법으로 읽기이다. 책을 읽으면서 자신에게 질문을 던지며 책의 핵심 내용을 파악하고, 이를 통해 자기 이해를 점검하며 읽어 가는 것이다. 앞의 질문법과 달리 메타인지적 질문은 질문하는 자신을 점검하는 것이다.

③ **다독과 정독의 균형을 잡는 독서:** 다양한 책을 읽는 다독과 한 권의 책을 깊이 있게 분석하는 정독을 균형 있게 유지하는 것이 중요하다. 다독

은 지식의 폭을 넓히고, 정독은 정보의 깊이를 확장 시킨다. 다독을 위한 활동 방법으로는 한 주제에 대해 다양한 관점을 가진 책 여러 권을 동시에 같이 읽고, 서로 관점이나 구성이 다른 책들과 비교하는 비교 독서법을 활용하면 좋다. 이 과정에서 비판적 사고력과 종합적 이해력, 비교능력이 향상된다. 특히 학교와 학원에서 보내는 시간이 많아 독서 시간을 넉넉하게 확보하기 어려운 학생, 수험생 그리고 직장업무로 별도 시간을 내기 힘든 성인 독자들에게 다독 활동 방법을 권한다. 여러 권의 비슷한 분야의 도서를 준비하고 차례를 훑어 관계 있는 장을 모아 읽거나 연계되거나 이어지는 장을 서로 읽는 것이 좋다. 정독을 위한 활동 방법으로는 학습에 관련된 중요한 책은 깊이 읽고, 필요한 경우 다시 읽어 내용을 완전히 숙지하는 것이다. 정독을 통해 한 주제를 깊이 파악하고, 학습에 적용할 수 있다. 시험 대비 교과서 읽듯이 관심 있는 주제나 학업 관련된 주제의 도서를 천천히 읽어 나가는 것이다.

3) 독서와 학습의 자연스러운 연계

독서를 학습과 자연스럽게 연계하는 것은 독서의 학습 효과를 극대화하는 중요한 과정이다. 최근 연구에 따르면, 독서는 학습에서 사고력과 기억력을 강화하고, 특히 복잡한 문제 해결 능력을 기르는 데 필수적인 도구로 작용함이 밝혀지고 있다.

이를 위해 연관 학습법이 있다. 독서 후 읽은 내용을 관련 학습 과목에 연결하면 학습 효과가 배가 된다는 것이다. 예를 들어, 역사책을 읽고 그 내용을 사회 과목에서 학습한 개념과 연결하거나, 과학 관련 책을 읽고 과학 과목에서 배운 원리와 연관 짓는 것이다. 특히 중고등학생들이 생활기록부 독서 목록에 올릴 때 좋다. 읽는 책이 연계되는 교과목을 골라 해당 교과목으로 기록하도록 되어 있어 독서 후 교과목과의 연계를 고려해 정리해 보고 기록하는 것도 좋다.

또한 학습과의 연계를 위해 독서 후 정리 활동을 하는 것을 권한다. 책을 읽은 후 독서 일지를 쓰거나, 마인드맵을 통해 내용을 시각적으로 정리하면, 기억력과 학습 연결 능력이 강화된다. 이러한 활동은 읽은 내용을 체계적으로 정리하고, 학습에서 쉽게 활용할 수 있도록 도와준다. 노트 정리도 책의 장르나 분야별로 따로 정리함으로써 쉽게 찾아 볼 수 있고 스스로 읽어 나가는 책들이 어느 분야의 도서들인지 분량 점검에도 좋다.

마지막으로 학습과 연결된 독서 목록 구성하기이다. 학습 과정(교과서)에서 다루는 주제와 관련된 책 목록으로 구성하여 교과와 연관된 독서를 진행하면 학습과 독서가 자연스럽게 연결되어 좋다. 그러나 무조건 교과서에 게재되어 있다고 해서 의무적으로 읽을 필요는 없다. 교과 관련 도서 목록을 참고해서 같은 작가의 다른 작품을 읽거나 연계된 작품을 폭넓게 비교하며 선택하는 것이 좋다. 예를 들어, 문학 수업에서는 작품을 읽고 분석할 수 있는 비평서나, 과학 수업에서는 이론을 심화하는 책을 읽을 수도 있다.

이와 같이 독서는 학습력 향상을 위한 강력한 학습 도구이다. 뇌의 여러 영역을 자극하여 인지능력을 극대화하며 최적화된 독서법을 통해 뇌 발달을 촉진할 수 있다. 독서를 자연스럽게 학습과 연계하면 학습 효과는 더욱 커진다. 질문을 던지며 읽는 독서, 메타인지 독서, 다독과 정독의 균형을 유지하는 독서 학습력 향상을 위한 최고의 독서 방법이다. 책 속에 과거와 현재와 미래가 담겨 있고 이를 읽는 것이 학습이다.

3.

지식의 양팔 저울:
문학과 비문학

"문학은 우리의 감정을 키우고, 과학은 우리의 이성을 단련하며, 역사
는 우리의 판단력을 세운다."

프랜시스 베이컨

각 장르의 책은 독자의 특정 능력을 강화하고 균형 잡힌 성장으로 이어진다.

자녀가 책을 즐겨 읽는 모습을 보는 것은 부모들에게 기쁨이다. 그러나 자녀가 같은 책만 반복하거나 특정 분야의 책만 읽고 있다면 흐뭇하게만 바라볼 상황은 아니다. 우뇌와 좌뇌가 연합하여 전반적인 발전을 이루어 가야 하는 중요한 시기에 편독은 균형 잡힌 뇌 성장을 위해 지양해야 할 독서 행위이다. 독서를 통해 좌뇌와 우뇌가 고루 자극받으며 성장할 필요 가 있기 때문이다. 독서는 흥미 중심이 아닌 전략적인 계획과 방법으로 읽

는 기술도 필요하다. 그러기 위해서는 문학과 비문학에 따른 독서 방법의 차이를 이해해야 한다.

문학과 비문학은 학생들의 학습력 향상에 중요한 큰 축이며 균형적 발전이 필요 하다. 문학과 비문학 읽기 비율은 연령, 발달 단계에 따라 달라질 수 있으며, 각 학년별로 적절한 비율과 학습 전략을 알 필요가 있다.

1) 독서의 첫 시작: 갈래 알기

① 문학

문학은 소설, 시, 희곡, 수필 등의 장르를 포함하며, 상상력과 감정 이입을 통해 인간의 삶을 탐구하는 장이다. 문학은 학생들이 감정적으로 성장하고, 다양한 인간 경험을 이해하며, 언어적 표현 능력과 창의적 사고력을 발달시키는 데 기여한다.

② 비문학

비문학은 실질적인 정보와 사실을 바탕으로 지식을 전달하는 장르이다. 논리적 사고, 분석적 사고를 발달시키는 데 중점을 두며 설명문, 논설문, 과학적 보고서, 역사적 기록 등이 비문학의 대표적인 예이다. 학생들이 세상을 이해하고, 문제를 논리적으로 해결하는 능력을 기르는 데 중요한 장르이다.

2) 편독을 방지하는 읽기 균형: 문학과 비문학의 비율

① 유치원 시기(5~7세): 문학 90% / 비문학 10%

▎ **문학**: 유치원 시기에는 아이들의 상상력과 창의력을 자극하는 문학이 주된 학습 내용이 된다. 동화, 동시, 그림책 등이 이 시기에 많이 읽히며, 우뇌가 발달하는 시기라 언어 습득과 상상력, 감수성, 모국어의 아름다움에 대한 이해와 발달이 이루어진다. 또한, 이야기 속 인물들과의 감정적 연결을 통해 아이들은 감정 조절과 다양한 관계 속 역할의 의미와 사회성을 배우게 된다.

▎ **비문학**: 이 시기에는 비문학의 비율이 낮다. 하지만 아동을 중심으로 자기 몸에 대한 정보나 자신을 둘러싼 세계에 대한 관심을 바탕으로 자연 현상에 대한 설명을 그림으로 보여주는 도서도 좋다. 또한 주변에서 흔히 접할 수 있는 가전제품 등 기기나 기구에 대한 간단한 정보 이야기도 좋다. 그러나 유치원 시기는 주로 문학이 주를 이루며, 비문학은 아주 기초적인 개념 소개에 그친다.

② 초등 저학년(1~2학년): 문학 80% / 비문학 20%

▎ **문학**: 초등 저학년은 여전히 문학이 중요한 시기이다. 이 시기에는 전래동화나 생활 동화 그리고 전래동요, 동시 등을 통해 기본 읽기 능력이 유창해지도록 발달시키며 언어적 상상력과 감수성 그리고 글의 구성력에 대한 이해를 더욱 확장한다. 문학을 통해 학생들은 다양한 인물 간의 갈등과 감정을 표현하는 법을 배우고, 이야기 구조를 이해하는 능력을

발달시킨다.

| 비문학: 이 시기는 좌뇌가 발달하는 시기로 비문학의 비율이 조금씩 늘어나는 시기이다. 설명문이나 간단한 과학적 개념이 포함된 책들이 소개되며, 아이들은 점진적으로 정보를 읽고 이해하는 훈련을 시작한다. 주변의 동식물이나 자연 현상에 대한 기초적인 정보를 제공하는 도서, 우리 문화유산에 대한 정보나 조상들의 일반적인 생활 모습 관련된 도서, 위인전 등을 읽는다.

③ 초등 중학년(3~4학년): 문학 60% / 비문학 40%

| 문학: 이야기의 구조는 보다 복잡해지며 서술자의 시점도 다양한 관점으로 구성되어 문학 세계가 깊고 복잡해진다. 또한 장편을 읽어 스스로 책에 대한 두려움이나 거부감을 넘어서고 장편 문학이 주는 깊은 재미를 경험하는 것도 중요하다. 문학적 독서는 여전히 중요하지만, 초등 중학년부터는 비문학적 독서의 비율이 점차 높아지게 된다. 이 시기에는 학생들이 비판적 사고력을 발전시키기 시작하므로 문학은 창의적 사고를 키우는 데 계속 중요한 역할을 한다. 이 시기 좌뇌와 우뇌는 연합하여 연결되고 골고루 발달이 이루어져 약 12세경 언어적 뇌 발달도 완성된다.

| 비문학: 역사가 중요해지는 시기이다. 또한 과학이나 사회 관련 텍스트가 본격적으로 도입되며, 학생들은 논리적 정보 습득과 분석 능력을 키우기 시작한다. 이때부터 설명문, 논설문과 정보 제공 텍스트가 중요한

학습 도구가 된다. 과학 도서와 인문 사회 도서를 읽고 배경지식을 갖고 역사 도서로 넘어가면 좋다.

④ 초등 고학년(5~6학년): 문학 50% / 비문학 50%

┃ 문학: 이 시기에도 문학은 학생들의 감정 발달과 언어 능력 향상에 중요한 역할을 한다. 초기 사춘기에 접어들고 뇌가 발달하는 이 시기 학생들은 단순히 시키는 공부는 더 이상 가치롭게 생각하지 않는다. 깊은 공감과 이해를 바탕으로 하는 독서를 통해 스스로 삶의 목적과 바른 가치관 찾을 수 있도록 깊이 있는 독서를 하는 것이 중요하다. 의식을 갖고 깨어 있는 일상을 살아갈 수 있게 삶의 가치를 찾고 방향성을 잡아야 하는 것이다. 문학은 이러한 시기의 학생들에게 공부의 의미와 삶에 대한 깊은 성찰 그리고 실천적 윤리의식을 갖는 기회를 제공한다. 이 시기 고전 장편 문학을 끈기 있게 읽는 경험도 매우 중요해진다. 그러나 예비 중학생으로서 학습량도 늘어나고 학업에 대한 부담도 높아 비문학의 비율이 계속해서 증가하게 된다.

┃ 비문학: 역사, 과학, 사회, 인물 등 다양한 분야의 비문학 텍스트가 도입되며, 비문학적 정보 습득이 학습의 중요한 요소가 된다. 특히 한국사에 대한 이해를 바탕으로 세계사로 확장 시켜야 하는 시기이며 과학책 읽기가 보다 중요해진다. 지구과학, 생물, 화학, 물리, 심리 등의 영역을 과학사별로 읽어 이해하고 최신 과학 이론이나 시사 이슈를 접하는 것도 중요하다. 학생들은 이러한 독서를 통해 비판적 사고와 정보 분석 능

력을 발전시킬 수 있다.

⑤ 중학교(중1~중3): 문학 40% / 비문학 60%

| 문학: 중학교 시기에는 문학적 독서와 비문학적 독서의 균형이 중요해지며 국어에 대한 보다 깊은 이해가 필요한 시기이다. 자아 성찰의 발달 과업을 이루어야 하는 중학생 시기에는 문학을 통해 고차원적 감정과 삶의 철학을 다양한 관점에서 비교하며 이해하게 된다. 이야기의 구조를 분석하고 인물의 심리 변화와 갈등 관계를 이해하는 능력을 기르며 자기의 삶에 적용할 수 있게 된다. 역사적 지식을 바탕으로 고전에 대한 이해의 폭도 넓혀야 한다. 단순히 줄거리를 이해하는 수준을 넘어 그 시대의 삶을 성찰하고 분석하게 되며 이러한 고차원적 관념은 현실의 삶에 대한 객관적 이해에 도움을 준다.

| 비문학: 비문학 텍스트는 점차 심화된 정보를 다루며, 학생들은 논리적 분석, 정보처리 능력을 고차원적으로 발달시키기 시작한다. 사춘기 심리적 혼란 속에서도 독서를 통해 논리적인 의사 결정과 다양한 관점과 주장에 대해 타당성과 신뢰성을 바탕으로 논리적으로 읽게 된다. 또한 역사에 대한 이해는 보다 깊어져 통사를 지나 사건이나 시대별 미세사로 넘어가 이해하게 된다. 철학, 윤리, 과학, 기술, 예술, 인문 등의 다양한 논설문, 설명문 등의 독서가 많아지며, 이와 함께 사회적 이슈를 다루는 글도 읽으며 사회에 대한 이해를 키운다.

⑥ 고등학교(고1~고3): 문학 30% / 비문학 70%

| 문학: 고등학교에서는 문학적 깊이를 강조한다. 학생들은 고전 문학과 현대문학을 읽고 심층적인 분석 능력을 기르게 된다. 문학은 창의력 발달뿐만 아니라, 학생들이 사회적 문제와 인간 본질에 대해 고민하게 만든다. 국내 작품과 해외 작품, 고전 등 다양한 문학에서 서로 다른 문화를 경험하며 성장해 간다.

| 비문학: 고등학교 시기에는 비문학적 독서가 학업에서 더 큰 비중을 차지한다. 수능 준비나 대학 입시를 위한 논술 준비 과정에서 비판적 사고와 논리적 글쓰기가 매우 중요해지기 때문이다. 이때 과학적 논문, 사회적 담론, 정치적 주제 등의 독서가 이루어진다.

3) 학습력을 위한 균형 잡힌 독서의 중요성

① 문학의 중요성

문학은 감정 이입, 창의성, 언어적 감수성을 발달시키며, 학생들이 삶의 다양한 측면을 이해하고 인간 본질을 탐구하는 데 필수적이다. 문학 독서는 학생들이 어휘력을 확장하고 언어적 표현 능력을 향상하는 데 필수적 역할을 한다. 특히 창의적 사고와 감정 표현 능력을 기르는 데 문학은 필수적이다. 다양한 문학 작품을 통해 학생들은 인간의 감정과 상호 관계를 깊이 이해하고, 복잡한 감정을 언어로 표현하는 방법을 배우게 된다.

문학은 또한 학생들의 정서적 발달에 기여한다. 소설이나 시와 같은 문학 작품은 학생들이 다양한 감정과 상황을 간접적으로 체험하게 하며, 자아 성찰과 공감 능력을 발달시키는 데 중요한 도구가 된다. 이는 학습에서 감정적 안정감을 유지하고 학습 동기를 강화하는 데 도움이 된다.

특히 국문학을 통해 시대의 특성과 우리말의 아름다움을 습득할 수 있으며 국어 표현의 완성도를 높일 있다. 이는 아름다움을 느끼고 감상하는 심미적 능력을 높이고 언어생활에서도 신중하고 세련된 언어 표현으로 성숙해진다.

② 비문학의 중요성

비문학 독서는 논리적 사고, 정보처리 능력, 비판적 사고를 발달시키는 데 매우 중요한 역할을 한다. 과학적 보고서, 역사적 설명문, 논설문, 논문 등의 비문학 텍스트는 학생들이 사실 기반의 정보를 분석하고, 이를 바탕으로 결론을 도출하는 능력을 키우는 데 필수적이다.

비문학적 독서는 학생들이 사실을 이해하고 적용 분석하여 문제 해결 능력을 향상하는 데도 도움을 준다. 정보 수집, 분석, 종합하는 과정을 통해 논리적 사고를 강화하고, 실생활에서 마주하는 다양한 문제를 해결하는 능력을 기르게 되는 것이다. 이는 수능 국어에서 요구되는 비문학 지문 분석과 논술 시험 준비에서도 매우 중요한 역할을 한다. 비문학 독서는 특히 논리적 사고력이 요구되는 수학, 과학 등 다른 과목에서도 학습력을 증진시킨다. 논리적으로 텍스트를 읽고 분석하는 능력은 이러한 과목의 문제를 해결하는 데 필수적인 학습력이다.

〈문학 독서와 비문학 독서 비교〉

항목	문학 독서	비문학 독서
주요 자극 영역	감정적 공감, 상상력, 창의적 사고	논리적 사고, 정보처리, 비판적 분석
주요 뇌 영역	편도체, 후두엽, 전두엽	전두엽, 측두엽, 해마
발달 능력	감정 공감, 상상력, 창의적 문제 해결 능력	논리적 분석, 정보 기억, 사실 기반 추론
사고 과정	추론, 상상, 감정적 반응	분석, 평가, 정보 통합
대표적 기능	심리적 변화 및 인물 이해, 서사적 구조 분석	정보 분석, 사실 확인 및 논리적 평가

4) 문학과 비문학의 균형적 발전

문학과 비문학 독서의 균형적 발전은 학생들이 감성적 성장과 논리적 사고력을 동시에 발달시킬 수 있도록 도와준다. 두 분야는 상호 보완적으로 작용하며, 각각의 독서 활동은 서로 다른 측면에서 학습력 향상에 기여한다.

문학적 독서는 학생들의 창의성, 감정적 안정을 증진시키고, 복잡한 감정을 표현하거나 상상력을 발휘할 수 있도록 한다. 이는 학업 스트레스 관리와 자기 이해 및 표현 능력을 키우는 데 필수적이다. 비문학적 독서는 정보처리 능력, 논리적 문제 해결 능력을 기르고, 다양한 주제를 다루는 과정에서 비판적 사고력을 강화한다. 이는 고등학교 학업 및 입시에서 중요한 역할을 하며, 대학(성인기) 이후의 지속적인 학문적 탐구와 전문 독서에서도 필수적이다.

그러므로 문학과 비문학을 별도로 학습하는 것이 아니라, 두 분야를 연결하는 통합적 독서가 중요하다. 예를 들어, 문학 작품에서 다룬 사회적 문제나 역사적 배경을 비문학 텍스트에서 더 깊이 있게 탐구하는 방식이다.

예를 들어 소설 『앵무새 죽이기』에서 인종차별을 다룬 후, 실제 역사적 맥락에서 인종차별의 역사를 설명하는 비문학 자료를 함께 읽으면, 문학적 감수성과 역사적 비판적 사고를 동시에 발달시킬 수 있다.

문학과 비문학을 읽은 후 토론과 글쓰기를 통해 자기의 생각을 정리하고, 비판적으로 분석하는 능력을 키우는 것도 좋다. 문학 작품에서 얻은 감정적 통찰과 비문학 텍스트에서 얻은 사실 기반의 지식을 융합하여 더 깊이 있는 사고를 발전시키는 계기가 된다. 예를 들어 문학 작품 속 인물의 결정을 두고 논의한 후, 비문학적 자료(통계나 이론 등)를 바탕으로 그 결정을 분석하거나 평가하는 토론을 진행할 수 있다. 쓰기 예시로는 문학 작품의 내용을 기반으로 논증적 글쓰기를 시도하고, 비문학적 자료를 활용하여 논리를 강화하는 글쓰기 훈련을 할 수 있다.

문학과 비문학 지식의 균형적 발전은 학생들의 전반적이고 전인적인 학습력을 향상하는 데 필수적인 요소이다. 연령 및 발달 단계에 따라 문학과 비문학의 비율이 변화하며, 유치원과 초등 저학년에서는 문학이 더 큰 비중을 차지하는 반면, 고학년과 중·고등학교로 갈수록 비문학의 비율이 높아지고 있으나 두 분야를 균형 있게 읽어야 한다는 점에서는 변함이 없다. 남학생과 여학생 간의 차이도 존재하는데, 남학생은 비문학에 더 관심을 가지는 경향이 있으며, 여학생은 문학에 더 흥미를 보이는 경우가 많다. 그러나 학습력 향상을 위해서는 이 둘을 균형 있게 발달시키는 것이 중요하므로 흥미 위주의 독서를 지양하고 고른 독서의 필요성을 이해시켜 자녀가 스스로 읽을 수 있도록 격려해야 한다. 궁극적으로 문학과 비문학을 균형 있게 읽는 것은 학생들이 다양한 사고방식과 문제 해결 능력을 기를 수 있도록 실질적으로 돕는다는 것은 확실하다. 이는 학교 학습뿐만 아니라 미래 학문적 탐구와 진로 선택 및 사회적 성공에 필요한 종합적 사고력과 비판력을 길러주는 핵심적인 전략이다.

4.

문학 작품 읽기로
뇌를 깨워라

"책은 도끼다. 얼어붙은 우리의 내면을 깨뜨리는 도끼."

프란츠 카프카

책은 인간의 내면을 자극하고, 새로운 시각과 변화를 불러일으킨다.

'입체적 공감'과 '깊은 심상'은 문학 작품을 읽는 과정 중 독자의 뇌에서 다양한 인지, 감정적 과정들이 복합적으로 작용하는 결과물을 의미한다. 뇌의 여러 영역이 상호작용하여 문학적 경험을 통해 독자의 사고력과 감정이 발달하는 과정을 설명해 주며 문학 작품 읽기의 핵심이 된다.

1) 등장 인물 모두 주인공: 입체적 공감으로 읽기

입체적 공감은 뇌의 감정 처리와 인지 처리 시스템이 동시에 작동하는 복잡한 과정이다. 주인공과 모든 등장인물의 삶, 상황, 성격을 깊이 이해하고 그들과 동일시하는 것이다. 인물은 이야기를 이끌어가는 핵심적인 요소로, 사건과 배경과 상호작용하며 소설의 주제를 전달한다. 이런 인물 중 주인공뿐만 아니라 대립하고 갈등하는 반대자 등의 인물과 이야기의 배경을 풍부하게 만드는 조연 등의 부차적 인물에게도 공감하는 경험은 뇌의 다양한 영역이 활성화되는 것을 의미한다.

감정 처리 과정을 이해하기 위해서는 편도체(Amygdala)와 미러 뉴런(Mirror Neurons)의 역할과 작용을 이해해야 한다. 주인공이나 등장인물의 감정 변화를 공감하는 과정에서 편도체는 감정을 처리하고 이를 뇌의 다른 영역으로 전달한다. 등장인물의 고통이나 기쁨을 공감할 때, 독자의 편도체는 감정 반응을 유발하여 실제 감정을 경험하는 것처럼 느낄 수 있다. 그래서 독자는 눈물을 흘리고 흥분하며 심박수가 증가하는 경험을 하는 것이다.

미러 뉴런은 타인의 행동과 감정을 모방하고 동일시하는 역할을 하는데 등장인물의 선택과 행동을 따라가며 이들과 공감하는 과정에서 미러 뉴런 시스템이 작동하여 타인의 감정과 의도를 이해할 수 있게 돕는다. 독자는 인물들이 느끼는 감정을 자신의 것처럼 느끼며, 더욱 깊이 있는 공감을 경험하게 되고 독자의 뇌는 자신을 그 인물과 동일시하며 다른 삶을 살고 있다고 믿는다. 우리 뇌는 이처럼 단순하다.

인지 처리에 있어서는 전두엽과 해마의 역할이 중요하다. 등장인물의 사고 변화와 선택 과정을 따라가며 이를 분석하고 이해하는 과정은 전두엽의 고차원적 인지 기능이 활성화되는 것을 의미한다. 전두엽은 계획, 논리적 추론, 문제 해결 등을 담당하는 뇌 영역으로, 등장인물의 행동을 해석하고 그 선택을 이해하는 데 중요한 역할을 한다. 또한 등장인물 간의 복잡한 관계나 사건을 기억하고 이를 바탕으로 공감하는 과정에서 해마는 장기 기억을 관리하고 인출하는 역할을 한다. 독자는 이전에 읽은 문맥과 사건을 기억하며, 등장인물 간의 복잡한 상호작용을 통해 더욱 입체적인 공감을 하게 되는 것이다.

2) 오감을 자극하라: 깊은 심상 만들기

깊은 심상은 독자가 간접적인 체험을 현실처럼 오감으로 느끼는 경험을 의미한다. 이는 시각적, 청각적, 후각적, 미각적, 촉각적 정보를 가상의 경험을 통해 재현하는 과정에서 뇌의 다양한 감각 처리 시스템이 역동적으로 작동하는 것을 의미한다.

시각적 심상은 후두엽(Occipital Lobe)과 시각 피질(Visual Cortex)의 역할이 담당한다. 시각적 심상은 문학적 묘사 속에서 이미지를 형성하고, 이를 마치 현실에서 본 것처럼 상상하는 과정이다. 후두엽과 시각 피질은 문장 속의 장면을 시각적으로 처리하고 이미지를 형성하는 데 중요한 역할을 한다. 예를 들어, 작가가 묘사하는 장면을 읽으면서 독자는 시각적 정보를 자기의 경험과 연결하여 실제로 보고 있는 듯한 생생한 이미지를 그려낸다. 그러므로 같은 묘사 장면을 읽어도 각자의 경험과 배경지식이 달라 다른 이미지를 형성하게 된다.

청각적 심상은 측두엽의 역할로 문학 작품 속의 대화나 음향적 묘사를 들을 때, 청각적 심상을 통해 등장인물의 목소리나 소리를 상상하게 된다. 측두엽의 청각 처리 영역은 이 과정을 통해 읽는 중에 소리를 듣는 듯한 경험을 제공하고 이를 통해 독자는 글을 읽는 동시에 그 장면을 감각적으로 체험하는 것이다.

촉각적, 감각적 심상은 감각 피질의 역할로 촉각이나 냄새, 맛에 대한 묘사를 처리한다. 문학 작품 속에서 특정한 감각적 묘사를 읽으며 독자는 자신의 감각 경험을 동원하여 그 상황을 더 생생하게 상상한다. 이런 심상 처리는 깊은 심상을 그리며, 독자가 더욱 몰입하는 데 도움을 주며 뇌 발달과 정서적 자극에 도움을 준다.

얼어붙은 우리의 내면을 깨뜨리는 도끼 같은 책은 우리가 입체적으로 공감하고 깊은 심상을 느낄 수 있게 뇌를 깨우는 것이다.

5.

기억력과 인지능력 잡는
시 암송 훈련

"시는 단순한 즐거움이 아니라, 우리의 사고와 언어를 재구성한다."

파블로 네루다(Pablo Neruda)

시를 읽는 것은 우리의 사고방식과 언어적 표현 능력을 새롭게 형성하는 것이다.

1) 똑똑해지는 최고의 비법: 시 암송

① 시각적 심상과 기억의 강화

시(전래동요, 민요, 동시 모두 포함하는 의미)는 마음속의 생각이나 느낌을 운율이 있는 언어로 압축하여 함축적으로 표현하는 문학으로 보통 강렬한 심상과 상징성을 통해 언어적 표현을 넘어서 감각적, 정서적 이미지를 제공한다. 시각적 심상(Visual Imagery)과 언어적 처리(Verbal Processing)가 결합되면서 뇌는 정보를 더욱 강하게 저장할 수 있게 된다.

기억과 인지 심리학 분야에서 중요한 기여를 한 캐나다 출신의 심리학자 알란 파이비오(Allan Paivio, 1925~2016)는 인간이 이미지와 언어 어떻게 사용하여 정보를 기억하는지를 연구했다. 그의 이중 부호화 이론에 따르면, 기억 과정에서 정보가 시각적 이미지와 언어적 상징이라는 두 가지 형태로 저장될 수 있다는 점을 강조했다. 그는 정보를 시각적 이미지와 언어적 상징으로 함께 처리할 때 기억의 저장과 인출이 강화된다고 했다.

시 암송은 이런 이중 부호화를 촉진하는 것이다. 시를 읽으며 글자, 단어, 소리 등의 언어적 부호(Verbal Coding)를 처리하고 이를 기반으로 기억을 구성하며 이때 시의 장면, 형태, 모양 등과 같은 시각적 부호(Visual Coding)를 함께 처리하여 기억을 구성하고 기억력 향상에 기여 한다.

② 리듬과 패턴을 통한 기억력 향상

고대부터 시는 노래 부르기 위한 활동이다. 그러므로 시는 일반적으로 리듬과 운율을 포함하고 있다. 리듬과 패턴은 뇌의 기억을 강화하는 중요한 역할을 한다. '스트룹 효과(Stroop Effect)'로 잘 알려진 미국의 심리학자 존 리들리 스트룹(John Ridley Stroop)의 연구에 따르면, 리듬과 반복적인 패턴은 뇌의 주의력을 향상시키며, 정보의 처리와 기억의 저장을 돕는다고 한다.

스트룹 효과는 사람이 자동적으로 읽는 행동과 색상을 구분하는 행동 사이의 충돌을 연구한 실험으로 사람이 글자의 의미와 글자의 색을 동시에 처리할 때, 인지적 간섭이 발생함을 보여주는 실험이다. 글자는 빨간색으로 쓰여 있지만 그 글자를 '파랑'이라고 쓰면 그 글자의 색을 제대로 말하는 데 시간이 더 오래 걸린다는 것이다. 즉, 두 가지 형태의 정보인 의미와 색상이 서로 충돌할 때, 정보처리 속도가 느려지고 오류가 발생할 수 있다는 것이다. 이런 현상을 '인지적 간섭'이라고 하며 그는 이런 결과를 통해 인간의 주의 및 인지 과정의 복잡성을 설명했다. 즉, 자동적 처리(Automatic Processing)와 통제적 처리(Controlled Processing)간의 상호작용과 차이를 설명하는 것으로 역으로 자동적 처리는 기억을 더 빨리 처리할 수 있음을 의미한다. 그러므로 동시나 시를 암송하는 과정에서 반복적인 리듬은 해마와 대뇌피질의 연결을 강화하며, 장기 기억을 더 견고하게 만든다.

③ 창의적 사고와 전두엽 활성화

시는 창의적 사고를 자극하며, 이는 전두엽을 활성화시킨다. 전두엽은 계획, 사고, 문제 해결 등 고차원적 인지 기능을 담당하는데, 시의 깊은 심상과 은유를 해석하는 과정에서 전두엽이 활발하게 작동하게 된다. 이를 통해 사고력과 창의력, 그리고 문제 해결 능력이 발달하게 된다. 시를 암송하면서 그 의미를 분석하고 새로운 해석을 찾아내는 과정은 인지적 유연성을 키우고, 뇌의 여러 영역이 협력하는 방식을 강화한다.

신경과학자인 옥스퍼드대 교수 에드먼드 롤스(Edmund Rolls)는 감정, 인지, 전두엽의 기능, 보상 시스템을 연구하는 학자로 주로 감정과 동기 부여가 전두엽과 뇌의 보상 시스템에 어떻게 연결되어 있는지를 연구했다.

시가 뇌의 감정 처리 메커니즘에 어떻게 영향을 미치는지에 관심을 가졌던 그는 시와 같은 예술적 표현이 뇌의 보상 시스템을 자극한다고 주장했다. 그의 연구에 따르면, 시와 같은 예술적 표현은 전두엽의 여러 부분을 활성화하며, 특히 감정적 반응을 유발하는 시는 뇌의 보상 시스템과 연결된다고 한다. 롤스는 감정을 포함한 복잡한 인지 기능이 시를 읽는 동안 전두엽에서 활성화된다는 점을 발견했으며 감정적 경험은 시의 언어적 특성, 특히 은유와 같은 복잡한 문학적 장치와 밀접한 관련이 있음을 주장했다.

또한 엑서터대학교 의과대학 신경학 교수인 아담 제만(Adam Zeman)은 뇌의 기능적 자기공명영상(fMRI)를 통해 시를 읽거나 창작할 때의 전두엽 활성화를 연구했다. 그는 뇌의 상상력, 감정, 창의적 사고와 시적 표현 사이의 관계를 탐구했다. 시를 읽는 동안의 뇌 활동을 기능적 자기공명영상을 통해 관찰한 결과 전두엽의 활발한 활동을 확인했으며 시를 읽거나 창작하는 동안 전두엽이 활성화됨을 확인했다. 이는 시적 상상력과 감정적 반응을 조절하는 데 중요한 역할을 한다고 주장했다. 시를 읽는 것이 언어 처리뿐만 아니라 상상력과 감정, 창의적 사고와 같은 고차원적인 인지 활동과도 관련이 있음을 입증한 것이다. 특히 전두엽은 언어적 정보를 통합하고 감정적 반응을 끌어내는 데 중요한 역할을 한다고 밝혔다.

〈시와 창의성 연구(2015)〉에 따르면 시 창작 과정 중 뇌의 활성화 패턴을 조사한 결과, 특히 창의적 글쓰기나 시를 읽는 동안 전두엽 관련 뇌 영역이 활발히 작동하는 것을 발견했다. 시 창작 과정에서 전두엽의 기능은 언어적 사고뿐만 아니라 자기반성, 상상력 및 감정 조절을 포함했다. 시를 쓰거나 해석하는 동안 창의적 사고와 감정이 밀접하게 연결되며, 전두엽의 활동은 이러한 창의적 과정에서 중요한 역할을 함을 보여준다.

이러한 연구자들의 공통된 결과는 시적 표현이 전두엽의 창의적 사고와 감정 처리를 강화하며, 시를 읽거나 창작할 때 전두엽이 활성화된다는 사실을 밝히고 있다.

④ 암송의 효과와 작업 기억(Working Memory)

암송은 작업 기억을 훈련하는 데 매우 효과적이다. 작업 기억은 정보를 일시적으로 저장하고, 이를 활용하는 능력으로, 이를 반복적으로 사용하면 기억력이 강화된다. 앨런 배들리와 그레이엄 히치(Baddeley & Hitch)의 작업 기억 모델은 반복 학습과 암송이 작업 기억을 강화하며, 이를 통해 장기 기억으로 전환될 확률이 높아진다고 설명한다. 현대 심리학에서 중요한 학자인 배들리와 히치는 인간의 기억 체계가 단순히 단기 기억과 장기 기억으로만 구분되는 것이 아니라, 작업 기억이라는 개념을 통해 더욱 세분화 될 수 있다고 작업 기억(Working Memory) 개념을 정립한 심리학자들이다. 1974년 복잡한 인지 작업을 수행하기 위해 정보를 조작하고 사용하는 능력을 작업 기억 모델로 제안했다.

❚ 중앙 집행기(Central Executive): 작업 기억의 중앙 통제 시스템으로, 주의력을 관리하고 다양한 정보의 흐름을 통제한다. 이는 다른 하위 시스템을 조정하며, 복잡한 인지 작업을 수행하는 데 필수적이다.

❚ 음운 루프(Phonological Loop): 언어적 정보를 일시적으로 저장하고 조

작하는 하위 시스템이다. 짧은 시간 동안 말소리나 언어적 정보를 저장하며, 정보를 시연(반복)하여 기억을 유지할 수 있다. 시를 계속 마음속으로 반복하면서 기억하는 것이 음운 루프의 역할이다.

▎시공간 스케치패드(Visuospatial Sketchpad): 시각적 및 공간적 정보를 처리하는 하위 시스템이다. 시각적 이미지를 기억하고 조작하는 역할을 하며, 물리적 환경에서의 위치 정보나 시각적 패턴을 처리한다. 시를 암송하며 시 속 공간의 위치를 기억하거나 공간적 상상력을 사용하는 것은 시공간 스케치패드의 기능 덕분이다. 이처럼 시 암송은 뇌에서 새로운 정보를 처리하고 유지하는 능력을 길러 작업 기억을 크게 발전시킨다.

⑤ 감정적 경험과 뇌의 정서적 연결

시나 동시는 감정적인 경험을 강렬하게 자극할 수 있다. 이는 편도체와 해마 간의 상호작용을 강화하며, 감정적으로 강한 기억일수록 더 오래 기억되는 경향이 있다. 감정 관련 기억은 뇌에서 더 강하게 고착되기 때문에 시를 통해 감정을 느끼고 이를 암송하는 과정에서 뇌는 그 기억을 더 강하게 저장하게 된다.

뉴욕 대학교 신경과학 교수 조셉 르두(Joseph LeDoux)는 뇌의 정서적 반응 특히 공포 반응 관련 신경 회로 연구의 선두자이다. 그는 뇌의 감정적 경험 관련 연구에서, 특히 편도체가 정서적 반응의 중심적 역할을 한다는 것을 밝혔다. 르두는 감정적 반응이 합리적 사고보다 더 빠르게 발생할 수 있음을 설명하며, 감정적 자극이 뇌의 하위 구조(특히 편도체)를 통해 먼저 처리된다는 이론을 발전시켰다. 이를 통해 공포와 같은 감정이 생존에 중요한 역할을 한다는 것을 보여주었다. 또한 위스콘신 대학교 매디슨 캠퍼스 심리학 및 정신과학 교수 리차드 데이비슨(Richard Davidson)은 감정적 경험이 전두엽과 편도체 간의 상호 작용에 의해 조절된다는 것을 연구했다. 특히 그는 전두엽이 감정적 자극을 억제하고 조절하는 데 중요한 역할을 하며, 편도체와 협력하여 감정의 강도를 조절한다고 주장했다. 감정적 자극을 받을 때 전두엽은 편도체의 과도한 활성화를 조절하여 감정을 균형 있게 유지하는 역할을 한다는 것이다. 이러한 연구를 통해서 알수 있듯이 시 낭송과 암송은 감정의 조절과 반응을 경험할 수 있는 중요한 수단임을 알 수 있다.

또한 해마와 편도체 간의 상호작용 연구에서도 중요한 연구 결과가 있다. 유니버시티 칼리지 런던(UCL) 신경과학 교수 존 오키프(John O'Keefe)는 해마가 공간 기억 관련 정보를 처리하는 중요한 뇌 영역이라는 것을 발견했다. 그의 연구는 해마가 공간적 기억을 형성하고 저장하는 데 중요한 역할을 하며, 해마가 감정적으로 중요한 기억을 편도체와 협력하여 처리할 수 있다는 점을 제시했다.

이 발견은 해마와 편도체가 서로 상호 작용하며, 감정적으로 중요한 경험이 더 잘 기억되는 메커니즘을 설명하는 데 기여했다. 역시 캘리포니아 대학교 어바인 캠퍼스 신경생물학 교수 제임스 맥고(James McGaugh)는 편도체가 해마와 상호작용하여 감정적으로 중요한 기억을 강화하는 역할을 한다는 연구를 진행했다. 그의 연구는 감정이 뇌의 기억 형성 과정에 미치는 영향을 설명했으며, 감정적으로 강렬한 경험은 편도체의 활성화를 촉진하고, 편도체는 해마에 신호를 보내 해당 기억을 더 잘 저장하게 만든 다는 것을 보여주었다. 이러한 발견은 감정적으로 중요한 사건이 오랫동 안 기억에 남는 이유를 설명한다. 이처럼 시를 통해 감정을 느끼고 이를 암송하는 과정에서 감정 관련 기억을 뇌에서 강화하고 뇌는 그와 관련된 기억을 더 확실하게 저장하게 된다.

다양한 영역이 상호작용하는 복잡한 기제로 이루어지는 기억 활동에서 시와 동시 암송은 기억력과 인지능력을 크게 향상하는 효율적이고 효과적 인 방법이다. 매주 한 편의 시를 매일 깊은 심상을 느끼며 읽고 감상하는 그 짧은 시간이 자녀의 뇌에 미치는 효과를 놓쳐서는 안 된다. 시는 단순 한 즐거움이 아니라 우리의 사고와 언어를 재구성하기 때문이다.

6.

독해의 5단계에 적용하는
학습의 7가지 원칙

"독서란 정보를 흡수하는 것이 아니라, 지혜를 체화하는 것이다."

칼릴 지브란

바른 독서는 읽고 이해하고 삶에 적용하여 이를 통해 지혜를 얻어가는 과정이다.

마인드맵 기법을 통해 사람들에게 정보처리와 창의적 사고를 더 효과적으로 키울 수 있는 방법을 제시했던 토니 바즈(Tony Buzan)는 효과적인 학습을 위한 7가지 원칙을 제시했다. 이 원칙들은 학습자의 기억력, 이해력, 창의적 사고 능력을 최대한 활용할 수 있게 돕는 방법으로 뇌의 자연스러운 정보처리 방식에 맞추어 학습과 기억을 더 효과적으로 향상시킬 수 있는 방법이다. 학습의 효율성을 높이고, 정보의 조직화와 기억에 중요한 역할을 하는 이러한 원칙들은 읽기 능력을 향상시키고, 다양한 독해 방식(사실적 독해, 추론적 독해, 비판적 독해, 창의적 독해, 감상적 독해)에도 유기적으로 연결되어 독해력을 향상시킬 수 있다.

1) 토니 바즈의 학습의 7가지 원칙

① **연관성(Association):** 학습할 내용을 기존의 지식과 연관시키는 과정으로 새로운 정보가 이미 알고 있는 지식과 연결될 때, 기억하고 이해하기가 쉬워짐을 의미한다.

② **상상력(Imagination):** 상상력은 학습 과정을 활성화하는 중요한 방법으로 학습 내용을 시각적 이미지로 변환하거나 상상력을 사용해 구체화함으로써 기억력을 강화할 수 있다.

③ **중요도(Emphasis):** 학습할 정보에서 중요한 부분을 강조하거나 요약하여 학습의 초점을 맞추는 과정이다. 중요한 정보에 밑줄을 긋거나 표지를 해 눈에 띄게 하여 기억하기 쉽게 하는 것이다.

④ **리듬(Rhythm):** 리듬, 패턴, 반복을 활용한 학습이다. 음악(운율 등)이나 반복적인 패턴은 학습 내용을 더 잘 기억하게 만든다.

⑤ **뇌의 양측성(Synergy of Both Hemispheres):** 좌뇌와 우뇌의 능력을 함께 사용하는 것이 효과적이다. 좌뇌는 논리적이고 분석적인 사고를 담당하고, 우뇌는 창의적이고 시각적 정보를 처리한다. 양측 뇌 반구의 협력은 학습 효과를 극대화할 수 있는 최적의 방법이다.

⑥ **특이성(Originality):** 특별하고 독특한 정보는 더 잘 기억되기 때문에, 학습할 내용을 독특하게 만들거나 눈에 띄는 방식으로 표현하는 것이 도

움이 된다.

⑦ **긍정적 이미지(Positive Images):** 긍정적인 이미지를 떠올리거나 학습 과정에서 긍정적인 태도를 유지하는 것이 기억력과 학습 능력을 향상시킨다. 초등학생의 학습은 정서를 기본으로 하는 학습이므로 감정이 안정되도록 하는 것이 좋다.

2) 독해의 5단계에 적용하는 학습력 향상의 7가지 원칙

① 단계: 사실적 독해(Factual Reading)

사실적 독해는 텍스트에서 명확한 사실을 파악하는 가장 기본이 되는 독서 과정이다. 글에서 제시된 사실적 정보와 세부 사항을 파악하는 것으로 인물, 사건, 배경(시간, 장소), 날짜, 통계, 정의, 규칙, 그림, 그래프 등 구체적으로 기록된 내용을 파악하고 이해하는 것이다. 사실적 독해는 주로 "누가?", "무엇을?", "언제?", "어디서?", "어떻게?"와 같은 질문에 답을 찾는 것으로, 텍스트에서 답이 명확하게 제공된 질문에 대한 정보를 정확히 찾아내는 과정이다. 사실적 독해는 주관적인 해석이나 추론을 요구하지 않으며, 단순히 텍스트에서 명확하게 제공된 객관적인 정보를 이해하는 데 집중하는 독해이다. 새로운 정보나 지식을 습득할 때 사실적 독해는 필수적인 과정이다. 과학적 보고서, 뉴스 기사, 학습 교재 등을 읽을 때 사실적 독해를 통해 정확한 정보를 이해하고 기억할 수 있어야 한다. 또한 기초 독해 능력 향상을 위해 필수이다.

사실적 독해의 구체적인 독서 방법

– 미리보기 및 개요 파악하기

제목, 부제, 목차 등을 미리 살펴보고, 텍스트가 어떤 주제와 정보를 다루는지 개요를 파악하는 것이다. 이를 통해 텍스트에서 찾고자 하는 사실적 정보를 미리 예상하고 준비할 수 있다.

– 핵심 질문 설정하기

사실적 독해는 주로 5W1H(누가, 무엇을, 언제, 어디서, 어떻게, 왜)를 중심으로 진행된다. 텍스트를 읽기 전에 자신이 얻고자 하는 정보와 관련된 질문을 미리 설정해 두면, 읽는 동안 핵심 정보를 더 쉽게 찾을 수 있다. 예를 들면 '이 글에서 주요 인물은 누구인가?', '사건이 발생한 시점은 언제인가?', '어디에서 일이 일어났는가?', '이 글에서 다루는 주요 개념은 무엇인가?' 등이다.

– 본문 읽기(밑줄 긋기, 제목 짓기, 요약하기)

텍스트의 세부 정보를 읽고, 중요한 사실을 강조하거나 표시하며 정보를 추출하며 읽는 과정이다. 모르는 단어를 확실히 알고 가고 글의 진행 과정을 계속해서 파악하며 질문하며 읽는다. 키워드나 핵심 문장을 찾아 메모하거나, 중요한 정보를 하이라이트한다. 사실적 독해는 텍스트의 의미 있는 부분을 정확하게 식별하는 데 중점을 두며 읽는 과정이다.

– 정보 요약 및 정리하기

읽은 내용을 다시 확인하고, 텍스트에서 추출한 정보를 요약하거나 정리하는 과정이다. 이를 통해 중요 사실을 다시 기억하고 정리해서 기억 저장고에 고정시킨다. 또한 표나 리스트를 작성해, 중요한 사실을 구조화하거나, 정보 간의 관계를 시각적으로 표현해 머릿속에 배경지식으로 쌓을 수 있으며 기록물은 독서 활동에 대한 자료가 될 수 있다.

– 재확인하기

독서 후, 본인이 읽은 내용이 텍스트에서 요구된 사실과 일치하는지 재확인하는 것도 중요하다. 이 과정은 정보의 정확성을 보장하며 기억을 완성할 수 있다. 또한 독후 활동으로 가족과 대화를 나누거나 또래와 자신의 독서 과정의 경험을 공유하고 정리한 내용을 발표하는 경험을 통해 독서는 내면에서 완성된다.

사실적 독해는 토니 바즈의 학습의 7가지 원칙 중 연관성, 중요도와 관련이 깊다.

새로운 정보를 기존의 지식과 연결하고, 텍스트에서 중요한 정보를 선별하는 능력은 사실적 독해에서 필수적인 요소이다. 이를 통해 독자는 중요한 사실을 빠르게 찾아내고 정리하며 기억할 수 있다. 사실적 독해는 텍스트의 핵심 정보를 신속하게 찾아내는 능력을 개발하는 데 도움을 주며 추후 비판적 독해나 추론적 독해 등 더 복잡한 독해 방식에 기초를 제공한다.

② 단계: 추론적 독해(Inferential Reading)

추론적 독해는 사실적 독해의 위 단계이다. 텍스트상 명시되지 않은 의미를 추론하며 읽는 독서 과정이다. 텍스트에 나타난 단서나 힌트를 기반으로 암시된 의미, 작가의 의도, 미래에 일어날 사건, 배경 정보, 또는 감춰진 진실 등을 독자가 스스로 추론해 내는 독서이다. 단순히 텍스트에 나열된 사실을 파악하는 것을 넘어서, 텍스트가 말하지 않은 부분을 논리적으로 생각하고 해석하는 고차원적인 독해 과정이다. 인물의 말과 행동에서 그 사람의 심리상태나 의도를 추론하거나, 사건의 전개에서 그 이후에 일어날 일을 예측하는 등 독자는 글의 표면적 내용 뒤에 숨겨진 의미를 파악하려고 노력해야 한다. 단서와 맥락 활용도 필요하다. 텍스트의 맥락, 단어 선택, 인물의 행동 및 대화, 사건 전개 등을 근거로 명시되지 않은 의미를 해석하고 이 과정에서 글의 여러 단서를 종합하여 결론을 도출하는 연속된 사고 과정이 필요하다. 이를 위해 독자의 배경지식과 경험을 활용해야 한다. 독자는 자기의 경험과 배경지식을 활용하여 글을 해석함으로써 동일한 텍스트라도 읽는 독자의 내적 상태에 따라 다양하게 해석되고 이해될 수 있다.

▌추론적 독해의 구체적인 독서 방법

– 텍스트의 단서 찾기

추론적 독해는 글에 명시된 정보에서 시작된다. 즉 사실적 독해부터 필요하다. 인물의 대화, 행동, 글의 전반적인 분위기 등에서 단서를 찾아 그 단서들 사이의 관계를 파악하고, 이들 간의 연결 고리를 찾아내며 읽는다. 단서를 통해 무엇이 생략되었거나 암시된 것인지 추측해야 한다.

– 맥락을 통해 해석하기

텍스트의 앞뒤 맥락을 잘 파악하는 것이 중요하다. 예를 들어, 어떤 장면이 이전의 사건과 어떤 관련이 있는지, 현재의 장면이 미래에 어떤 영향을 미칠지 등을 고려하면서 읽는다. 이러한 읽기는 끊임없이 자신에게 흐름을 따르고 있는지 질문하며 새로운 문제를 적극적으로 찾으며 능동적으로 해결하며 읽는 과정이다.

– 지식 활용하기

독자는 자신이 알고 있는 배경지식을 텍스트에 적용하여 의미를 확장해 나간다. 역사적 사건에 대한 설명이 있을 경우, 그 시대의 역사적 맥락을 알고 있으면 사건의 본질을 더 깊이 이해할 수 있다. 또는 특정 분야의 기술적 글을 읽을 때, 관련된 사전 지식을 활용하면 텍스트에서 생략된 정보나 설명이 더 명확하게 드러날 수 있다.

– 논리적 사고로 분석하기

추론적 독해는 논리적 사고를 필요로 한다. 텍스트에 나타난 정보 사이의 인과관계를 파악하고, 이를 바탕으로 숨겨진 의미를 찾아내는 과정에서 논리적 분석이 중요하다. 인물의 행동이 어떤 결과를 초래할지, 사건이 어떤 배경에서 발생했는지를 논리적으로 추론하며 읽는다.

– 열린 질문을 자신에게 던지기

추론적 독해는 종종 독자가 텍스트를 읽으면서 스스로 질문을 던지는(내적 대화) 과정이다. "왜 이 인물이 이런 선택을 했을까?", "이 사건이 앞으로 어떤 영향을 미칠까?", "저자가 이러한 예시를 사용한 이유는 무엇인가?", "저자가 사용한 표나, 자료, 그래프는 신뢰할 만한가? 타당한가?", "저자의 글의 구성이 설명 대상에 대한 이해를 돕는가?", "저자가 대상을 설명하기 위해 사용한 설명 방법은 무엇이며 효과적인가?" 등 다양한 질문을 통해 글의 이면을 분석하고, 작가의 숨은 의도를 파악할 수 있다.

▍추론적 독해 + 토니 바즈의 학습의 7가지

추론적 독해는 토니 바즈의 학습의 7가지 규칙 중 상상력과 양측성이 활용된다. 추론적 독해에서 중요한 역할을 하는 상상력을 통해 주어진 정보를 넘어 숨겨진 의미를 생각해 볼 수 있으며, 좌뇌와 우뇌를 함께 사용하여 논리적으로 추론하면서도 창의적으로 생각하고 심상을 깊이 있게 그려 보는 능력을 기를 수 있다.

③ 단계: 비판적 독해(Critical Reading)

비판적 독해는 텍스트의 논리, 가정, 주장을 평가하는 읽기이다. 단순히 텍스트를 읽고 이해하는 수준을 넘어, 텍스트의 논리적 구조와 주장을 분석하고 평가하는 심층적 사고 과정이 필요한 읽기로 읽는 사람이 글에 대해 능동적이고 의심하는 태도를 가지고 텍스트를 읽는 것이 중요하다.

텍스트가 무엇을 의도하고 쓰였는지 저자의 목적을 파악하는 읽기로 저자가 독자에게 설득하려는 것은 무엇인지, 전달하려는 메시지가 무엇인지 분석해야 한다. 또한 저자가 제시한 주요 주장을 찾아내고, 그 주장이 어떻게 뒷받침되고 있는지 확인하며 읽는다. 저자의 주장이 논리적으로 일관성이 있는지, 구체적이고 명확한지를 평가하며 읽는 것이다. 저자가 자신의 주장을 뒷받침하기 위해 제시한 근거와 증거를 평가하고 제시된 근거가 논리적이고 설득력 있는지, 충분한 증거가 있는지, 또는 왜곡되거나 편파적이지 않은지 분석하며 읽는 것이다. 논리적 일관성을 평가하며 읽는 것도 중요하다. 텍스트 내에서 저자의 논리 전개가 일관 된 흐름이 있는지, 주장이 서로 모순되지 않는지를 확인하며 읽는 것이다. 만약 논리적 비약이나 모순이 있다면, 그것을 지적할 수 있어야 진정한 독서라고 할 수 있다. 마지막으로 글쓴이의 편견을 파악하는 것이다. 글쓴이가 특정 편견이 있는지, 자신의 관점을 객관적으로 제시하는지, 감정적 호소나 왜곡된 정보를 사용하는지 냉철히 분석하는 과정이 필요하다.

결국 비판적 독해는 독자의 사고와 관점을 확대하고 수정하며 다양화하는 기회를 제공하는 읽기이다. 독자는 읽은 후 자신의 반응을 분석해야 한다. 자신이 읽은 내용에 대해 비판적으로 반응하며, 자기의 경험과 지식을 바탕으로 저자의 주장에 대한 동의 여부를 판단하고 비슷한 주장을 하는 글이나 관련된 저서를 연결하여 읽으며 비교하는 과정이 필요하다.

▎비판적 독해의 구체적인 독서 방법

– 질문을 하며 읽기

비판적 독해를 위해서 독자는 텍스트를 읽는 동안 끊임없이 질문을 던져야 한다. 저자가 주장하는 바가 무엇인지, 왜 그런 주장을 하는지, 주장의 근거가 충분한지 등을 질문하면서 글을 능동적으로 읽어야 한다. 글을 읽으며 할 수 있는 질문은 다음과 같다.

* 이 글의 주된 논점은 무엇인가?

* 저자가 제시한 근거는 논리적이고 신뢰할 만한가?

* 나는 이 주장에 동의하는가? 만약 그렇지 않다면 왜 그런가?

이러한 질문을 통해 독자는 저자가 글의 내용으로 통일성 있게 펼치고 있는 저자의 생각, 즉 주제를 파악하게 된다.

– 논리적 구조 파악하기

글의 전체적인 구조(응집성)를 파악하는 것이 중요하다. 저자가 주장과 근거를 어떤 순서로 제시하는지, 각 문단이 어떻게 연결되어 있는지 확인해야 한다. 이를 위해 '이, 그, 저' 등의 지시표현을 확실히 정리하고 '그는, 그것은' 등의 대용 표현을 파악해야 한다. 또한 '그래서, 그러므로, 그러니' 등의 접속 표현을 통해 글의 연결과 흐름을 이해해야 한다. 이러한 구조 파악을 통해 논리의 전개가 일관적이고 합리적인지 분석해야 한다. 이를 위해 글을 읽으며 주제문과 논점이 있는 문장을 찾아 표시하고, 논리적 흐름을 추적하며 정리한다.

– 저자의 신뢰성 평가하기

저자가 사용하는 정보나 자료가 신뢰할 만한 출처에서 나온 것인지, 저자가 자신의 주장을 뒷받침하기 위해 사용하는 방법이 타당한지를 평가하며 읽는다. 저자의 배경, 전문성, 출처의 신뢰성을 검토하여 텍스트의 권위를 판단하는 것이다. 이를 위해 저자가 언급하는 출처와 그 자료가 객관적인지 확인(검색, 검토)하고, 해당 자료가 최신의 것이거나 신뢰할 만한 기관에서 제공된 것인지 살펴본다.

– 편향된 사고나 감정적 호소 구별하기

저자가 지나치게 감정에 호소하거나 편향된 시각을 가지고 글을 썼는지 확인하는 것도 중요하다. 감정적 호소나 논리적 오류가 있으면 그것을 지적하고, 글의 설득력을 의심해야 한다. 글에서 감정적으로 과도하게 주장하는 부분이나, 객관적 근거 없이 감정에 호소하는 표현을 찾고 의견(주장)과 근거를 구분하며 읽는 습관을 길러야 한다.

– 주장에 대한 동의 여부 결정하기

저자의 주장과 근거를 평가한 후, 독자는 해당 주장에 동의할 것인지, 반대할 것인지 결론을 내린다. 독자의 관점과 경험에 비추어 저자의 주장이 설득력 있는지 분석하는 것이다. 이를 위해 주장을 뒷받침하는 근거가 충분한지, 논리적 허점이 있는지를 평가하고 자신의 생각과 비교 대조하는 사고를 한 후, 결론을 내린다.

이러한 비판적 독해는 토니 바즈의 학습의 7가지 규칙 중 리듬과 특이성 학습에 적용된다. 수많은 정보가 쏟아져 나오는 정보화 사회에서, 독자는 어떤 정보가 신뢰할 만한지, 어떤 정보가 왜곡되었는지를 평가할 수 있어야 하며 논리적 사고력을 강화하고, 문제 해결 능력을 함양해야 한다. 다양한 상황에서 설득력 있는 결정을 내릴 수 있는 사고력과 글에 대한 깊은 이해와 자신만의 결론을 내리는 경험은 학습 과정에서도 매우 유용하며, 자기 주도적 학습 능력을 키우는 데 기여한다. 즉 수동적 독자에서 능동적 독자로 성장하는 것이다. 논리적 구조와 반복적인 패턴을 파악해 텍스트의 강점과 약점을 비판적으로 분석할 수 있는 리듬과 특이성 학습이 강화되며, 독특한 주장이나 반박을 인지해 더 깊이 있게 평가할 수 있는 정확성을 키운다.

④ 단계: 창의적 독해(Creative Reading)

창의적 독해는 텍스트를 기반으로 새로운 아이디어를 떠올리는 과정이다. 단순히 텍스트의 내용을 이해하고 해석하는 것을 넘어서, 읽는 과정에서 새로운 아이디어나 시각을 창출하는 독해 방식으로 문해력의 핵심이다. 이는 텍스트의 의미를 확장하거나, 텍스트에 담긴 아이디어와 자기의 경험이나 지식을 결합하여 새로운 관점을 도출하는 과정이다. 창의적 독해는 사실적 독해를 기본 바탕으로 독자의 상상력, 비판적 사고, 개방적인 태도를 요구하며, 기존의 틀에 얽매이지 않고 자유롭게 생각할 수 있는 독해이다.

창의적 독해는 아래 단계 독해와 달리 몇 가지 특징이 있다. 우선 상상력이다. 텍스트에서 주어지는 내용에 대한 상상이 아니라 텍스트를 읽으며 그 속에 포함된 다양한 가능성을 상상하고, 새로운 해석을 만들어 내는 독자만의 상상을 의미한다. 창의성이라고 표현해도 무방하다. 다음으로 융합적 사고이다. 창의적 독해는 한 분야에 국한되지 않고, 텍스트를 다른 분야의 지식이나 경험과 연결시켜 생각할 수 있어야 한다. 당연히 창의적인 독해는 배경지식이 많고 다양한 독서 경험과 표현(글쓰기, 말하기, 토론하기 등) 경험을 갖고 있는 독자에게 잘 적용된다. 세 번째 특징은 비판적 사고이다. 단순히 텍스트의 표면적인 의미에 그치지 않고, 그 이면에 있는 잠재적 의미나 숨겨진 메시지를 비판적으로 분석하고, 이를 바탕으로 새로운 관점을 도출할 수 있어야 한다. 마지막으로 개방적 태도이다. 텍스트에 대한 열린 마음으로, 고정된 해석에 얽매이지 않고 다양한 시각에서 문제를 바라볼 수 있는 열린 자세가 창의적 독해의 특징이다.

창의적 독해의 구체적인 독서 방법

비판적 질문하기

창의적 독해는 단순히 텍스트를 받아들이는 것을 넘어, 비판적인 질문을 던지는 과정으로 시작한다. "왜?", "어떻게?", "무엇을 의미하는가?"와 같은 질문을 통해 텍스트를 깊이 탐구하고, 그 이면에 있는 메시지나 주제를 발견하려는 주의를 지키는 것이다. 예를 들어 철학적 주제를 다루는 글을 읽을 때, 저자가 제시한 논리적 주장에 의문을 제기하며, 다른 관점에서 문제를 제기할 수 있다. "이 주장이 현대 사회에서는 어떻게 적용될 수 있을까?"

또는 "이 주장의 한계는 무엇인가?"와 같은 질문을 던져볼 수 있다.

– 새로운 연결 만들기

창의적 독해에서는 텍스트에 있는 아이디어를 기존의 지식이나 경험과 연결하여 새로운 시각을 도출하며 읽는다. 이는 문학 작품을 읽으면서 그 주제를 현대 사회의 문제와 연결하거나, 과학적 개념을 다른 분야에 적용하는 등의 방식으로 이루어질 수 있다. 예를 들어 셰익스피어의 작품을 읽으며 등장인물의 감정이나 갈등을 현대의 심리학 이론과 연결해 분석할 수 있다. 햄릿의 우유부단함을 현대 심리학에서 다루는 의사결정이론과 연결해 새로운 해석을 만들어 내는 방식이다.

– 상상력 발휘하기

창의적 독해는 상상력을 통해 텍스트를 재해석하고, 새로운 가능성을 창출하는 과정이다. 독자는 저자의 의도나 원래 의미를 단순히 수용하는 것을 넘어서, 텍스트를 자신만의 방식으로 확장하거나 재해석하고 변형할 수 있다. 소설을 읽으면서 그 속의 인물이나 사건이 현실에서 일어난다면 어떻게 될지 상상해 보거나, 다른 결말을 상상해 보는 것이 대표적이다. 또는 텍스트에 나오는 인물의 행동을 다른 배경이나 시대에서 어떻게 해석할 수 있을지를 상상하는 것이다.

– 텍스트에 비판적으로 반응하기

창의적 독해는 저자가 제시한 의견이나 사실을 그대로 받아들이는 것이 아니라, 비판적 시각에서 검토하고, 그 속에서 새로운 통찰을 얻는 과정이다. 이를 위해 독자는 텍스트의 논리적 구성, 주장, 근거 등을 분석하고, 그 한계를 파악하거나 대안을 모색하며 읽어야 한다. 정치나 사회에 대한 논설 혹은 인물에 대한 평전이나 전기문을 읽으면서 저자의 주장이 일방적이거나 편향된 부분이 있는지 검토하고, 그러한 부분에 대해 새로운 해석이나 반박을 제시할 수 있다.

– 창의적 해석을 시도하기

텍스트의 내용을 새로운 방식으로 해석하고, 독자만의 창의적인 의미를 도출해 내는 것이다. 이는 새로운 상징적 의미를 부여하거나, 텍스트의 주제를 다른 맥락에서 다시 해석하는 과정을 포함할 수 있다. 과학 소설을 읽으면서 단순히 과학적 아이디어에 집중하는 것이 아니라, 그 속에서 제기되는 철학적 딜레마(문제 예시: 인간 존재의 의미, 인공지능의 윤리성, 기술이 갖는 윤리적 의미, 죽음의 정의 등)를 새로운 시각으로 해석해 볼 수 있다.

– 창의적 독해에 필요한 사고 정리 방법

창의적 독해를 위한 구체적인 사고 정리 방법으로 '마인드맵, 텍스트 재구성, 아이디어 결합'이라는 3가지 방법을 제안한다. 우선 마인드맵 활용이다. 창의적 독해에서는 마인드맵을 활용해 텍스트에서 중요한 주제를 시각적으로 확장하면 좋다. 텍스트의 주제를 중심에 두고, 이를 바탕으로 자기의 생각을 덧붙여 나가는 방식으로 아이디어를 발전시키는 데 유용하다. 이를 통해 텍스트의 의미를 다양한 관점에서 연결하고, 창의적인 생각을 도출할 수 있다. 다음으로 텍스트를 재구성하거나 변형하기이다. 창의적 독해는 읽은 내용을 토대로 새로운 방식으로 재구성하거나, 다른 배경에서 사건을 전개 시키는 상상력이 필요하다. 마지막으로 아이디어 결합(Combining Ideas)이다. 서로 다른 텍스트나 아이디어를 결합하여 새로운 의미를 창출하는 방법도 창의적 독해에 속한다. 이는 독자가 여러 자료나 텍스트를 접할 때, 그 속에서 공통된 주제나 패턴을 찾아내고, 이를 결합하여 새로운 통찰을 끌어내는 효과가 있다.

창의적 독해 + 토니 바즈의 학습의 7가지

창의적 독해는 토니 바즈의 학습의 7가지 원칙 중 특이성, 상상력, 양측성이 해당된다. 독자는 텍스트의 독특한 아이디어를 발견하고, 이를 기반으로 새로운 방식으로 사고하며 창의적인 해석과 아이디어를 만들어 낼 수 있다. 텍스트를 다각도로 해석하고, 새로운 시각에서 문제를 바라볼 수 있게 돕는 창의적 독해는 비판적 사고와 상상력을 결합하여, 독자가 더 깊이 있는 읽기를 수행하게 하며, 읽기 능력과 학습 능력을 향상에 큰 도움을 준다.

⑤ 단계: 감상적 독해(Aesthetic Reading)

감상적 독해는 텍스트의 감정적, 예술적 측면을 음미하는 독해로 독해

중 가장 어렵다면 어렵다. 텍스트를 분석적인 정보 습득의 관점이 아니라, 감정적이고 미학적인 경험을 중심으로 읽는 방법을 말한다. 그러나 기본적으로 사실적 독해가 바탕임은 변하지 않는다. 감상적 독해는 주로 문학 작품을 읽을 때 사용되며, 독자가 작품 속의 감정, 미적 표현, 문학적 기법 등을 음미하며 감정적으로 반응하는 것을 목표로 한다. 이 독해 방식은 독자가 텍스트의 문학적 아름다움과 작가의 감정을 느끼고, 자신의 감정이나 경험과 연결하는 데 중점을 둔다.

독자가 이야기나 인물에 감정 이입을 하거나, 작가가 전달하는 감정적 메시지에 공감하는 과정이며 미학적 경험이다. 감상적 독해는 텍스트의 문학적 기법과 표현을 미적으로 즐기는 것으로 시의 리듬, 소설의 묘사, 극의 대사에서 아름다움을 발견하고 이를 감상하는 것이다. 또한 상상력을 적극적으로 사용하여 작품 속 세계를 시각화하고, 작품의 분위기와 인물의 감정에 몰입하는 과정이기도 하다. 이는 독자가 단순히 글을 읽는 것이 아니라, 작품 속에 몰입하여 작품의 배경 세상 속에서 살아가는 듯한 경험을 하는 것을 의미한다. 독자가 자신의 개인적 경험과 감정을 작품과 연결하고 텍스트의 인물이나 사건을 자기의 삶과 비교하고, 그 속에서 개인적인 의미를 찾는 과정이다. 작가의 의도와 상관없는 자유로운 해석도 필요하다.

작가의 의도나 주제, 논리적 분석에 얽매이지 않고, 독자가 느끼는 바에 따라 자유롭게 작품을 해석하고 자신의 감정과 경험에 따라 각기 다른 해석을 풀어내는 것도 감상적 독해이다. 그래서 감상적 독해는 어렵다. 단순히 읽고 독자가 느끼고 싶은 대로 느낀다면 작품이 주는 진정한 아름다움과 의미를 파악하기는 어렵기 때문이다. 혹자는 독자의 감상 자체에 의미가 있다고 생각할 수 있으나 깊은 이해와 배경지식을 바탕으로 감상하는 것과 단순히 글을 읽고 이해하는 것과는 분명 다르다. 그림을 그냥 눈으로 보는 것과 미술사와 기법, 사조 그리고 작가의 전기적 사실을 알고 보는 것과는 분명 다름을 알아야 한다.

▎감상적 독해의 구체적인 독서 방법

– 천천히 읽기(Slow Reading)

감상적 독해는 텍스트를 천천히 음미하면서 읽는 과정이다. "천천히 읽어라. 이해하지 못한 책은 읽지 않은 것과 같다." 헨리 데이비드 소로(Henry David Thoreau)의 명언처럼 독자는 글의 리듬, 음조, 이미지를 느끼며, 작품이 전달하는 감정과 분위기를 섬세하게 파악해야 한다. 특히 시를 읽을 때, 각 구절의 의미와 그 속에 담긴 감정적 흐름을 느끼기 위해 천천히 읽고 소리 내어 낭독하는 것이 좋다. 시 한 편을 며칠 동안 반복해서 읽고 음미하며 암송할 수 있을 정도로 반복하는 것도 중요하다. 시의 한 행이, 혹은 한 연이 또는 시 한 편이 오롯이 자신의 기억 속으로 들어가 자리를 잡을 때 즉, 체화될 때 세계를 바라보고 삶을 성찰하는 시야는 확장되고 깊어진다. 글을 읽을 때, 단어 하나하나의 선택과 그 단어가 불러일으키는 이미지나 감정에 주목해야 한다.

– 상상력과 몰입하기

감상적 독해는 상상력을 발휘해 작품 속 세계에 몰입하는 시간이 필요하다. 독자는 텍스트에서 묘사하는 장면을 시각적으로 상상(심상)하거나, 인물의 감정 상태를 자신이 경험하는 듯이 느끼며(입체적 공감) 읽어야 한다. 소설을 읽을 때, 등장인물이 겪는 상황을 마치 자신이 그 상황을 겪는 것처럼 상상하는 것이다. 한 인물이 비 오는 거리에서 사랑하는 사람을 기다리는 장면을 묘사할 때, 독자는 그 비 오는 거리를 상상하고, 그 인물의 감정(기대감, 두려움 등)을 입체적으로 공감하며 느껴야 한다.

– 자유로운 해석하기

감상적 독해는 논리적 분석이나 수동적 수용보다 자유롭게 해석하는 것을 중시한다. 독자는 텍스트에 대한 자신만의 감정적 반응을 기반으로 해석하며, 작가가 의도한 의미와 상관없이 자신이 느낀 감정과 생각에 따라 작품을 읽을 수 있다. 단편 소설을 읽고, 그 결말이 슬프거나 놀랍다고 느낀다면, 그 결말이 왜 그렇게 독자에게 감정적으로 다가왔는지 자신만의 해석을 추가할 수 있는 것이다. 이러한 과정에서 텍스트는 독자의 개별적인 경험에 따라 새로운 의미를 갖는다.

– 텍스트의 아름다움 음미하기

감상적 독해는 문장의 아름다움, 리듬, 서정적 표현 등을 음미하는 것이다. 시의 경우, 운율과 리듬 그리고 형식미를 느끼고, 소설의 경우 서술 방식과 묘사된 이미지를 즐긴다. 독자는 문학적 기법이 불러일으키는 감정적 반응에 주목하며 충분히 음미하며 읽어야 한다. 셰익스피어의 작품을 읽을 때, 독자는 그가 사용하는 대사와 시적 표현을 감상하며, 그 리듬과 소리가 전하는 감정적 울림을 느낄 수 있어야 한다.

– 텍스트와 자신의 경험 연결하기

감상적 독해는 텍스트의 내용과 독자의 경험을 연결하는 과정이다. 독자는 작품 속의 사건이나 인물의 감정을 자신의 인생 경험과 비교하며, 더 깊이 공감하거나 감정적으로 반응할 수 있다. 이러한 감정적 연결은 치유의 효과를 가져올 수 있으며 경험하지 못한 감정에 대한 반응을 연습해 볼 수 있다.

▎감상적 독해 + 토니 바즈의 학습의 7가지

이러한 감상적 독해는 토니 바즈의 학습의 7가지 원칙 중 긍정적 이미지와 상상력이 중요한 역할을 한다. 독자는 텍스트의 감정적인 요소나 미학적 표현을 더 잘 느끼고 공감할 수 있으며, 상상력을 통해 작가가 그린 세계를 더 깊이 있게 이해할 수 있다. 감상적 독해는 단순한 정보 습득을 넘어, 텍스트를 예술적으로 감상하고, 그 안에서 자신만의 의미를 발견하는 자기 이해와 성찰을 위한 독해이며 세상의 아름다움을 보다 깊이 수용하기 위한 창문의 크기를 확장 시키는 독서이다.

이처럼 토니 바즈의 학습의 7가지 원칙은 독해의 5단계에 다양한 측면과 자연스럽게 연결된다.

학습의 7가지 원칙을 적용해 독서를 진행하면 먼저 기억력이 강화된다. 연관성, 상상력, 중요도 강조 등의 기법을 통해 중요한 정보를 더 잘 찾고 기억할 수 있기 때문이다. 이는 사실적 독해에서 중요한 정보와 사실을 더 잘 기억하도록 돕는다. 다음으로 논리적 사고력이 증진된다. 좌뇌와 우뇌의 협력과 패턴을 인식하는 능력은 독자가 논리적으로 추론하고, 비판적으로 사고하는 능력을 키우는 데 도움이 된다. 추론적 독해와 비판적 독해에서 텍스트의 논리적 구조를 분석하고, 텍스트의 함의를 발견하는 데 기여하기 때문이다. 마지막으로 창의적 사고력이 향상된다. 상상력, 특이성, 긍정적 이미지 사용은 창의적인 사고를 촉진하며, 감상적 독해와 창의적 독해에서 독자가 텍스트를 넘어 새로운 아이디어나 감정을 경험하고 내면을 재창조하는 데 유용하기 때문이다.

사실적 독해, 추론적 독해, 비판적 독해, 창의적 독해, 감상적 독해를 위한 학습 방법의 7가지 원칙 적용 독서는 독해력과 학습력 모두를 성장시키는 방법이다. 이러한 독서가 진정으로 지혜가 체화되는 독서이다.

기억의 옷장 만들고 활용하기!

　기억의 저장과 인출 과정은 뇌의 여러 영역이 협력하여 작동하는 복잡한 과정이다. 전문적으로 깊은 이해까지는 아니더라도 기억이 저장되고 인출되는 과정을 얕게라도 이해하는 것은 자기 이해와 자녀 교육에 도움이 된다.

　기억에 대해 설명할 때 자주 비유하는 것이 옷장이다. 학생들이 공부하며 성장하여 인지능력을 높여 가는 과정을 옷장을 조립하는 과정으로 비유하는 것이다. 옷장의 크기가 결국 본인이 가진 인지능력의 크기라고 할 때 이제 중요한 건 '옷장에 어떻게 정리해서 넣는가'이다. 건조기에서 꺼낸 옷을 엉킨 상태 그대로 넣어 버리는 학생과 탈탈 털어 상의, 하의 구분하고 긴팔과 짧은 팔을 하나씩 정리해 차곡차곡 넣는 학생이 있다고 가정해 본다. 이때 파란색 긴팔 상의를 꺼내야 한다면 누가 먼저 꺼낼 수 있겠는가? 결국 기억은 옷장의 크기도 중요하지만 얼마나 잘 정리해서 넣어두고 필요할 때 꺼낼 수 있느냐의 문제가 더 크게 좌우한다는 것을 알 수 있다. 자녀의 머릿속 기억의 옷장을 만드는 시기에는 크게 만들 수 있도록 하고, 완성 후는 활용할 수 있게 지도해야 한다. 이를 위해 기억의 저장과 인출 과정에 대한 지식이 필요하다. 기억의 전체 과정을 간략하게 이해하기 위해 먼저 최신 뇌과학 이론과 연구자들의 연구를 바탕으로 기억의 주요 과정을 설명하면 다음과 같다.

1) 기억의 저장과 인출 과정

① 기억의 형성(Encoding)

기억의 형성은 새로운 정보를 받아들이고 이를 뇌에서 처리하는 첫 번째 단계이다. 감각 정보(시각, 청각, 후각, 미각, 촉각 등)는 해마와 대뇌피질의 상호작용을 통해 장기 기억으로 변환된다. 이때 시각세포로 이루어진 해마는 새로운 정보를 저장할 위치를 결정하고, 이를 장기 기억으로 통합하는 중요한 역할을 한다.

현대 심리학의 창시자 중 한 명이자 철학자인 윌리엄 제임스(William James)는 '1차 기억(Primary Memory)'과 '2차 기억(Secondary Memory)'이라는 개념을 처음 도입한 학자이다. 그는 『심리학의 원리(The Principles of Psychology)』(1890)에서 1차 기억을 현재 의식 속에 있는 정보, 일시적인 정보 보유라고 했으며 2차 기억을 장기간 보존되는 기억이라 했다. 그는 단기 기억이 장기 기억으로 변환되는 과정에 주목했다. 인간의 정신적 과정을 진화론적 관점에서 이해하고자 한 그는 마음이 생존과 적응을 위한 기능을 수행한다고 보았다. 그러므로 의식적 사고와 습관을 통해 인간이 환경에 적응할 수 있음을 강조했다.

이후, 미국 심리학자이자 교육학자인 리처드 앳킨슨(Richard Atkinson)과 미국 심리학자 리처드 시프린(Richard Shiffrin)은 윌리엄 제임스의 이론을 바탕으로 단기 기억에서 장기 기억으로 전환하는 과정을 설명하는 다중 저장 모델(Multi-Store Model) 이론을 제시했다. 기억을 감각 기억(Sensory Memory), 단기 기억(Short-Term Memory), 장기 기억(Long-Term Memory)이라는 세 가지 주요 단계로 설명하는 다중 저장 모델에서 첫 단계는 감각 기억이다. 이는 감각을 통해 짧게 유지되는 정보를 의미한다. 두 번째 단기 기억은 감각 기억으로부터 처리된 정보가 일시적으로 저장되는 곳을 의미한다. 세 번째 장기 기억은 반복적인 인출이나 시연을 통해 단기 기억이 장기 기억으로 전환된 것을 의미한다.

② 기억의 저장(Consolidation)

저장 단계는 형성된 기억을 뇌 속에 유지하는 과정이다. 해마는 단기 기억을 장기 기억으로 변환하는 데 중요한 역할을 하며, 이 과정에서 기억이 대뇌피질로 이동해 더 영구적으로 저장된다. 감정이나 의미가 강한 기억일수록 더 쉽게 저장된다. 특히, 수면 중에 뇌는 새로운 정보를 강화하고 저장하는 과정을 거친다.

2000년 노벨 생리 의학상을 수상한 오스트리아계 미국인 교수 에릭 캔델(Eric Kandel)은 신경과학 분야에서 선구적인 연구를 수행했다. 그는 장기 기억의 형성 과정이 신경 세포 간의 시냅스 연결 강화를 통해 이루어진다는 사실을 밝힌 것이다. 시냅스 가소성(Synaptic Plasticity)이 기억 형성의 핵심이라고 설명했다. 그의 연구는 기억의 형성과 학습 과정이 뇌에서 어떻게 이루어지는지에 대한 생물학적 기초를 설명하는 데 중요한 역할을 했다. 기억과 학습이 신경 회로에서 어떻게 작동하는지에 대한 중요한 이론적 기반을 제공한 그의 연구는 세포 수준에서의 기억은 뉴런 간의 시냅스 연결 강화에 의해 형성되며 단기 기억은 신경 세포 사이의 일시적인 변화로 인해 발생하며, 장기 기억은 시냅스 가소성, 즉 뉴런의 물리적 변화에 의한 것이라고 밝혔다. 또한 장기 기억은 유전자 발현과 단백질 합성이 필요하며 기억이 장기화 '되기 위해서는 새로운 단백질이 합성되어 시냅스 구조를 재편성해야 함을 밝혔다. 캔델의 연구는 신경 가소성(Neural Plasticity), 즉 신경 세포가 경험과 학습을 통해 연결을 강화하거나 약화하는 능력이 있으며 이것이 기억 형성의 핵심이라는 것을 증명했다.

그의 연구는 결국 단기 기억은 신경 세포 간의 기존 연결을 변화시키지 않고도 발생하는 일시적인 전기적 활동이며 이는 신경 전달물질의 방출에 의해 발생하는 일시적인 변화를 통해 이루어짐을 설명했다. 반면, 장기 기억은 신경 가소성에 기반하며, 새로운 단백질 합성과 신경 세포 간의 지속적인 연결 형성이 필요한 활동으로 뉴런의 구조적 변화를 초래하여 지속되고 유지되는 것이다. 그러므로 논리적으로 잘 조직된 저자의 좋은 책을 반복적, 지속적으로 읽는 활동은 아이들의 뇌에 논리적 신경망의 장기적인 연결 형성의 기반이 됨을 알 수 있다.

③ 기억의 인출(Retrieval)

기억의 인출은 저장된 정보를 다시 꺼내 사용하는 과정이다. 기억이 인출될 때, 기억의 단서가 뇌의 특정 영역을 자극하고 저장된 정보를 다시 불러온다. 이때, 전두엽과 해마는 인출 과정에서 중요한 역할을 하며, 정보가 정확하게 인출될 수 있도록 신호를 보낸다.

최근 교육 심리학에서 기억 인출에 관한 이론은 인출 연습(Retrieval Practice)의 중요성을 강조하고 있다. 인출 연습은 정보를 적극적으로 떠올리는 과정을 통해 기억을 강화하는 방법으로, 이것이 기억 흔적을 강화하여 향후 기억 회상을 더 쉽게 한다는 것이다. 이는 학습이 주로 정보를 저장하는 부호화 단계(Encoding Stage)에서 이루어진다는 전통적인 관점에 도전하며, 자주 정보를 떠올릴수록 장기 기억이 더 잘 유지된다고 제안한다. 일반적으로 '지능이 높다.' 혹은 '똑똑하다.'라는 말은 정보를 많이 넣는 것보다 빠르고 정확하게 인출 하는 것임을 알아야 한다.

특히 주목받는 효과 중 하나는 시험 효과(Testing Effect)이다. 이는 정보를 시험이나 퀴즈를 통해 인출할 때, 단순히 복습하는 것보다 더 나은 장기 기억을 가져온다는 연구 결과를 말한다. 이 효과는 인출 연습이 시간이 지나면서 간격을 두고 이루어질 때 특히 강력해지며, 이는 더 어렵게 인출할수록 그 효과가 더 크다는 것을 보여준다. 정보를 인출하는 과정에서 신경 경로가 강화되어 나중에 정보에 쉽게 접근할 수 있기 때문이다.

또 다른 현대적 이론인 에피소드 맥락 계정(Episodic Context Account)은 기억 인출이 단순히 특정 항목뿐만 아니라 해당 기억이 처음 형성된 주변 맥락까지도 강화한다는 주장이다. 이 이론에 따르면 성공적인 인출 연습은 학습 당시의 환경을 재구성하여 목표 정보와 그 맥락을 모두 강화하는 방식으로 작동한다는 것이다.

실제 교육 현장에서는 이러한 인출 연습이 다양한 과목에서 학생들의 성과를 크게 올린다는 것이 입증되었다. 이는 더 깊은 정보처리와 학습된 지식의 전이를 촉진하며, 시험이나 퀴즈, 플래시 카드, 토론 등을 통해 학생들이 적극적으로 정보를 인출할 수 있게 함으로써 학습 성과를 극대화할 수 있다. 옷장의 크기보다는 잘 정리해서 넣고 찾아 꺼내는 것이 중요하다.

독서를 통한 학습력 향상은 학생들이 학문적 도전을
맞이할 준비를 하는 데 필수적인 전략이다.
체계적인 독서 습관은 학습의 기초를 다지며,
학생들이 새로운 지식을 이해하고 적용하는 데
필요한 힘을 길러준다…. 독서는 하나의 교육이나
올바른 독서는 수천 가지 교육을 포함하는 것이다.

우리 아이 책 읽는 습관 긴급 점검

READING LEARNING

4장

1% 독서법 α+

평생 가는 독서 습관을
만드는 비밀

READING LEARNING

1.

초등학교 때 독서 습관
반드시 잡아라

"어린 시절의 책 한 권이 평생의 친구가 된다."

루이스 캐럴

어린 시절 읽은 책은 단순한 기억을 넘어 인생에 지속적인 영향을 미친다.

초등학생 시기는 평생 몸에 기억될 습관이 형성되는 시기이다. 읽기 습관과 흥미도 이 시기 형성된다. 초등학교 때 독서 습관 형성은 매우 중요하다. '세 살 버릇 여든까지 간다.'라는 속담처럼 좋은 독서 습관은 향후 학습을 위한 기초 도구로서뿐만 아니라 인생을 살며 부딪칠 다양한 문제 상황을 세대로 판단하고 해결하기 위한 고차원적 인지능력을 위해서도 중요하다. 그러므로 올바른 독서 습관이 바르게 배어야 한다. 그러기 위해, 무엇보다도 부모의 의지와 참여가 중요하다. 부모가 뚜렷한 목적과 의지를 갖고 아이와 함께 읽으며 노력해야 한다. 부모는 아이의 발달 단계와 관심사에 맞는 책을 제공하고, 독서의 즐거움을 느끼도록 도와주는 노력이 필요하다. 초등학생들의 독서 습관을 기를 때, 몇 가지 주의할 점을 염두에 두면 독서의 효과를 극대화하고, 학습과 성장에 긍정적인 영향을 줄 수 있는 바른 독서 습관을 잡을 수 있다.

◎ 절대적인 독서 시간 확보!!

초등학생의 독서 습관 형성을 위해 가장 중요한 것은 기간과 시간을 확보하는 것이다. 체계적인 방법과 꾸준한 실천이 필요한 독서 습관 형성에는 개별적인 여건과 아이의 흥미도에 따라 다를 수 있지만, 일반적으로 약 66일의 지속적인 노력 기간이 필요하다. 66일은 습관 형성에 관한 여러 연구에서 도출된 평균 기간이다. 물론 이 기간 이후에도 꾸준히 읽어 나가야 하지만 우리 아이가 독서 습관이 잘 형성되어 있지 않다면 최소 2~3개월은 집중적으로 시간을 투자해야 함을 알아야 한다. 습관이 형성된 학생들 역시 매일 최소의 독서 시간 확보는 필수다. 하루 중 독서 필요 시간은 나이와 수준에 따라 다르지만, 습관 형성을 위해 최소 30~60분은 필요하다. (저학년 주당 2~3시간, 고학년 주당 3~5시간) 일반적인 학생들도 매일 평균 40~60분 정도의 독서 시간은 필요하다.

그리고 습관이 형성되는 동안 작은 목표를 아이와 의논해 설정하여 눈에 보이는 표나 기록지를 작성해 성취감을 느끼게 해야 한다. 이때 칭찬과 보상을 주는 것이다.

① 독서 흥미와 동기 부여하기

초등학생 시기에는 독서에 대한 흥미와 동기부여가 무엇보다 중요하다. 이 시기에 잘못된 방식으로 독서를 강요하거나 지나치게 학습적인 독서를 요구할 경우, 아이들이 독서를 부담스럽게 느끼고 독서 기피 현상이 생길 수 있다. 적절한 동기부여를 위해 초등 저학년의 경우 외적 보상도 가능하다. 이때도 책을 읽으면 게임을 할 수 있게 한다는 등의 직접적인 보상보다는 간접적인 보상이 좋다. 예를 들면 책을 읽으면 자녀가 좋아하는 반찬으로 저녁 식사를 준비해 기분을 좋게 해주는 것이다. 흥미와 동기부여를 위해 주의할 점은 독서를 강요하지 않는다는 것이다. 독서가 일종의 '의무'가 되지 않도록 유의해야 한다. 읽기를 즐길 수 있는 책을 스스로 선택하도록 돕고, 다양한 주제의 책을 접할 수 있는 환경을 만들어 주며 가족이 모두 독서하는 것이 중요하다. 또한 아이의 관심사에 맞춘 책을 선택하도록 격려한다. 아이가 흥미를 느끼는 주제나 장르를 중심으로 독서할 수 있도록 다양한 도서를 준비하는 게 좋다. 좋아하는 캐릭터나 취미와 관련된 책은 아이의 읽기 동기를 강화할 수 있는 한 방법이다.

② 적절한 난이도의 책 선택하기

초등학생의 읽기 능력은 학년별로 크게 차이가 나므로, 책의 난이도가 아이의 읽기 능력과 맞는지 주의해야 한다. 지나치게 어려운 책을 주면 아이는 쉽게 좌절하고, 너무 쉬운 책을 읽으면 독서에 대한 흥미를 잃을 수 있기 때문이다. 특히 초등학교 저학년의 경우 읽기 실력 격차가 크게 발생하는 시기이므로 무조건 몇 학년은 어떤 책이라는 보편적인 읽기 난이도를 강요하기보다는 자녀의 읽기 정도를 생각해 난이도를 '상중하' 세 개로 구분하여 한 세트로 선택하는 것이 좋다.

적절한 난이도의 책 선택을 위해 주의할 점은 '아이의 읽기 수준에 맞는 책인가?'이다. 아이의 읽기 수준을 고려하여 너무 어렵지 않으면서도 약간의 도전이 되는 책을 선택하는 것이 중요하다. 새로운 단어를 학습할 수 있으면서도 내용 이해가 가능한 책이 좋다. 한 쪽에 자녀가 이해하기 어려운 단어가 3개 이상 있는 책은 혼자 읽기 어렵다. 이 경우 조금 더 낮은 책으로 선택하거나 함께 읽어주는 것이 좋다. 또한 단계별 독서 습관 형성이 중요하다. 유치원이나 초등 저학년의 경우, 그림책과 짧은 생활 동화나 전래동화 이야기부터 시작하고, 고학년으로 갈수록 장편 동화나 비문학까지 서서히 확장해 나가는 것이 좋다.

③ 다양한 장르의 독서 경험하기

초등학생 시기에는 다양한 장르의 책을 읽으며 폭넓은 독서 경험을 쌓는 것이 중요하다. 문학적 이야기뿐만 아니라 비문학, 과학, 역사, 인물, 시사 등 다양한 주제를 다루는 책을 읽으며 종합적 사고력과 호기심을 키울 수 있도록 해야 한다.

다양한 장르 독서 경험을 위해 주의할 점은 편중되지 않은 독서를 하는 것이다. 특정 장르에만 치우치지 않도록 신경 써야 한다. 예를 들어, 만화책만 읽거나 판타지 소설에만 몰입하는 경향이 있는 경우 다양한 종류의 책을 읽을 기회를 주어야 한다. 또한 문학과 비문학의 균형이 필요하다. 문학 작품(동화, 소설, 시, 수필, 서간체 등)뿐만 아니라 비문학(자연과학, 역사, 사회, 인문, 예술 등)도 함께 읽히며, 자녀가 세상에 대한 이해와 비판적 사고를 기를 수 있도록 해야 한다.

④ 독서 후의 대화와 활동하기

초등학생 시기뿐만 아니라 모든 시기 단순히 책을 읽는 것만으로는 효과가 제한적일 수 있다. 읽은 후 대화나 질문, 토론을 통해 책 내용을 이해하고 자신만의 생각을 정리하는 것이 중요하다. 이런 활동으로 인해 깊이 있는 사고로 확장되고 아이의 말하기, 듣기 등 의사소통 능력도 향상될 수 있다.

독서 후 활동을 위해 주의할 점은 책에 대해 함께 이야기하기를 즐거운 시간으로 느끼게 하는 것이다. 읽은 책에 대해 부모나 교사와 함께 이야기하고, 책의 줄거리뿐만 아니라 등장인물의 감정, 사건의 의미 등을 이야기하며 아이가 책의 내용을 더 깊이 이해할 수 있도록 유도해야 해야 한다. 이때 좋은 질문을 통해 더 깊이 사고하는 기회와 경험 제공이 중요하다. (독락서쾌 Tip 4: 실제 적용 가능한 독서 후 질문 예시(장르별) 참고)

또한 다양한 독서 활동 제공이다. 책에 대한 독서 일기 쓰기, 책 속 주제에 대한 그림 그리기, 연극 놀이하기, 독서 신문 만들기, 책 홍보물 제작하기 등 다양한 활동을 통해 읽은 내용을 표현하고 이를 가족 앞에서 발표하는 시간을 갖는 것도 좋다.

⑤ 학습과 독서의 균형 잡기

초등학생의 독서는 학습과 연결될 수 있지만, 학습적 목적에만 너무 치우치지 않도록 주의해야 한다. 독서는 학습력과 사고력 향상에 분명 큰 기여를 한다. 하지만, 아이에게는 독서의 즐거움을 먼저 느끼게 하는 것이 일차적으로 더 중요하다.

학습과 독서의 균형을 잡기 위해서 주의할 점은 학습 목적의 독서만 하는 것은 지양하기이다. 아이들이 독서를 오직 학업 성적 향상을 위한 도구로만 생각하지 않도록, 재미와 호기심을 자극하는 책도 충분히 제공해야 한다. 또한 창의적 사고를 키우는 다양하고 색다른 책을 선택하는 것이다. 교과서 내용 관련 책만 읽기보다는 창의적인 사고와 상상력을 키울 수 있는 문학적 이야기나 철학적 질문을 던지는 책 그리고 새로운 방식으로 인쇄된 책도 함께 읽을 수 있도록 유도한다.

⑥ 디지털 독서와의 조화 형성하기

기술의 발달과 편리성의 추구로 디지털 독서도 점차 일반화되고 있다. 태블릿이나 전자책을 통해 책을 읽는 경험은 아이들에게 새로운 독서 경험을 제공할 수 있지만, 종이책 우선이다. 종이책 읽기가 익숙해지고 편안한 상태에서 디지털 기기와의 균형을 잡아나가는 것이 중요하다. 디지털 기기가 주의력 감소나 집중력 저하를 일으킬 수 있으며 자기 절제나 조절이 안 되는 경우 기기가 단순 검색과 오락기로 전락할 수 있기 때문이다.

디지털 독서와의 조화를 잘 이루어 내기 위해 주의할 점은 종이책과 전자책의 균형을 잡아가는 것이다. 전자책이나 디지털 매체도 활용하되, 종이책을 통해 깊이 있는 독서를 할 수 있도록 기본을 다잡고 난 뒤에 조화롭게 사용하는 것이 좋다. 그리고 디지털 기기 사용 시간 조절은 필수적으로 필요하다. 디지털 기기를 통한 독서 시간을 관리하고, 종이책 독서와 함께 자연스럽게 학습의 균형을 맞추는 것이 중요하다. 흥미나 재미 위주로 주의가 분산될 수 있는 초등학생의 경우 사용 시간 관리와 기기 접촉 제한은 엄격히 해야 한다.

초등학생 시기는 독서 습관을 비롯하여 학습에 대한 긍정적인 정서를 형성하는 중요한 시기이다. 아이의 발달 단계와 관심사에 맞는 책을 제공하고, 독서의 즐거움을 느끼도록 부모가 함께 읽으며 참여하고 도와주는 것이 초등 독서 습관 형성의 핵심이다. 적절한 난이도의 책을 선택하고, 다양한 장르의 책을 읽으며, 대화와 활동을 하며 독서가 단순한 학습을 넘어서 창의적 사고와 감성 발달의 기본 습관이 되도록 유도해야 한다. 무엇보다, 부모의 이러한 노력이 아이에게 직접 영향을 미치고 부모의 의지대로 변화를 이끌 수 있는 결정적 시기라는 점이다. 그러므로 아이가 책이라는 평생의 친구를 만날 수 있도록 습관을 잡아주어야 함을 잊지 말아야 한다.

2.

AI 시대,
질문 습관이 힘이다

"질문은 독서의 혼이다. 책에 의문을 제기할 때, 우리는 지혜의 문을
연다."

프랜시스 베이컨

질문은 독서를 단순한 활동에서 살아 있는 학습 과정으로 바꾼다.

1) 질문법은 학습법이다

스스로 질문을 제기하고 그에 대한 답을 찾아보는 심도 있는 과정을 통
해 학습자가 지식을 습득하는 독창적인 학습법이다. 이는 단순히 정보를
수동적으로 받아들이는 것이 아니라, 학습자가 정보에 능동적으로 참여하
고, 자기의 생각을 정리하고, 비판적으로 논의하는 적극적 탐구 사고 과정
으로, 학습자의 주도성이 강조되는 학습법이다. 그래서 책을 읽기 전, 읽

는 중, 읽고 난 후 질문을 만드는 습관은 중요하다. 주어진 정보를 비판적 없이 수용하는 것이 아니라 물음을 갖고 수용하는 과정은 비판적 사고를 성장시킨다. 궁금한 것이 있어 질문하는 것이 아니라 습관적으로 질문을 찾으려는 능동적 자세가 필요하다.

2) 질문법의 시작

정보의 단순한 암기를 넘어, 깊이 있는 이해와 창의적 사고를 유도하는 것이 질문법의 목적이다. 이런 질문법의 뿌리는 고대 그리스로 거슬러 올라갈 수 있다. 특히 소크라테스의 대화법(Socratic Method)에서 그 기원을 찾을 수 있는데 소크라테스는 주로 질문을 통해 논의의 실마리를 제공하고, 학생들이 스스로 사고하고 결론에 도달하도록 유도하는 방식으로 질문으로 교육한다. 이러한 접근법은 이후 다양한 교육 이론에서 중요한 요소로 자리 잡게 되었으며, 20세기 교육학에서는 비판적 사고, 문제 해결 및 자기주도 학습을 강조하는 방식으로 발전했다.

3) 질문법과 AI 시대

AI 시대에 질문법은 더욱 중요해지고 있다. 방대한 정보를 분석하고 빠르게 답변을 주는 AI도 질문의 질에 의해 AI 시스템의 답변 품질이 달라지기 때문이다. ChatGPT와 같은 대화형 AI는 사용자의 입력을 바탕으로 답변을 생성한다. 명확하고 구체적인 질문이 주어지면 더 정확하고 관련성 있는 답변을 제공하지만 모호하거나 일반적인 질문은 이해하고 적합한 답을 제공하는 데 한계가 있다.

따라서, AI 시대에는 질문을 잘하는 능력이 핵심적인 역할을 한다. 그러므로 AI 시대 교육에서도 질문법은 중요하다. 존 듀이(John Dewey)는 경험 기반 학습 이론에서 질문의 중요성을 강조했다. 질문은 자기의 경험에서 문제를 인식하고 이를 해결하려는 동기를 부여한다. 상황을 분석하고, 대안을 탐구하며, 최적의 해결책을 찾기 위해 비판적으로 사고하도록 만드는 것도 질문이다. 단순히 정보를 암기하는 것이 아니라, 질문을 통해 지식을 심층적으로 이해하고 활용할 수 있다. 스스로 질문을 던지고 답을 찾는 능동적 학습 과정에서 학습은 더욱 의미 있고 지속적으로 이어지게 된다.

질문법은 뇌의 활성화를 증가시키는 데도 필수적인 역할을 한다. 질문을 하는 과정에서 뇌는 정보를 연결하고 분석하는 데 필요한 다양한 영역이 활성화된다. 연구에 따르면, 질문을 통해 학습하는 과정이 기억 형성을 촉진하고 장기 기억에 정보가 저장되는 데 효과적이라고 한다.

4) 질문법의 종류

질문은 개방형 질문, 폐쇄형 질문, 비판적 질문, 반응적 질문으로 나눌 수 있고 질문의 형식에 따라서 효과도 다양하다. 다양한 답변을 허용하여 창의적인 사고를 유도하는 '개방형 질문'은 대뇌의 전두엽 부분을 활성화하여 계획 및 문제 해결 능력을 개선하며 '폐쇄형 질문'은 정답이 명확한 질문으로, 주로 기억 회상에 집중하게 한다. 이는 해마를 활성화하여 정보의 저장과 회수에 도움을 준다. 분석적 사고를 촉발하여 경험적 문제 해결을 촉진하는 '비판적 질문'의 경우 다양한 뇌 영역이 동시에 활성화되어 전반적인 뇌 활성화에 도움이 되며 특정 상황에 대한 즉각적인 반응을 요구하는 '반응적 질문'은 학습자의 즉각적 사고를 자극한다. 이러한 반응적 질문들은 학습자가 자신의 의견을 표현하고 피드백을 받을 수 있는 기회를 제공하여 자신의 학습을 점검할 수 있게 한다.

5) 질문법과 독서 교육

질문법의 과정은 학습자가 정보를 단순히 암기하는 것이 아니라, 그 내용을 이해하고 활용하는 데 큰 도움을 주는 것으로 교육 분야에서 매우 유용하게 활용될 수 있어 독서 교육에도 역시 유용하게 사용된다. 질문법은 독서 활동에서 학생의 참여 및 협동 학습을 증진하는 데 중요한 역할을 한다. 부모와 교수자들은 질문법을 독서 교육과 활동에 포함해 자녀와 학생들이 더 나은 인지적 경험을 할 수 있도록 도와야 하며, 이는 장기적으로 학습 성과를 높이는 데 기여할 것이다. 독서 전, 중, 후 질문법을 활용하는 독자는 자신이 궁금한 점을 스스로 발견하고 이를 해결하기 위해 필요한 자료를 찾아보는 과정에서 지적 호기심을 충족시키며, 자신만의 이해를 발전시키는 적극적인 독서를 하게 된다.

① **독서 전 '질문 생성' 단계**: 읽기 전에 중점적으로 질문할 내용을 미리 준비한다. 예를 들어, "이 책의 주제는 무엇인가?" 또는 "주인공의 갈등은 무엇인가?" 등의 질문을 통해 읽을 책에 대한 궁금함과 정보를 알 수 있도

록 한다.

② **독서 중 '주도적인 질문' 단계:** 읽는 과정 중 학생들에게 스스로 질문을 생성하도록 유도하며 읽기를 점검할 수 있는 질문을 한다. "이 장에서 어떤 점이 가장 의문이 드는가?" 또는 "이와 관련된 다른 책이나 경험이 있는가?" 등과 같이 여지를 주는 질문을 활용하면 좋다.

③ **독서 후 '질문 대화' 단계:** 학생들 간이나 가족들 간에 토론을 통해 질문을 나누도록 한다. 각자의 질문과 그에 대한 답변을 공유하여 다양한 시각과 대안을 탐구할 수 있는 기회를 제공하는 것도 좋다. 또한 학생들이 제기한 질문에 대해 반응하고, 추가적인 논의를 일으킴으로써 사고를 더욱 깊이 있게 이어갈 수 있도록 자극을 제공하는 질문을 던지는 것도 중요하다.

6) 독서 활동 질문법의 구체적인 예시

- 이 책의 주제는 무엇인가요?
- 주인공의 갈등은 무엇인가요?
- 이 책의 결말은 왜 이렇게 되었나요?
- 저자는 어떤 메시지를 전달하고 싶었나요?
- 특정 장면에서 어떤 감정을 느꼈나요?

(<부록 2. 독서 후 장르별 질문 420> 참고)

위와 같이 질문법은 독서 활동에서 학습자의 주도성을 끌어내고, 깊이 있는 사고를 촉진하는 중요한 도구이다. 이러한 질문의 형식과 수준에 따라 뇌의 다양한 영역이 활성화되며, 이를 통해 아동의 인지적, 정서적 발달을 향상하는 데 기여할 수 있다. 따라서 독서 전, 중, 후 질문법을 효과적으로 적용하기 위해 질문의 형식과 수준을 고려해야 한다.

7) 질문의 형식과 수준

일반적으로 질문은 다음과 같은 형식과 수준으로 나누어질 수 있다.

① **단순 질문:** 이는 "이 책의 주인공 이름은 무엇인가요?"처럼 정보를 묻거나, "이 사건이 일어난 연도는 언제인가요?" 등과 같이 사실을 확인하는 정보이다. 상 수준의 질문은 뇌 활동 중 주로 해마가 활성화되는 질문으로 정보를 기억하고 회상하는 데 관여한다. 이 단계에서는 주의력과 단기 기억력이 중요해지는데 첫 번째 단순 질문이 여기에 해당한다.

② **해석적 질문:** "왜 주인공은 그런 선택을 했다고 생각하나요?"와 같이 분석적으로 질문하는 것과 "이와 비슷한 주제를 다룬 다른 책과의 관계는 무엇인가요?"처럼 연결적으로 질문하는 것이다. 중 수준 질문에는 전두엽이 활성화되며, 비판적 사고 및 문제 해결에 필요한 인지력이 발달하는 질문이다. 복잡한 정보를 처리하고, 여러 요소를 연결 짓는 데 중요한 역할을 하는 질문으로 해석적 질문이 여기에 해당한다.

③ **비판적 질문:** 이는 "이 책의 주제나 메시지가 현대 사회에 어떤 의미를 갖는다고 생각하나요?"와 같이 평가적 질문을 하거나 "이 책의 결말을 다르게 쓸 수 있다면, 어떻게 쓸까요?"처럼 창의적인 질문을 한다. 하 수

준 질문은 뇌 활동 영역으로 대뇌 피질의 여러 영역이 활성화되며, 창의적 사고와 감정적 반응이 함께 작용하는 질문이다. 이는 자기표현과 새로운 아이디어를 생성하며, 학습자의 깊은 이해와 그에 따른 감정적 반응을 연결 짓는 질문이다. 바로 비판적 질문이다.

8) 부모와 교사의 역할

질문법을 효과적으로 활용하기 위한 부모와 교사의 역할은 다양하며, 주로 학생의 학습을 지원하고 촉진하는 방향으로 이루어져야 한다. 질문이 자연스럽게 이루어지고 습관이 되어 독서와 질문이 하나가 되도록 지도해야 한다.

① 질문 유도 및 제시를 할 수 있다

주도적인 질문 제시는 학생들이 깊이 있는 사고를 할 수 있도록 유도하는 질문을 적절히 제시하는 것이다. 이를 통해 학생들은 주제에 대해 더 깊이 탐구할 수 있는 기회를 가지게 된다. 그리고 다양한 질문 유형을 사용하는 것이다. 열린 질문으로 "이 이야기가 주는 교훈은 무엇인가요?"와 닫힌 질문으로 "주인공의 이름은 무엇인가요?"을 적절히 혼합하여 사용함으로써 사고 범위를 확장 시킬 수 있다.

② 학습 환경 조성에 신경 쓴다

학생들이 자유롭게 의견을 말할 수 있는 안전하고 긍정적인 학습 환경을 조성해야 한다. 학생들이 자신감 있게 질문하고 답변할 수 있는 분위기와 환경이 조성되어야 확장적 사고를 할 수 있다. 그리고 함께 학습하는 공간을 만들면 좋다. 협력적 활동을 통해 질문의 답을 찾게 하며, 또래나 참여 학생 간의 상호작용을 유도하여 공동 학습의 장을 마련하는 것도 좋다.

③ 반응 및 피드백을 제공한다

학생들이 제기한 질문에 대해 적극적으로 반응하고, 그 질문을 심화시키거나 발전시킬 수 있는 기회를 제공하여 사고를 확장하는 기회로 포착하는 것이다. 또한 건설적인 피드백 제공도 중요하다. 학생의 응답에 대해 긍정적이고 구체적인 피드백을 제공하여 사고 과정을 강화하고 다음 질문을 만들어 내는 데 도움을 줄 수 있다.

④ 탐구 촉진을 유도한다

학생들이 스스로 질문을 제기하고 탐구할 수 있도록 탐구 집중 시간을 갖게 하는 것이다. 이를 통해 학생들은 스스로 생각을 명확하게 하고 문제 해결 능력을 키울 수 있다. 이를 위해 연구 및 실습 기회를 제공하면 좋다. 학생들이 스스로 정보를 탐색하고, 실험하거나 다양한 자료를 조사해 볼 수 있는 환경을 마련하는 것은 호기심을 자극하고 독서가 실제와 연결되는 경험을 가능하게 한다.

⑤ 다양한 사고 촉진을 유도한다

학생들이 제기한 질문의 의미를 분석하고, 다양한 관점을 제시하여 창의적 사고와 비판적 사고를 촉진한다. 고차원적 질문 개발을 통해 교사는 학생들이 스스로 고차원적인 질문을 만들 수 있도록 지원하고 예시를 들어주는 것이 좋다. 정보의 단순한 이해를 넘어 실제 토론으로 이어지도록 고리 역할을 하는 것이다.

⑥ 지속적인 독서를 장려한다

독서 활동 후 학생들이 배운 내용을 반성하고, 질문하기의 중요성을 이해할 수 있는 시간을 제공하는 것이다. 이러한 독서와 질문 활동을 통해 학생들은 평생 학습의 기초를 마련하게 된다. 질문을 통해 학생들이 스스로 틀을 만들고 정보를 탐색하는 습관을 기를 수 있도록 유도하여, 평생 학습자로 성장하도록 돕는다.

질문들은 학생들이 능동적이고 비판적으로 사고하며 자신들의 배움에 투자하도록 함으로써 더 깊은 이해와 지속 가능한 학습의 기초를 다질 수 있게 한다. 질문은 독서의 혼이고 의문을 제기할 때 지혜의 문은 열린다. 그러므로 스스로 질문하고 그 질문에 답을 찾아가는 습관은 중요하다.

<부록 2. 독서 후 장르별 질문 420> 참조)

3.

책 읽기 습관을 키우는
독서 환경 만들기

"환경이 정돈되면 생각이 정돈되고, 독서가 삶의 일부가 된다."

앤 라모트

책을 읽는 공간이 정돈되어 있으면, 독서에 몰입하고,

자연스럽게 일상의 한 부분이 된다.

좋은 독서 환경을 조성하는 것은 독서를 더 즐겁고 효과적으로 만드는 중요한 조건이다. 우선 적절한 독서 환경은 독서 중 집중력을 높이는 데 중요한 역할을 한다. 독서 환경은 단순히 책을 읽는 장소를 의미하는 것이 아니라, 독자가 책을 통해 몰입하고 성찰하며, 지적 즐거움을 극대화할 수 있도록 돕는 중요한 요소이다. 좋은 독서 환경은 독서의 몰입감, 효율성, 심리적 만족감을 높여줄 뿐만 아니라, 독서 습관을 형성하고 유지하는 데 핵심적인 역할을 한다. 학습 독서의 경우, 독서 환경은 집중력과 효율성을 높여 학습 성과를 극대화할 수 있는 도구가 되며 취미 독서에서는 편안한 독서 환경이 독서 자체를 즐거움으로 만들며, 독자의 정서적 안정과 휴식을 제공한다. 여기서는 학습 독서에 필요한 환경을 설명하고 취미 독서는 〈부록 3. 취미 독서에 적합한 환경 만들기 가이드〉에 실었다.

독서 환경의 요소로는 조명, 가구 배치, 소음 수준(음악 듣기 등), 온도와 환기, 창문 위치, 공간의 색상(벽지 색상이나 톤 등), 공간 정돈, 책상 종류, 소품 활용(화분, 장식품, 사진, 액자, 그림 등), 독서 보조 도구와 기기 등이 있으며, 다양한 것을 고려해 최적의 환경을 만드는 방법은 다음과 같다.

1) 조명

밝은 조명이 필수적이다. 특히 자연광이 좋으며, 자연광이 부족할 때는 하얀색 또는 차가운 색조의 인공조명을 사용하는 것이 집중력을 높이는 데 효과적이다. 책상용 스탠드는 눈부심을 줄이고, 집중할 수 있도록 빛을 적절하게 조절할 수 있는 제품을 선택하는 것이 좋다.

독서를 위한 권장 조도는 300~500lux 사이이다. 이 정도의 조도는 눈에 무리가 가지 않도록 충분히 밝으면서도, 지나치게 밝지 않아 눈의 피로를 유발하지 않는다. 300lux는 일상적인 독서 및 신문을 읽기에 적합한 밝기이고 500lux는 더 세밀한 작업(예: 학습, 작업, 필기)이 필요한 경우 적합한 밝기이다. 너무 어두운 환경에서 독서를 하면 눈이 피로해지고 시력이 저하될 수 있으며, 지나치게 밝은 빛도 눈을 자극해 불편함을 유발할 수 있다. 따라서, 밝기 조절이 가능한 조명을 사용해 필요에 맞게 조도를 조정하는 것이 좋다.

독서를 위한 적절한 빛의 색상(색온도(Kelvin, K))는 빛이 따뜻한지, 차가운지에 따라 결정되며, 독서를 할 때 적합한 색온도는 3500~4500K이다. 3500~4000K(중간 색온도)는 눈에 부담을 주지 않으면서도 집중력을 높일 수 있는 적정 수준의 중간 색온도이다. 부드러운 흰색 빛으로, 특히 저녁 시간에 독서할 때 적합하다. 눈의 피로를 줄이면서 편안한 분위기를 조성하는 빛 색이다. 4000~4500K(차가운 흰색)는 좀 더 밝고 자연광에 가까운 빛을 제공하여 집중력을 높여준다. 낮에 적합한 색으로 학습 및 작업 독서에 적합하며, 과학적 글이나 논문을 읽는 등 고도의 집중력을 요구하는 독서에 특히 효과적이다.

스탠드 조명 사용 시 조명을 올바르게 배치하는 것이 매우 중요하다. 스탠드 조명은 책의 내용이 잘 보일 수 있도록 각도를 조절해야 하며, 빛이 직접 눈으로 들어오지 않도록 해야 한다. 빛이 눈에 직접 들어오면 눈부심이 생겨 시야가 불편해지고, 눈의 피로를 유발할 수 있기 때문이다. 오른손잡이는 왼쪽에서, 왼손잡이는 오른쪽에서 빛이 들어오도록 배치하는 것이 좋다. 이렇게 하면 그림자가 글 위에 드리워지는 것을 방지할 수 있다.

스탠드 조명의 적합한 밝기는 450~500루멘 정도로, 너무 강하지 않고 충분히 밝아 글자를 명확하게 볼 수 있는 정도가 좋다. 조광 기능이 있는 조명은 밝기를 조절할 수 있어 상황에 따라 적절한 조도를 유지하는 데 유용하다. 스탠드 조명은 눈부심 방지 기능이 있는 것이 좋다. 눈부심이 있으면 눈에 부담을 주어 장시간 독서가 어려워질 수 있다. 빛이 확산되어 균일하게 퍼지는 조명이 좋으며, 차광 기능이 있거나 빛을 집중적으로 한 방향으로 쏘는 디자인이 아닌 넓게 퍼지는 디자인을 선택하는 것이 좋다.

스탠드 조명만 사용하고 주변이 너무 어두우면 명암 차이로 인해 눈이 빠르게 피로해질 수 있다. 따라서 주변 환경도 적절히 밝게 유지하여, 눈이 한 곳에만 집중적으로 부담을 받지 않도록 해야 한다. 방 안의 메인 조명과 스탠드 조명을 함께 사용하여, 전체적으로 부드럽고 균형 잡힌 빛을 유지하는 것이 좋다.

2) 가구 배치

책상과 의자는 학습 독서에 적합한 인체공학적 설계가 중요하다. 허리를 잘 받쳐주고, 책상이 적절한 높이에 있는 것이 중요하며, 깔끔하고 간결한 배치가 필수적이다. 책상 앞에는 최소한의 필기도구와 책들만 놓고, 불필요한 물건은 배제하여 집중력을 유지할 수 있는 환경을 만드는 것이 좋다.

침대와 책상을 물리적으로 구분하여 배치하는 것이 집중력과 학습 효율성을 높이는 데 도움이 된다. 침대는 휴식 공간으로 인식되고, 책상은 학습 공간으로 인식되므로, 두 공간이 가까이 있거나 혼합되면 학습 중에 쉽게 피로해지거나 집중력이 떨어질 수 있다. 가능하면 멀리 배치하는 것이 이상적이다. 책상에서 공부할 때 침대가 보이지 않도록 배치하는 것이 좋다.

연구에 따르면, 침실에서 공부하는 것은 수면과 학습 효율성 모두에 부정적인 영향을 미칠 수 있다고 한다. 침대와 책상이 같은 방에 있을 경우, 두 공간을 물리적으로 나눌 수 있는 가림막이나 책장을 사용하는 것도 좋다. 가림막은 시각적 차단을 통해 두 공간을 명확하게 구분하고, 책장은 수납 공간도 제공하면서 동시에 공간을 분리하는 효과를 주기 때문이다. 또한, 특정 시간대에는 책상에서 집중 학습을 하고, 학습이 끝난 후에는 침대에서만 휴식할 수 있도록 시간적 구분을 적용하는 방법도 있다. 이는 공간 구분이 어렵더라도, 습관을 통해 두 공간을 구별하는 효과를 낼 수 있다.

창문 옆이나 앞에 책상을 배치하는 것이 좋다. 자연광을 최대한 활용할 수 있으며, 낮 동안 공부할 때 신선한 공기와 빛이 들어오면서 집중력을 높이는 데 도움이 된다. 단, 창밖의 풍경이나 지나가는 사람들로 인해 산만해질 가능성이 있다면, 창문이 옆에 있도록 배치하는 것이 좋다.

3) 소음 수준(음악 등)

학습 독서는 집중력과 정보를 처리하는 능력이 중요하기 때문에, 최소한의 소음이나 일정한 리듬을 가진 음악이 적합하다. 학습 독서에서의 음악 선택은 집중력 유지와 산만함을 줄이는 데 초점을 맞춰야 한다.

소음 수준은 저소음 환경이 이상적이다. 완전한 무소음이 아니라면, 30~50dB 수준의 배경 소음이 좋다. 백색 소음(하얀색 소리) 또는 자연 소리(빗소리, 바람 소리, 파도 소리 등)는 배경 잡음을 억제하고, 외부 소음에 의해 방해받지 않도록 도와준다. 주의할 점은 사람이 말하는 소리, 교통 소음, 시끄러운 음악 등은 집중력을 방해하므로 피해야 한다.

학습 독서 중 음악을 들을 때는 주로 비언어적이며, 일정한 리듬과 배경 역할을 하는 음악이 적합하다. 좋은 음악으로는 클래식으로 바흐, 모차르트, 베토벤 등의 음악은 복잡하지 않고, 특정 패턴의 리듬과 멜로디가 있어 집중력을 유지하는 데 도움을 준다. 특히, 모차르트 효과는 이성적 사고를 강화한다고 알려져 있다. 앰비언트 음악도 좋다. 브라이언 이노(Brian Eno)와 같은 앰비언트 음악은 소리의 배경을 조용히 채우면서도, 정신적 피로를 줄이고 몰입감을 유지하는 데 도움이 된다. 로파이(Lofi) 힙합도 좋다. 잔잔한 리듬과 반복되는 멜로디의 로파이 힙합은 학습 도중 집중력을 유지하면서도 적당한 긴장감을 줄여준다.

가사가 있는 음악은 뇌가 단어와 의미를 처리하는 데 에너지를 소비하게 하므로, 학습 독서에는 방해가 될 수 있다. 복잡한 리듬과 불규칙한 멜로디를 가진 음악도 피해야 한다. 재즈나 복잡한 전자음악(EDM)은 산만함을 유발할 수 있다. 주의가 음악으로 빠르게 전환되기 때문에 학습 독서에 적합하지 않다. 그러나 음악 듣기에 있어서는 개인 차이를 고려해야 한다. 소음과 음악에 대한 개인적인 선호는 매우 다를 수 있기 때문이다. 개인마다 다른 반응을 고려해 최적의 소음 환경과 음악을 찾아가는 것이 중요하다. 또한 독서를 오랫동안 할 때는 음악이나 소음 환경을 주기적으로 바꿔주면 집중력을 유지하는 데 도움이 될 수 있다. 무음 상태에서 시작해, 시간이 지남에 따라 자연 소리나 로파이 음악을 추가하는 식으로 변화를 주는 것도 한 방법이다.

4) 적절한 온도와 환기

학습 독서에서는 18~22도 정도의 온도가 적절하다. 이 온도는 집중력을 높이고, 피로감을 줄이는 데 이상적인 온도이다. 너무 따뜻하면 졸음이 올 수 있고, 너무 차가우면 몸이 경직되어 집중력이 떨어질 수 있다. 따라서 약간 시원한 온도가 학습 독서에 가장 효과적이다.

공기가 순환하지 않으면 실내의 이산화탄소 농도가 높아지면서 집중력 저하와 졸음을 유발할 수 있다. 창문을 주기적으로 열어 신선한 공기를 공급해 주는 것이 좋다. 가능하다면, 학습 독서 중간에 환기 시간을 정해 실내 공기를 새롭게 바꿔주는 것이 효과적이다. 서큘레이터나 공기 청정기를 사용하여 공기 흐름을 유지하고, 신선한 공기를 계속해서 공급하는 것도 좋은 방법이다.

5) 창문 위치

학습 독서는 주로 집중력과 효율성이 필요하므로, 창문 위치도 신중하게 고려해야 한다. 창문은 책상 옆 또는 뒤쪽에 위치하는 것이 좋다. 창문이 책상 옆에 있으면 자연광이 측면에서 균일하게 비추는 효과가 있어, 독서 중에 글자가 잘 보이면서도 눈부심을 줄일 수 있다. 이 위치는 자연광을 충분히 활용하면서도 외부의 시각적 자극을 피할 수 있어 집중력 향상에 유리하다. 오른손잡이는 왼쪽, 왼손잡이는 오른쪽에서 빛이 들어오도록 배치하는 것이 이상적이다. 이렇게 하면 손그림자가 책 위에 드리워지는 것을 방지할 수 있다.

창문이 책상 뒤에 위치하면 빛이 뒤에서 자연스럽게 들어와 독서하는 책을 밝게 비추되, 시야에 창문 밖의 자극적인 요소가 들어오지 않으므로 집중력을 유지할 수 있다. 창밖을 보게 될 일이 줄어들어, 몰입도 높은 학습 환경을 만든다.

창문이 책상 앞에 있지 않도록 피해야 한다. 책상 앞에 창문이 있는 경우, 창밖의 풍경이나 움직임이 시야에 들어와 주의를 분산시킬 수 있다. 학습 독서에서는 외부 자극이 집중력을 방해할 수 있기 때문에, 창문이 시야에서 벗어난 위치에 있어야 한다.

커튼이나 블라인드 등을 적절히 활용하는 것도 좋다. 창문에서 들어오는 빛이 너무 강하거나 바깥의 시각적 자극이 독서에 방해가 될 경우, 커튼이나 블라인드를 활용해 빛을 조절할 수 있다. 반투명한 커튼을 사용하면 자연광이 적절히 확산되어 밝지만 부드러운 조명이 형성되어 눈의 피로를 줄이고 집중력을 높이는 데 도움을 줄 수 있다.

6) 공간의 색상

학습 독서 공간은 집중력과 정신적 명료성을 높이는 환경을 조성하는 것이 핵심이다. 학습할 때는 지나치게 자극적이지 않으면서도, 차분하고 집중력을 유지할 수 있는 색상을 선택하는 것이 좋다.

차분함과 집중력에 좋은 색상은 파스텔톤의 파란색이다. 파란색은 차분함과 집중력을 유지하는 데 매우 좋은 색상으로 특히 연한 파란색은 긴장감을 낮추고, 마음을 안정시켜 학습 독서에 적합한 분위기를 만들어 준다.

차가운 색조로 분류되는 파란색은 뇌의 자극을 억제해 불필요한 감정적 반응을 줄이고, 학습에 몰입할 수 있도록 도와준다.

다음으로 연한 회색도 좋다. 연한 회색은 중립적인 색상으로, 시각적 부담을 주지 않으면서도 깔끔하고 세련된 느낌을 준다. 집중을 방해하지 않으면서도 깔끔한 학습 환경을 유지할 수 있도록 돕는 색이다.

연한 녹색도 좋다. 연한 녹색은 자연을 연상시키는 색으로, 눈의 피로를 줄여주고 안정감을 제공한다. 녹색은 시각적으로 편안한 색으로, 긴 시간을 독서나 학습에 할애할 때 눈을 덜 피로하게 하며, 차분한 학습 환경을 조성하는 데 도움이 된다. 녹색은 심리적으로 안정감을 줄 뿐만 아니라, 창의적 사고를 자극하는 효과도 있다.

부드러운 베이지색은 부드러움과 따뜻함을 주면서도 지나치게 자극적이지 않기 때문에 편안함과 집중력을 동시에 제공한다. 지나치게 차갑지 않고 따뜻한 분위기를 유지하면서도, 학습 환경을 돕는 색상으로 좋다.

흰색은 깔끔하고 깨끗한 느낌을 주며, 시각적 혼란을 줄여 집중력을 극대화할 수 있는 색상이다. 다만, 지나치게 차가운 느낌이 들지 않도록 다른 색상이나 자연광을 통해 따뜻함을 더하는 것이 좋다. 흰색은 집중을 방해하지 않고, 깨끗한 학습 환경을 조성하는 데 유리한 색이다.

7) 공간 정돈

학습 독서를 위한 공간 정돈은 깔끔해야 한다.

미니멀한 공간, 즉 깔끔하고 단순한 공간이 학습 독서에 가장 적합하다.

불필요한 물건을 제거하고, 오직 독서와 학습에 필요한 도구만 배치해야 한다. 물리적인 잡동사니나 장식품이 많으면 산만해질 수 있다. 책, 필기구, 노트 등 최소한의 물건만 공간에 두는 것이 좋다.

학습에 필요한 자료와 도구의 정리도 중요하다. 학습에 필요한 책, 참고자료, 필기도구는 쉽게 손이 닿는 곳에 정돈해 두고 서랍이나 책꽂이를 활용해 자료를 쉽게 정리하고, 필요할 때 곧바로 찾을 수 있도록 해야 한다.

책 받침대나 노트북 거치대를 활용하면 책상 공간을 더 효율적으로 활용할 수 있다. 그러나 눈에 띄는 화려한 색상이나 장식품, 액자 등은 최대한 배제하여 심플하고 차분한 분위기를 유지해야 한다. 벽에는 너무 많은 포스터나 장식이 없도록 정리하고, 차분한 톤의 배경을 만드는 것이 좋다.

디지털 도구 정돈도 중요하다. 컴퓨터, 노트북, 태블릿, 스마트폰, 이어폰, 헤드폰 등 디지털 기기를 사용하는 경우, 기기를 깔끔하게 배치하고 충전기와 케이블을 정돈해 둬야 한다. 케이블이 어지럽게 늘어져 있으면 집중력을 방해할 수 있으므로, 케이블 정리 도구를 사용해 깔끔하게 보관하는 것이 안전하고 좋다.

학습 환경은 정기적으로 정리하는 것이 중요하다. 매일 공부를 마친 후 책상 위와 주변을 정돈하여, 다음 날 학습을 시작할 때 깔끔한 상태를 유지하도록 하는 습관을 들이는 것이 좋다. 이를 통해 매번 새로운 마음으로 공부를 시작할 수 있다.

8) 책상의 종류

학습 독서를 위한 책상은 효율성과 집중력을 높일 수 있도록 설계된 것이 좋다. 기본적으로 충분한 공간을 제공하고, 실용적인 기능이 있는 책상을 선택해야 한다.

① **기본형 책상(Standard Desk):** 넓고 단순한 디자인의 기본형 책상으로 학습 독서에 가장 적합하다. 충분한 공간을 제공하여 책과 필기구, 노트북 등을 여유롭게 배치할 수 있으며, 불필요한 장식이 없어 산만함을 줄여준다. 기본형 책상의 장점은 학습에 필요한 모든 자료와 도구를 정리할 수 있는 공간을 제공하며, 집중력을 유지할 수 있는 깔끔한 환경을 조성할 수 있다는 것이다.

② **L자형 책상(L-Shaped Desk):** 더 넓은 작업 공간을 제공하여 여러 책을 펼쳐 놓고 동시에 작업해야 하는 학습 독서에 유리한 책상이다. 또한, 컴퓨터를 한쪽에 배치하고 필기나 독서를 다른 쪽에서 할 수 있어 작업을 분리할 수 있다. L자형 책상의 장점은 넓은 공간을 활용할 수 있어 다량의 자료를 한꺼번에 펼쳐 놓고 사용할 수 있으며, 효율적인 공간 사용이 가능하다는 것이다.

③ **높이 조절 가능한 책상(Standing Desk):** 서서 공부할 수 있는 옵션을 제공해 준다. 장시간 앉아 있는 것이 불편한 경우, 선 자세로 독서하거나 간단한 정리를 할 수 있는 기능을 통해 더 오랜 시간 효율적으로 학습할 수 있다. 장점은 서서 공부할 수 있어 혈액순환을 촉진하고, 피로를 줄이며 학습 효율성을 높일 수 있으며 서로 다른 신체적 조건을 개별 맞춤 할

수 있다는 것이다.

9) 소품 활용(화분, 장식품, 사진, 액자, 그림 등)

학습 독서 시 소품도 심플하고 집중력을 높이는 방향으로 선택하는 것이 좋다.

작은 화분이나 관엽식물은 학습 공간에 자연스러움을 더해주고, 산소 공급과 심리적 안정감을 줄 수 있다. 특히 산세베리아, 스파티필룸과 같은 공기 정화 식물을 책상 위나 옆에 두면 도움이 된다. 하지만 너무 큰 식물이나 화려한 꽃은 피하는 것이 좋다.

학습 독서 공간에서는 장식품을 최소화하는 것이 좋다. 기능적이면서도 간결한 소품 중 책 받침대, 문진 같은 기능성 소품은 학습 도구로도 활용될 수 있어 좋다.

학습 공간에 개인적인 사진이나 액자를 두는 것은 주의력을 분산시킬 수 있다. 미니멀한 액자나 간단한 디자인의 사진이 적합하다. 이때 가족사진처럼 감정적으로 안정감을 주는 이미지를 선택하되, 독서와 학습의 흐름을 방해하지 않도록 간결하게 유지하는 것이 중요하다.

그림도 학습 독서에 어울리는 차분한 색조와 심플한 디자인을 가진 작품이 적합하다. 그림의 목적은 공간에 시각적 편안함을 더해주는 것이므로, 너무 크거나 과도하게 화려한 작품은 피한다.

책상 정리를 위한 소품으로 책꽂이, 파일 정리대, 메모 패드, 오거나이저(연필 정리함), 휴지통 등이 있다. 이러한 소품을 활용해 깔끔한 학습 공간을 유지하는 것이 중요하다. 기능적이고 미니멀한 디자인의 소품으로 시각적 혼란을 줄이고, 체계적인 독서 환경을 만들 수 있다.

10) 기타 독서 보조 도구와 기기

독서 보조 도구와 기기는 독서의 편의성을 높이고, 학습 효율성이나 독서 경험을 더욱 풍부하게 만들 수 있다.

① **책 받침대(Book Stand):** 책 받침대는 책을 일정한 각도로 세워 읽을 수 있도록 도와준다. 특히 두꺼운 책이나 교재를 볼 때 유용하며, 목과 손목의 피로를 줄여 장시간 독서나 학습을 가능하게 한다. 책이 열리도록 고정할 수 있어 손을 자유롭게 사용하여 필기나 타이핑을 할 수 있어 편리하다.

② **전자책 리더기(E-book Reader):** 전자책 리더기는 수백 권의 책을 휴대할 수 있으며, 특히 학습용 자료를 언제 어디서나 읽을 수 있는 장점이 있다. 눈에 피로를 덜 주는 전자 잉크 기술을 사용해 장시간 독서에 적합한 기기도 있다. 또한, 주석 달기나 텍스트 검색 기능이 있는 제품은 학습을 효율적으로 하는 보조 도구가 될 수 있다.

③ **타이머(Timer):** 타이머는 학습 독서 중 집중 시간과 휴식 시간을 관리하는 데 유용하다. Pomodoro 기법과 같은 시간 관리 방법을 사용할 때, 25분간 집중하고 5분간 쉬는 식으로 타이머를 설정하면, 시간 관리와 집중력 유지에 효과적이다. Pomodoro 기법은 1980년대 후반에 프란체스코 시릴로(Francesco Cirillo)가 고안했으며, 토마토 모양의 주방 타이머를

사용한 데서 유래한 이름이다. 여기서 Pomodoro란 25분 동안 집중해서 일하는 시간을 뜻하는 말이다. 첫 번째 Pomodoro후, 5분 동안 휴식하기를 4번 반복 후 15~30분의 긴 휴식을 갖는 방법이다. 이는 뇌를 더욱 효과적으로 쉬게 하고, 집중력을 장기적으로 유지할 수 있게 도와준다고 한다.

④ **하이라이터 및 메모 도구:** 학습 독서에서 중요한 부분을 강조하고, 텍스트에 주석을 달아 정리하는 것은 학습 효율성을 높이는 핵심 요소이다. 하이라이터는 중요한 부분을 시각적으로 강조하며, 독서 노트나 스티커 메모는 학습 내용을 요약하고 중요한 부분을 기억하기 좋다.

⑤ **독서 노트 앱(Digital Note-Taking Apps):** 아이패드나 태블릿을 사용한 디지털 노트 작성은 책을 읽는 동안 바로바로 필기할 수 있어 학습 독서에 매우 유용하다. 다양한 기능의 앱은 디지털 주석 기능과 함께 자료를 체계적으로 정리하는 데 도움이 된다.

⑥ **백색 소음 기기(White Noise Machine):** 학습 환경이 조용해야 하는 경우, 백색 소음 기기를 사용하면 불필요한 소음을 차단하고, 집중력을 향상하는 데 도움을 준다. 또한, 비 소리, 바람 소리 같은 자연 소음을 재생해 학습 독서에 몰입할 수 있는 분위기를 조성할 수 있다.

⑦ **서재용 의자(Ergonomic Chair):** 장시간 학습 독서를 할 때, 인체공학적 디자인의 의자는 편안한 자세를 유지하게 하고, 목과 허리의 피로를 줄이는 데 매우 중요하다. 독서 자세가 올바르면 독서 시간을 늘릴 수 있고, 몸의 긴장을 덜어주어 학습의 집중도를 높일 수 있다.

4.

독서 습관은
집에서 자란다

"아침의 독서는 마음을 깨우고, 하루를 준비시킨다."

헨리 데이비드 소로

아침 독서는 효과적으로 내용을 이해하고, 하루의 시작을 활기차게 준비할 수 있다.

"밤의 독서는 하루의 소음을 잠재우고, 평화를 가져다준다."

빅토르 위고

밤 시간 독서는 스트레스를 줄이고, 마음의 안정과 내면의 평화를 준다.

독서는 에너지 소비가 높은 활동으로 집중할 수 있는 상황과 시간 확보가 필수이며 무엇보다 정서적인 안정이 갖추어져야 효과를 볼 수 있다. 그래서 가정에서 읽는 습관이 형성되기 쉽다. 가정 내에서 가족 모두 독서하며 일정한 규칙을 지켜가는 게 가장 빠른 독서 습관 형성 방법이다. 그렇다면 하루와 한 주를 단위로 언제 독서를 하는 것이 효율적일까? 물론 가장 적합한 시간대는 가족의 라이프스타일, 개인의 집중력의 상태, 그리고 목표에 따라 달라질 수 있다. 하지만 일반적으로 독서하기 좋은 시간대는 집중력과 효율성을 극대화할 수 있는 시간에 맞춰 설정하는 것이 효과적이다. 독서를 하루와 한 주 단위로 꾸준히 실천하려면 생활 리듬과 목표에 맞는 시간대를 찾아 꾸준히 진행하면 독서의 즐거움과 함께 학습력과 사고력의 발달로 학습의 기반을 다질 수 있다.

1) 하루 단위로 독서하기 좋은 시간대

① 아침 시간(6~8시)

집중력이 높은 시간대 중 하나이다. 특히 아침에 일어나서 뇌가 맑고 피곤하지 않은 상태에서 독서를 하면, 더 높은 집중력과 이해도를 기대할 수 있다. 또한, 아침 독서는 하루를 시작하며 정신적 활력을 얻는 데도 도움이 된다. 독서로 하루를 시작하며 생산성을 높일 수 있고, 하루 동안의 집중력을 유지할 수 있는 기반이 된다.

② 오전 시간(10~12시)

이 시간대는 두 번째로 집중력이 높은 시간으로 알려져 있다. 뇌가 충분히 활성화된 상태이기 때문에, 복잡한 주제나 논리적 사고를 요하는 학습형 독서에 매우 적합한 시간이다. 체력이 충분하며, 집중도가 높아 논문이나 과학 서적 같은 심화 학습에 적합하다.

③ 점심 후 오후 시간(2~4시)

점심 식사 후에는 일반적으로 에너지와 집중력이 다소 떨어지는 시간이다. 하지만 이 시간대는 상대적으로 가벼운 독서를 하기에 적합하다. 문학작품이나 에세이와 같은 감성적이고 가벼운 주제를 다룬 책을 읽는 것이좋다.

④ 저녁 시간(7~9시)

하루의 일과를 마치고 난 뒤, 상대적으로 여유로운 시간을 활용할 수 있는 시간대이다. 이 시간대는 스트레스를 해소하고 정신적 휴식을 취할 수있는 독서에 적합하다. 또한, 자기 계발을 위한 독서를 하거나 취미 독서를 하기 좋은 시간이다.

⑤ 취침 전 시간(10시~12시)

이 시간대는 하루를 마무리하며 독서하는 데 이상적이다. 취침 전에 책을 읽는 것은 마음의 안정을 가져다주고, 수면의 질을 높이는 데도 도움이된다. 특히, 지나치게 자극적인 내용보다는 감성적이거나 철학적인 주제를 다룬 책이 적합하다. 하루를 차분하게 마무리하고, 독서를 통해 스트레스를 해소하면 자기 전에 편안한 상태로 접어들 수 있다.

2) 한 주 단위로 독서하기 좋은 시간대

① 주중 시간(월~금)

월요일~금요일은 보통 일상 업무나 학습이 주를 이루는 시간대이다. 따라서 매일 짧은 시간(예: 30~40분)의 독서를 일정하게 계획하는 것이 효과적이다. 아침 시간이나 취침 전 시간을 활용하면, 주중에도 꾸준히 독서를 이어 갈 수 있다. 업무나 학습의 연속성을 유지하면서 독서를 꾸준히 실천할 수 있는 시간대이다. 정해진 시간에 짧은 독서를 계속하는 것이 중요하다. 독서는 운동과 같다. 단 하루 과한 운동을 했다고 해서 전체적인 체력이나 운동 수행 능력이 갑자기 올라갈 수 없다. 매일 일정한 시간을 계획적으로 체계 있는 운동을 할 때 건강과 운동 수행 능력이 향상되고 유지될 수 있다. 이같이 독서도 뇌 근력을 키우는 활동이므로 매일 최소 30분 이상 일정 독서량과 독서 시간을 지키는 것이 중요하다.

② 주말 시간(토요일~일요일)

주말은 하루 중 긴 시간을 독서에 할애할 수 있는 시기이다. 특히 토요일 오전과 일요일 오후는 비교적 자유로운 시간을 활용해 집중적인 독서를 할 수 있다. 독서 모임에 참여하거나, 더 복잡한 주제의 책을 읽을 수 있는 최적의 기회이다.

토요일 오전은 주말의 시작을 생산적으로 보내기 위해 아침이나 오전 시간에 집중 독서를 함으로써 주말을 알차게 계획하고 보낼 수 있다. 새로운 책을 시작하거나, 주중에 읽던 책을 마무리하는 데 적합하다.

일요일 오후는 주말을 마무리하는 중요한 시간이다. 이는 한 주의 전체적인 성적을 관리할 수 있으며 다음 주의 루틴을 계획할 수 있는 시간이다. 이 시간에 독서를 통해 정신적 휴식을 취하고 부족하거나 끝내지 못한 독서를 마무리할 수 있는 시간이다. 취미 독서나 편안한 주제를 다루는 책을 읽는 데도 적합하다.

위와 같이 하루와 한 주 단위로 독서 시간대의 차이와 장점을 이해하고 자신의 독서 시간 계획을 세워보는 것이 좋다. 그러나 모두의 업무와 활동이 다르므로 독서 시간대를 선택할 때 몇 가지 고려 사항을 알고 있으면 좋다.

첫째 개인의 집중력 리듬을 알기다. 사람마다 집중력이 가장 높은 시간대는 다를 수 있다. 자신의 일정과 생활에 맞추어 독서하기 좋은 시간을 찾는 것이 중요하다. 그러기 위해 실제 독서를 해보는 것이 짐작으로 아는 것보다 확실히 알 수 있다.

둘째는 독서 목표와 독서 목적 갖기다. 독서의 목적이 학습인지, 취미인지에 따라 시간대를 다르게 선택할 수 있다. 학습 목적의 독서는 집중력이 높은 오전 시간대가 좋고, 취미 독서는 저녁이나 취침 전 시간이 더 적합할 수 있다.

마지막으로 환경을 갖추는 것이다. 독서의 질을 높이기 위해서는 조용하고 방해받지 않는 환경을 선택하는 것이 좋다. 특히 집중력이 필요한 독서는 혼자 있는 시간과 공간이 필수적이다.

평생 학습의 시대 독서는 삶이다. 독서를 하루와 한 주 단위로 꾸준히 실천하려면 무엇보다 독서의 가치와 필요성을 인식하고 실천하려는 의지를 갖는 것이 중요하다. 독서를 일상의 일부가 되도록 자신의 생활에 맞는 독서 시간을 계획하는 것이 중요하다. 하루 동안 독서 시간 총량을 정해 매일 목표 시간만큼 읽기를 완성하고, 읽기로 한 책의 전체 독서 기간을 미리 정해 기간 안에 읽기 위해 노력해야 한다.

5.

아이와 함께
집에서 읽어라

"책이 많은 집은 가족의 마음이 풍요롭다."

마르쿠스 툴리우스 키케로

독서 문화가 있는 가정은 물질적 풍요보다 더 깊은 정서적, 지적 풍요를 경험한다.

가정은 자녀의 독서 습관 형성에 있어 매우 중요한 역할을 하는 공간이다. 학교나 학원에서의 독서 활동이 체계적이고 학문적이라면, 가정에서의 독서는 자연스럽고 일상적인 활동으로 이루어지기 때문이다. 레프 비고츠키가 사회적 상호작용을 통한 학습의 중요성을 강조한 것처럼 부모는 자녀들의 독서력 향상을 위한 근접발달영역의 비계 역할을 할 수 있다. 부모의 지원을 통해 자녀는 자신이 혼자서 할 수 없는 수준의 독서를 성공적으로 시행할 수 있으며 그러한 과정에서 학습력과 정서적 안정, 창의적 사고력을 발달시킬 수 있다. 또한 부모와의 상호작용 속에서 이루어지는 독서는 자녀의 인지적 발달뿐만 아니라 정서적 유대감과 심리적 안정감까지 느끼게 한다.

가정 독서의 장점은 정서적 유대라고 할 수 있다. 부모와 함께 책을 읽는 시간은 자녀에게 즐거운 놀이의 연속일 수 있으며 안정감과 보호받고 사랑받고 있음을 느끼게 하는 정서적 유대의 시간이 된다. 즉 부모의 사랑을 전달하는 시간이 독서 시간이 되는 것이다. 이를 통해 자녀는 독서를 즐거운 활동으로 자연스럽게 인식하게 된다.

다음으로 일상 속 독서 습관 형성이라는 장점이 있다. 가정에서 자연스럽게 책을 접하고 읽을 수 있는 환경을 조성하면, 자녀는 책 읽는 것이 일상적인 습관으로 인식되고 자연스럽게 책과 친해지는 습관을 형성하게 된다.

맞춤형 독서 지도가 가능하다는 게 가정 독서 교육의 또 다른 장점이다. 부모는 자녀의 관심사와 발달 수준에 맞는 책을 추천하고, 그에 맞춘 독서 활동을 통해 개별화된 독서 지도가 가능하다. 이러한 과정에서 자녀의 흥미나 현재의 관심사, 교우 관계나 고민 등의 상황과 학습 상태 등을 누구보다 잘 파악할 수 있다.

가정 독서 교육을 위해서 부모는 자녀가 독서에 대한 흥미를 가질 수 있도록 자극하고, 자녀의 발달 단계에 맞는 책을 선택해 주는 역할을 할 수 있어야 한다. 특히, 부모가 자녀와 함께 책을 읽고 대화를 나누는 과정은 자녀의 언어 발달과 사회적 상호작용 능력을 키우는 데 중요한 기초가 되므로 질문이나 답변 시 진솔한 감정 표현을 해야 한다. 그리고 지식—정보를 찾고 아이의 눈높이에 맞게 설명할 수도 있어야 한다. 자녀가 독서를 좋아하게 만들려면 부모가 직접 책을 읽는 모습을 보여주는 것이 중요하다. 부모가 진실로 독서를 즐기는 모습을 자주 보여주면 자녀도 자연스럽게 책을 가까이하게 된다. 그리고 자녀가 책을 읽을 때 칭찬과 격려를 통해 독서에 대한 동기부여를 강화하는 것도 중요한 역할이다. 이때 독서라는 행위에 보상을 제안하지는 않는 게 좋다. 부모의 관심은 자녀에게 큰 힘이 되지만 부담으로 느껴지거나 거래로 생각된다면 올바른 가정 독서 교육이 이루어지기 어렵다.

1) 가정에서 독서 교육을 실천하는 방법

① 일상 속 독서 시간을 정하기

규칙적인 독서 시간(예: 취침 전, 저녁 식사 후 등)을 정해 매일 규칙적으로 책을 읽는 습관을 형성하는 것이다. 이를 통해 독서가 일상의 한 부분으로 자연스럽게 자리 잡을 수 있고 습관처럼 반복되는 행위가 될 수 있다. 이를 위해 부모는 하루의 일과를 일정하게 반복되도록 지켜 예측하게 만드는 게 좋다. 예를 들어 저녁 식사 시간을 일정하게 맞추어 자녀가 알도록 하는 것이다.

② 가족 독서 시간 갖기

가족 구성원 모두가 함께 책을 읽거나 이야기를 나누는 시간을 가짐으로써 독서가 즐거운 가족 활동임을 느끼게 할 수 있다. 이때 독서를 하는 중 부모는 자녀의 질문에 답을 해주고 읽기 진행이 원활하게 진행되도록 질문도 한다. 다양한 이야기와 폭넓은 주제로 대화하며 열린 자세로 수용하며 함께 독서 시간을 진행한다. 가족 독서 시간이 침묵 속에서 읽기만을 강요하는 시간이 아니라 읽으며 문제를 해결하고 지식을 확장하는 과정이 되도록 활기차게 하는 것이 좋다.

③ 자녀에게 선택권을 부여하기

자녀가 스스로 흥미를 느끼는 책을 선택하게 하여, 자발적인 독서의 기회를 제공하는 것이다. 자율적으로 책을 고르는 과정은 책과의 친밀도를 높이는 데 기여하며 존중받는다는 느낌을 주어 더욱 책임감을 갖고 독서에 임하게 된다.

④ 읽은 후 대화 나누기

자녀가 읽은 책을 주제로 대화를 나누고, 책에서 느낀 점이나 배운 점을 자유롭게 말하게 함으로써 비판적 사고와 언어 표현력을 길러준다. 이때 부모는 경청해 주면서 적극적으로 반응하고 자녀의 이야기를 재진술하여 생각을 정리할 수 있도록 돕는다. 대화를 이어가는 것 이외에 감상문 발표, 시 창작, 그림 그리기 등 다른 다양한 활동을 하는 것도 좋다.

2) 맞벌이 부부를 위한 독서 지도 방법

맞벌이 부부의 경우 시간이 부족할 수 있지만, 몇 가지 방법을 통해 자녀의 독서 지도를 효율적으로 지도할 수 있다.

① 짧은 시간 활용하기

바쁜 부모는 짧은 시간이라도 자녀와 함께 책을 읽는 시간을 가지는 것이 중요하다. 자기 전 10~15분 동안 함께 책을 읽고 이야기를 나누는 것이 좋은 방법이다. 또는 자녀가 정해진 시간에 책을 읽을 수 있도록 시간표를 함께 작성하고 읽어야 하는 책에 격려의 메모를 붙여 놓는 것도 좋다. 이 때 부모도 함께 하고 있다는 점을 인식시키기 위해 자녀가 읽은 부분까지 부모도 읽고 짧은 감상의 글을 자녀가 읽기 시작해야 하는 부분에 붙여두는 것도 좋다.

② SNS를 적극 활용하라

가족끼리만 소통하는 SNS 계정을 오픈하여 실시간 라이브 방송처럼 독서를 함께 하는 시간을 갖는 것도 좋은 방법이다. 서로 격려하며 독서 상황을 공유할 수 있다. 그리고 읽은 책의 표지와 읽은 기간을 포스팅해 가족의 독서 앨범으로 사용하는 것도 좋다.

③ 오디오북을 활용하기

시간이 부족한 부모는 이동하는 차량 안 등에서 오디오북을 활용해 자녀와 함께 책을 들으며 이야기 나누는 시간을 가질 수 있다. 자녀가 책을 듣고 이해할 수 있도록 대화를 이어가면 좋다. 단 너무 어린 자녀에게 오디오북만 들려주는 것은 좋은 방법이 아니다. 함께 듣고 이야기를 나눌 수 있어야 하며 장시간 활용은 지양한다.

④ 주말 시간 독서로 활용하기

주말에는 시간을 내어 자녀와 함께 도서관이나 서점을 방문하여 책을 고르는 시간으로 보낼 수 있다. 또한, 가족 독서 모임을 운영하여 함께 책을 읽고 느낀 점을 나누는 시간을 가질 수 있다. 한 주 동안 각자 읽은 책에 대해 나눔을 하고 응원을 하는 시간을 갖는 것이다.

3) 조부모가 하는 독서 지도 방법

조부모는 자녀와 정서적 유대를 형성하면서 독서를 지도할 수 있는 자원이다. 조부모가 자녀에게 옛날이야기나 전통적인 동화를 들려주며 구연 독서를 함께하는 방법이 매우 효과적이다.

조부모의 구연 독서는 자녀에게 옛날이야기를 들려주거나, 자녀가 좋아하는 책을 소리 내어 읽어주기를 통해 자녀에게 독서에 대한 흥미를 불러일으킬 수 있다. 조부모와의 독서 시간은 자녀에게 정서적 안정과 가족 간의 유대감을 형성하는 데 매우 효과적이다. 자녀는 조부모로부터 삶의 지혜와 경험을 배우게 된다. 또한, 조부모의 세대가 겪은 전통적 가치와 역사적 맥락을 통해 자녀는 역사적 이해와 더불어 사회적 가치관을 배우고 세대 간의 차이와 다름을 자연스럽게 이해하게 된다.

① 구연동화 들려주기

조부모는 구연동화 방식의 이야기를 통해 감정 전달과 흥미 유발을 도모할 수 있다. 자녀는 이야기 속의 인물과 사건을 생동감 있게 경험하며 상상력을 키우게 된다.

② 전통문화와 관련된 독서하기

전통과 관련된 이야기를 담은 책이나 역사적 사건을 다룬 책을 읽으며, 조부모와 함께 가족 이야기나 역사적 배경을 나누는 것도 효과적이다. 예를 들어, 가족의 옛날 생활 방식, 역사적 사건을 다룬 이야기, 그리고 옛 시대의 문화와 상황을 통해 자녀는 문화적 정체성과 변화를 조화롭게 배우게 된다.

③ 자녀가 조부모에게 책 읽어주기

소설 『작은 아씨들』이나 『앵무새 죽이기』에서 어린 자녀가 이웃이나 친척 노인에게 매주 일정한 시간 책을 읽어주는 약속을 이행하며 자연스럽게 읽기 실력이 향상되고 낯설고 이해의 공통점이 협소한 두 사람이 서로를 깊이 이해하고 존중하게 되는 이야기가 나온다. 이처럼 자녀가 조부모에게 책을 읽어주는 경험도 가정 독서 교육의 한 방법으로 좋다.

④ 조부모와 함께 글 쓰기

자녀와 조부모가 함께 읽은 책을 바탕으로 짧은 이야기나 일기 혹은 영상 만들기를 함께 하는 것도 좋은 활동이다. 이러한 활동을 통해 공동 창작의 경험을 가질 수 있으며 좋은 추억을 담은 물건을 갖게 된다.

4) 형제자매와 함께 하는 독서 지도

형제자매가 있는 가정에서는 공동 독서 활동을 통해 서로의 생각을 공유하고 사회적 상호작용 능력을 기를 수 있다. 형제자매 간의 독서 활동은 자연스럽게 책에 대한 대화를 유도하고, 더 깊은 이해와 흥미를 형성하는 기회가 된다.

① 형제자매 공동 독서 시간 갖기

일정 시간을 정해 형제자매가 함께 책을 읽고 토론하는 시간을 갖는다. 책에 대한 질문과 답변을 통해 서로의 생각을 나누며 비판적 사고력을 기를 수 있다.

② 역할 분담 독서하기

형제자매 간 역할을 나누어 서로 번갈아 가며 책을 소리 내어 읽게 하는 것도 좋은 방법이다. 한 명이 읽고 나머지 형제는 듣는 동안 경청과 이해력을 키우며, 의견 나누기로 확장될 수 있다.

③ 독서 후 놀이 활동 갖기

읽은 책 내용을 바탕으로 연극 놀이를 하거나 그림 그리기와 같은 창의적 활동을 함께 하여, 형제자매가 책을 더 즐겁고 창의적으로 경험할 수 있게 한다. 이 활동은 협력과 소통 능력을 강화하는 데 도움이 된다.

가정에서의 자녀 독서 지도는 자녀의 정서적 안정, 지적 발달, 사회적 상호작용 능력을 키우는 중요한 방법이다. 부모는 자녀가 자율적으로 독서할 수 있는 환경을 마련하고, 짧은 시간이라도 자녀와 함께 책을 읽고 대화를 나누는 것이 매우 중요하다. 또한, 조부모와의 독서 활동을 통해 세대 간의 유대와 역사적 이해를 증진할 수 있으며, 형제자매가 함께하는 독서는 사회적 상호작용 능력을 강화할 수 있다. 가정에서 이루어지는 다양한 독서 지도 활동은 자녀가 책을 즐기고 평생 독서 습관을 유지할 수 있는 기반을 마련해 준다는 점에서 의미가 깊다.

그러나 가정에서의 독서 교육은 몇 가지 한계점도 존재한다.

① 부모의 능력과 자원이 제한되어 있다는 점

부모가 독서 교육에 대한 충분한 지식을 가지고 있지 않으며, 특히 문학적, 교육적 배경이 부족한 경우 자녀에게 효과적인 독서 지도를 제공하는 데 한계를 느낄 수 있다. 부모가 우선 책의 내용을 비판적으로 분석하고 이해하고 있어야 자녀와 깊은 질문이나 토론, 대화가 성공적으로 이루어지는데 그렇지 못한 경우가 많다. 무엇보다 성장하고 학년이 올라가는 자녀에게 시기적절한 지적 자극을 적시에 제공할 수 있는 정보가 부족할 수도 있다.

② 시간상 문제

물리적 시간의 문제이다. 보통 가정이 일정한 생활 규칙을 유지하며 차분하게 독서를 할 수 있는 시간대를 매일 확보한다는 것은 생각보다 어렵다. 집안 대소사와 명절, 가족 행사 등 일상이 일정하게 유지되기 어렵다. 업무로 예상 밖으로 시간을 많이 들여야 하는 일이 있을 수 있으며 계절별 월별 특정 행사는 연휴에는 지켜지기 어렵다. 무엇보다 가정 독서 교육의 중요성을 인식한다고 해서 모든 가족 구성원이 한마음이 되어 일상생활에서 약속이나 규칙을 지켜낸다는 것은 쉽지 않다. 무엇보다 자녀의 동의와 자발성이 높지 않을 수 있다. 동기가 생기지 않는 자녀에게 강요하는 사이 부모와 자녀 사이는 멀어지고 독서 교육으로 인해 학교 및 다른 학문 교육에도 부정적인 정서를 확산시킬 수도 있다.

③ 자녀 성장에 따른 독서 자극의 한계

초기에 형성된 독서 습관이 계속해서 지속되어 강화된다고 기대하기 어렵다. 가정에서 독서 교육이 이루어지더라도, 자녀가 스스로 독서를 지속하고 즐길 수 있는 자율적 독서 습관을 형성하지 못할 수도 있다. 특히 디지털 매체(스마트폰, 태블릿, 노트북 등)의 유혹이 큰 현대 사회에서는 책보다는 다른 흥미에 쉽게 빠질 수 있다. 부모는 자녀가 독서를 재미없게 느끼거나, 다른 활동에 더 많은 시간을 쏟을 때 이를 효과적으로 조정하지 못할 수 있다. 디지털 매체나 다른 놀이 활동에 자녀의 주의가 집중되는 경우, 독서 교육을 지속적으로 진행하는 데 어려움을 겪을 수 있으며 이를 통제하는 과정에서 자녀와의 관계가 부정적으로 형성될 수 있다.

무엇보다 우려되는 점은 독서 성장의 제한성이다. 가정 내에서 독서 교육이 제한적으로 이루어질 경우, 자녀가 폭넓은 주제와 다양한 장르의 책을 접하지 못할 수 있다. 부모의 교육적 자원이나 지도 능력이 부족할 경우, 자녀의 독서 성장은 자율성을 갖추기 어렵다. 부모의 한정된 지도 아래에서는 자녀가 깊이 있는 독서 경험을 하지 못할 가능성이 높으며, 심화된 내용을 다루는 데 한계를 느낄 수 있다. 자녀는 다양한 장르와 주제를 깊이 있게 탐구할 기회를 놓칠 수 있다. 이는 학년에 따른 발달 과업을 위한 특정 시기를 놓치고 사고력과 학습력 향상에 부정적인 영향을 미치게 된다. 또한 부모의 지도 없이 혼자 독서하는 경우, 책에서 제공하는 심층적 의미나 비판적 사고를 혼자서 끌어내기 어려울 수 있다.

④ 부모의 지속적인 관심과 노력의 한계

많은 부모가 바쁜 일상으로 인해 자녀의 독서 교육에 충분한 시간을 할애하지 못한다. 자녀가 읽는 책을 함께 읽고, 토론하며, 그 내용을 이해하고 발전시킬 수 있는 기회를 제공해야 하지만, 부모가 시간적 여유가 부족할 경우 이러한 상호작용이 줄어들 수 있다. 또한, 독서에 대한 관심이 부족하거나 독서를 깊이 있게 읽고 효과적으로 활용하는 방법을 알지 못해 자녀에게 체계적이고 단계에 맞는 독서 습관을 길러주지 못할 수 있다. 특히, 부모가 자녀의 발달 단계에 맞는 책을 선택하는 것도 어렵다. 책을 읽은 후에도 어떤 질문을 어떻게 해야 적절하고 학습적으로 좋은 질문인지도 모른다. 이런 모든 일이 스트레스로 다가오고 독서가 부모부터 부담으로 다가오고 하나도 즐겁지 않게 될 수 있다.

　가정에서의 독서 교육은 자녀의 전인적 발달에 매우 중요하지만, 부모의 지도 역량이나 환경적 요인에 따라 한계를 가질 수 있다. 이를 극복하기 위해서는 가정 내에서 독서 습관을 형성할 수 있는 적절한 물리적 환경과 부모의 적극적 지원이 필요하며, 부모도 독서에 대한 이해를 높이기 위한 노력이 필요하다. 이런 노력은 자녀의 성장에 맞추어 끊임없이 요구된다. 가정 내에서 이루어지는 독서 교육은 여러 가지 원인으로 학습 효과가 크게 달라질 수 있다. 이러한 한계는 자녀가 깊이 있는 독서 경험을 하고 다양한 주제에 대해 탐구할 기회를 제한할 수 있기에 부모는 자녀의 독서 환경을 최대한 지원하되, 지역 도서관 이용이나 무료 독서 프로그램 등을 적극 활용하여 이러한 한계를 보완하는 노력도 필요하다. 무엇보다 자녀의 독서 습관은 가정에서 이루어짐을 기억하자.

가족이 함께하는 다양한 독서 토론 주제

가족의 독서 토론 시간은 단순히 책을 읽고 이야기를 나누는 것을 넘어, 가족 구성원 간의 유대감을 강화케 하고 다양한 사고방식의 교류를 경험하며 공동의 목표를 가지고 함께 성장하는 기회를 제공하는 값진 시간이 된다. 독서 토론은 가족의 지적 성장을 촉진하고, 서로의 생각을 이해하는 중요한 수단이 될 수 있다. 이러한 활동을 통해 가족은 서로의 경험을 나누고, 독서를 통해 얻은 통찰을 실생활에 적용할 수 있는 기회를 얻게 된다.

학습과 독서를 생활의 중요한 부분으로 만들며, 독서 자체가 학습의 한 형태라는 인식을 가족 모두에게 심어준다. 특히 자녀들이 학업 외에도 독서와 학습을 자연스럽게 즐길 수 있도록 돕는다. 가족 독서 토론은 자녀들에게 평생 학습의 중요성을 인식하는 동시에, 독서가 입시 준비의 도구가 아닌 즐거움과 성찰의 과정임을 인식시키는 계기가 될 수 있어 적극 권한다.

독서 토론에 적합한 주제 예시는 다음과 같다.

1) 문학 도서

| 주인공의 선택은 옳았는가?

- 예시 도서: 『데미안』(헤르만 헤세), 『소크라테스의 변명』(플라톤)
- 토론 질문: "주인공이 한 선택은 정당했는가? 같은 상황에서 당신은 어떤 결정을 내렸을까?"

▎어떤 인물이 더 성장했다고 생각하는가?

- 예시 도서: 『완득이』(김려령), 『위대한 개츠비』(F. 스콧 피츠제럴드)

- 토론 질문: "이 작품에서 가장 크게 성장한 인물은 누구라고 생각하는가? 그 이유는 무엇인가?"

▎이야기의 결말은 만족스러운가, 아니면 다른 결말이 더 적합했을까?

- 예시 도서: 『오즈의 마법사』(L. 프랭크 바움), 『어린 왕자』(생텍쥐페리)

- 토론 질문: "이 결말은 이야기의 전개와 잘 맞았는가? 다른 결말을 상상해 보면 어떤 결말이 더 좋을까?"

▎책 속에서 제시된 주제는 현대 사회에 어떤 영향을 미치는가?

- 예시 도서: 『1984』(조지 오웰), 『동물농장』(조지 오웰)

- 토론 질문: "이 작품에서 다루는 주제는 오늘날 사회에 어떻게 적용될 수 있을까?"

2) 사회적 이슈를 다룬 비문학 텍스트를 기반으로 한 토론 주제

▎기술 발전은 인간에게 이로운가, 해로운가?

- 예시 도서: 『총, 균, 쇠』(제러드 다이아몬드), 『호모 데우스』(유발 하라리)

- 토론 질문: "기술의 발전이 인류에 이로울까, 아니면 해로운 영향이 더 클까?"

▎환경 보호를 위해 개인의 자유를 제한해야 하는가?

- 예시 도서: 『침묵의 봄』(레이첼 카슨), 『나무를 심은 사람』(장 지오노)

- 토론 질문: "환경 보호를 위해 개인의 자유나 권리를 어느 정도 제한할 수 있어야 할까?"

┃ 미디어의 영향력은 사회에 긍정적일까, 부정적일까?

- 예시 도서: 『팩트풀니스』(한스 로슬링), 『우리는 왜 극단에 끌리는가』(캐스 선 스타인)

- 토론 질문: "현대 사회에서 미디어의 영향력은 긍정적인가, 아니면 부정적인 가?"

3) 자기 성찰과 성장에 대한 토론 주제

┃ 성공은 개인 노력의 결과인가, 사회적 지원 결과인가?

- 예시 도서: 『난장이가 쏘아올린 작은 공』(조세희), 『갈매기의 꿈』(리처드 바크)

- 토론 질문: "성공은 개인의 노력에 달려 있는가, 아니면 사회적 지원이 더 중요 한가?"

┃ 실패는 성공을 위한 필수 과정인가?

- 예시 도서: 『5번 레인』(은소홀), 『노인과 바다』(어니스트 헤밍웨이)

- 토론 질문: "실패는 성공을 위한 필수적인 단계라고 생각하는가? 아니면 피할 수 있는 과정인가?"

┃ 행복이란 무엇인가?

- 예시 도서: 『돼지가 한 마리도 죽지 않던 날』(로버트 뉴턴 펙), 『내 영혼이 따뜻 했던 날들』(포리스트 카터)

- 토론 질문: "행복이란 무엇이며, 행복을 얻기 위한 조건은 무엇일까?"

4) 과학과 윤리에 관한 토론 주제

┃유전자 조작은 허용되어야 하는가?

- 예시 도서: 『이기적 유전자』(리처드 도킨스), 『다정한 것이 살아남는다』(브라 인언 헤어)

- 토론 질문: "유전자 조작 기술이 인간의 삶을 향상시킬 수 있을까? 아니면 위 험한 기술이라고 생각하는가?"

┃인공지능(AI)은 인간을 대체할 수 있는가?

- 예시 도서: 『슈퍼 인텔리전스』(닉 보스트롬), 『호모 데우스』(유발 하라리)

- 토론 질문: "AI가 인간을 대체할 수 있을까? AI의 발전은 인간의 직업과 역할에 어떤 영향을 미칠까?"

┃우주 탐사는 지구 자원을 소모할 가치가 있는가?

- 예시 도서: 『코스모스』(앤 드루얀), 『빅 히스토리』(데이비드 크리스천)

- 토론 질문: "우주 탐사는 현재 지구의 자원을 소모할 가치가 있을까? 우주 개 발이 인류에게 긍정적인 기회를 줄 수 있을까?"

5) 철학적, 윤리적 주제를 다룬 토론 주제

┃인간의 자유는 절대적인가, 제한되어야 하는가?

- 예시 도서: 『자유론』(존 스튜어트 밀), 『레미제라블』(빅토르 위고)

- 토론 질문: "자유는 절대적 권리일까, 아니면 상황에 따라 제한될 수 있는 권리 일까?"

| 정의는 모두에게 평등한가?

  - 예시 도서: 『정의란 무엇인가』(마이클 샌델), 『국가』(플라톤)

  - 토론 질문: "정의는 모든 사람에게 동일하게 적용되는 개념일까? 아니면 상황
    에 따라 달라질 수 있을까?"

6) 교육과 학습에 관한 토론 주제

| 성적 평가가 학생의 능력을 올바르게 반영하는가?

  - 예시 도서: 『경제학이 필요한 순간』(김현철), 『몰입의 즐거움』(미하이 칙센트
    미하이)

  - 토론 질문: "성적 평가는 학생의 실제 능력을 올바르게 반영한다고 생각하는
    가? 만약 그렇지 않다면, 더 나은 평가 방법은 무엇일까?"

| 학교는 학생들에게 삶에 필요한 모든 것을 가르칠 수 있는가?

  - 예시 도서: 『평균의 종말』(토드 로즈), 『나쁜 교육』(조너선 하이트)

  - 토론 질문: "학교 교육이 학생들에게 삶의 모든 기술을 가르칠 수 있을까? 학
    교가 제공하지 않는 중요한 것은 무엇일까?"

이와 같은 주제를 바탕으로 학생들은 다양한 시각에서 문제를 바라보고, 비판
적 사고와 논리적 토론 능력을 발전시킬 수 있다. 독서 후 활동으로 토론은 학생들
이 읽은 내용을 깊이 이해하고, 자신의 의견을 타인과 나누며 논리적으로 설득하
는 과정을 통해 사고력을 더욱 확장할 수 있는 효과적인 활동이다.

READING LEARNING

5장

변화하는 미래,
독서는 무기다

READING LEARNING

1.

적응력과 문제 해결력의 키는
독서다

"책을 읽는 것은 시작일 뿐이다. 그 책을 삶에 녹여내는 것이 독서의 완성
이다."

랄프 왈도 에머슨

올바른 독서는 책의 내용을 실생활에 적용하고,

그것을 통해 성장과 변화를 이루는 것이다.

인류가 지구 역사에 등장한 이후 생존을 위해 필요했던 필수적인 지적
인 역량은 끊임없이 변화하는 환경에 적응하는 능력, 즉 '적응력'이다. 인
간은 다른 생물들과 비교해 신체적으로 약한 면을 보완하기 위해 탁월한
인지능력을 발달시켰고, 이를 바탕으로 복잡한 사회적, 자연적 환경에서
살아남을 수 있었다. 이러한 인지능력은 단순히 주변 환경에 즉각적인 반

응을 보이는 것이 아니라, 문제 해결 능력, 미래를 전망하고 예측하는 사고 그리고 도구를 사용하거나 협력하며 소통하는 능력으로 발전해 왔다.

이처럼 인류가 생존을 위해 발달시킨 지적 역량은 적응력으로 요약할 수 있다. 적응은 변화하는 환경 속에서 생존하기 위해 새로운 정보를 습득하고 이를 바탕으로 행동을 조정하는 능력을 의미한다. 초기 인류는 변화하는 자연환경 속에서 생존하기 위해 끊임없이 관찰하고 비교하며 오랜 경험을 지식으로 축적하고, 이를 공유하며, 집단의 생존을 위해 다양한 변수를 살피고 예측하며 환경을 이용하여 적응했다. 이런 노력의 결과가 현재 우리이다.

적응(Adaptation)이라는 용어를 처음으로 사용한 학자는 장 바티스트 라마르크이다. 라마르크는 19세기 초에 활동한 프랑스의 생물학자이다. 그는 특정 기관을 자주 사용하면 그 기관이 점점 더 발달하고, 반대로 사용하지 않는 기관은 점차 퇴화하고 이렇게 한 생물체가 생애 동안 획득한 특성이나 변화가 자손에게 유전된다는 용불용설을 주장했다. 현재 진화론에서 그의 이론은 받아들여지지 않지만 생물체가 고정된 존재가 아니라 변화하고 적응하는 존재라는 것과 한 사람이 무엇에 적응하고 노력하여 발전해 가느냐는 자기의 선택과 노력에 의해 좌우된다는 것을 주장했다는 점에서 의미가 있다.

찰스 다윈은 진화론에서 적응이란, 생물이 환경에 더 잘 적응하기 위해 진화하는 과정으로 생존과 번식에 유리한 형질이 자연 선택의 과정을 통해 다음 세대로 전해지면서 발생한다고 했다. 특정 환경에서 더 잘 살아남고 번식하는 개체들이 가진 유전적 특성이 시간이 지남에 따라 더 많이 퍼지게 되는 과정을 가리킨다.

교육심리학자 피아제는 인간이 지식을 습득하고 환경에 적응하는 과정을 새로운 정보를 기존의 지식에 맞추어 해석하는 과정인 동화(Assimilation)와 새로운 정보가 기존의 지식과 맞지 않을 때, 인지 구조를 새롭게 변화시키는 과정인 조절(Accommodation)로 설명했다. 이는 인간이 끊임없이 환경에 적응하며 지적인 성장을 이루는 방식으로 이를 통해 새로운 문제를 해결하고, 더 복잡한 사회적, 자연적 환경에서 성공적으로 적응하게 되는 것이다.

브론펜브레너는 생태학적체계이론에서 인간이 단독으로 발달하는 것이 아니라, 그가 속한 다양한 환경 체계와의 상호작용을 통해 발달하고, 환경에 적응하는 존재라고 했다. 그는 적응은 인간이 다양한 환경 체계와 상호작용하며, 그 환경에 맞게 자기의 행동과 발달을 조정하는 과정이라고 했다. 인간은 태어나서부터 여러 환경 체계와 연결되어 있으며, 그 체계는 끊임없이 변화하고 발전한다. 이에 따라 인간은 다양한 변화와 요구에 맞춰 끊임없이 유연하게 변화하며 적응해야 하는 것이다. 생태학적 체계 이론에서 적응은 고정된 과정이 아니라, 동적인 상호작용을 통해 이루어지는 과정이라고 했다.

위스콘신대학교 매디슨 캠퍼스에서 심리학과 정신과학 교수로 재직 중인 리처드 J. 데이비슨은 정서와 뇌의 상관관계를 탐구하는 신경학자이다. 그는 전두엽과 편도체가 감정 처리와 조절에 어떻게 관여하는지에 대한 정서 조절 연구와 뇌가 경험을 통해 변할 수 있는 능력인 신경 가소성을 정서 연구에 적용하여 뇌의 적응을 이해하는 연구를 하고 있다. 사람들이 감정적으로 어려운 상황에 직면했을 때, 뇌가 신경 가소성을 통해 적응할 수 있으며, 이 과정이 회복 탄력성과 정서적 적응을 강화하는 데 중요한 역할을 한다고 했다. 그는 인간의 뇌가 외부 자극에 어떻게 적응하는지를 탄력성(Resilience), 정서적 전망(Positive Outlook), 주의(Attention), 정서적 민감성(Social Intuition), 자각(Self-Awareness)이라는 다섯 가지 핵심 차원으로 구분하여 설명하고 있다. 이러한 다섯 가지 차원이 인간의 정서적 적응에 결정적인 역할을 하며, 뇌는 외부 변화에 대응해 끊임없이 변화하고 적응하는 기관임을 설명하고 있다.

이처럼 적응은 인류 생존의 필수 능력이며 이는 현대 사회와 미래 사회에서 더욱 필수적으로 요구되는 능력이다. 21세기에 들어서면서 사회는 기술적, 사회적, 경제적 변화를 겪으며 빠르게 변화하고 있다. 이러한 변화 속에서 인간이 생존하고 번식하기 위해 필요한 적응력은 과거와는 다른 복합적 능력들을 요구한다. 특히, 디지털화와 글로벌화가 급속도로 진행되면서 새로운 형태의 지적 능력이 계속해서 필요해지고 있다. 이런 현대 사회와 미래 사회에 적응하기 위해 필수인 적응력을 키우기 위해 요구되는 능력은 무엇일까?

우선 비판적 사고력이다. 현대 사회에서는 방대한 정보가 빠르게 생성되고, 그중 어떤 정보가 진실이며 중요한지 구별하는 능력이 필수적이다.

이는 단순한 정보 수집을 넘어서, 정보를 평가하고 분석하는 비판적 능동적 사고력이 요구된다. 둘째로 창의적 문제 해결 능력이다. 복잡하고 예측 불가능한 문제에 직면할 때, 기존의 지식만으로는 해결 불가능한 경우가 많다. 창의적으로 문제에 접근하고, 다양한 방법을 시도하는 능력은 필수적이다. 셋째로 협력과 소통 능력이다. 글로벌 사회에서는 다양한 문화와 배경을 가진 사람들과 협력하고 소통하는 능력이 필수이다. 디지털 기술을 통해 전 세계가 연결된 상황에서, 협력과 소통 능력은 과거보다 더 중요한 생존 기술로 자리 잡고 있다. 넷째로 사고의 유연성과 유창성이다. 변화하는 기술과 사회 구조에 빠르게 적응하는 유연성이 필요하다. 미래 사회에서는 한 가지 직업이나 기술만으로는 생존하기 어려우며, 새로운 지식을 빠르게 습득하고 이를 실생활에 적용할 수 있는 유연한 사고 능력이 요구된다. 한 가지 사고방식에 고착되지 않고, 새로운 상황이나 정보를 받아들이며, 다양한 해결책을 모색하는 유연성은 변화에 부드럽게 적응하게 한다. 유창성은 창의성의 중요한 요소 중 하나로, 다양한 아이디어나 해결책을 빠르게 산출하는 능력이다. 변화 발전하는 사회에 유연한 적응과 함께 상황에 맞추어 바로 문제를 해결할 수 있는 유창성은 필수적으로 요구되는 능력이다.

이러한 적응력을 기르기 위해 독서는 매우 중요한 역할을 한다. 독서는 인간이 지식을 축적하고, 새로운 아이디어를 접하며, 이를 바탕으로 창의적 사고를 발전시키는 과정에서 필수적인 도구이기 때문이다. 독서를 통해 다양한 관점과 논리적 구조를 접함으로써 비판적 사고가 발달한다. 특히, 논리적이고 구조화된 글을 읽고 분석하는 과정에서 정보를 평가하고 선별하는 능력이 길러질 것이다. 창의적 문제 해결 능력을 함양할 수 있다. 문학 작품이나 다양한 창작물을 읽으면, 독자는 상상력과 창의성을 자극받게 되고 문학 속 다양한 상황을 통해 인간의 감정과 생각을 이해하고, 이를 바탕으로 새로운 아이디어를 만들어 내는 과정을 자연스럽게 터득하게 된다. 문학 작품을 읽는 과정에서 독자는 다양한 인물의 감정과 생각을 이해하고, 타인의 시각을 경험하게 된다. 이는 독서가 인간의 공감 능력을 높이는 데 매우 유용하다는 것을 의미한다. 현대 사회에서 협력과 소통은 필수적인 역량이며, 독서를 통해 이러한 능력을 강화할 수 있다. 인지적 유연성과 유창성의 발달도 독서를 통해 새로운 지식을 받아들이고, 이를 바탕으로 기존의 사고방식을 수정하는 경험을 하는 과정에서 발달한다.

미래학자와 교육학자, 사회학자들은 변화하는 시대에 적응하기 위한 핵심 요소로서 독서의 중요성을 강조하고 있다.

이스라엘의 역사학자이자 작가로 세계사, 미래학, 인류학 등의 주제를 다룬 『사피엔스: 인간의 역사(Sapiens: A Brief History of Humankind)』(2011)를 쓴 유발 하라리(Yuval Noah Harari)는 인공지능과 데이터 중심 사회가 발전함에 따라 인간의 고유한 능력인 비판적 사고와 창의성이 더 중요해진다고 강조했다. AI는 정보를 처리하고 패턴을 인식하는 데 탁월하지만, 인간이 독서를 통해 기르는 비판적 사고와 창의성은 기계가 따라잡을 수 없는 영역이기 때문이다. 하라리는 독서를 통해 지식을 넓히고, 다양한 관점을 배우는 것이 인간의 미래 적응력을 높이는 데 필수적이라고 주장했다.

마인드맵(Mind Map) 기법을 창안한 교육학자이자 저술가, 뇌 연구 전문가인 토니 바즈는 독서가 뇌의 발달에 미치는 긍정적인 영향을 강조했다. 특히 정보의 홍수 속에서 기억력과 사고력을 유지하는 데 독서가 큰 역할을 한다고 주장한다. 그는 독서가 인간의 기억력을 자극하고, 뇌 기능을 향상시키는 활동이라고 설명하며, 현대 사회에서 요구되는 고차원적인 사고력을 기르기 위한 필수 활동으로 독서를 제시했다.

사회학자이자 도시 이론가로, 현대 사회의 변화, 노동, 계층, 공공 공간, 공동체에 대한 연구로 잘 알려진 리처드 세넷(Richard Sennett)은 현대 사회의 사회적 자본과의 관계 형성 능력이 중요해지는 상황에서 독서가 다양한 문화적 배경과 사회적 경험을 이해하고 소통하는 능력을 강화한다고 주장한다. 독서는 개인이 직접 경험할 수 없는 다양한 문화적, 역사적, 사회적 맥락을 간접적으로 경험하게 함으로써 상호 이해와 공감을 증진시키는 역할을 하기 때문이다. 이러한 이해와 공감은 현대 사회에서 요구되는 협력과 소통 능력을 기르는 데 매우 중요한 역할을 한다. 세넷은 특히, 문학적 독서가 인간관계에서의 감정적 공감력을 향상시키고, 사회적 네트워크를 넓히는 데 기여할 수 있다고 강조한다. 현대 사회가 점차 자동화되고, 일의 의미가 상실되면서 사람들이 다시 장인 정신을 통해 일에서 만족감을 찾는 것이 중요하다고 강조한 그는 창의적이고 숙련된 작업이 인간의 자존감과 행복에 중요한 역할을 한다고 보았으며 그러한 장인 정신을 소유한 인간이 갖추어야 할 필수 요건으로 독서를 강조했다.

이처럼 변화하는 시대에 적응하기 위한 필수 요건으로서 독서는 더욱 중요해졌다. 미래 사회는 디지털화, 글로벌화 그리고 기술 혁신이 주도하는 매우 유동적이고 복잡한 사회로 변해가고 있다. 이러한 사회에서 살아남고 성공하기 위해서는 기존의 전통적인 지식이나 기술에만 의존할 수 없다. 현대 사회와 미래 사회에서 적응력을 높이기 위해 독서는 필수적인 도구로 작용한다. 변화하는 시대에 적응하기 위한 필수 요건으로서의 독서는 학문 간 경계를 넘나들며 다양한 분야의 지식을 통합하는 데 매우 중요한 역할을 한다. 현대 사회는 특정 한 분야의 지식만으로 문제를 해결하기 어려운 복잡한 문제들이 많다. 따라서 문학, 역사, 과학, 철학 등 다양한 분야를 아우르는 독서를 통해 지식의 융합을 이루는 것이 중요하다. 이는 창의적 문제 해결 능력과 다양한 시각을 포용하는 능력을 키우는 데 필수적이다.

독서는 디지털 시대의 정보처리 능력 강화에 바탕이기도 하다. 디지털 시대에는 방대한 양의 정보가 끊임없이 쏟아져 나온다. 이 정보를 선별하고 분석하며, 평가하는 능력이 중요하다. 독서를 통해 기른 비판적 사고력과 자기 조절력은 정보의 홍수 속에서 올바른 판단을 내리는 데 중요한 역할을 한다. 독서는 고차원적인 사고력과 창의성 발달의 핵심이다. 또한 인간의 추상적 사고를 발전시키고, 창의적인 사고 과정을 촉진하는 데 핵심적인 역할을 한다. 특히 문학적 상상력은 인간이 복잡한 문제를 해결하는 데 중요한 자원이 된다. 디지털화된 사회에서 기계가 처리할 수 없는 인간의 고유한 창의성과 독창성은 독서를 통해 기를 수 있으며, 이는 미래 사회에서 더욱 중요한 역량이 될 것이다. 독서는 평생 학습과 자기 주도적 학습의 기본이다.

미래 사회는 지속적인 학습이 필수적이다. 기술의 발전과 함께 지식은 빠르게 변화하고 있으며, 한 번 배운 지식이나 기술로는 평생을 살아가기 어렵다. 독서는 평생 학습의 기초를 형성하며, 개인이 자기 주도적으로 학습하고 성장할 수 있는 능력을 기르는 데 중요한 역할을 한다. 이는 유연성을 갖추고 변화에 빠르게 적응하는 데 도움이 된다. 독서는 사회적 소통 능력과 공감 능력을 강화한다. 타인의 감정과 생각을 이해하고, 다양한 사회적 맥락을 받아들이는 데 중요한 도구가 된다. 문학 작품을 통해 우리는 다양한 사회적 경험을 간접적으로 경험하며, 이를 통해 사회적 소통 능력과 공감 능력을 강화할 수 있다. 변화하는 사회에서 사람들과의 협력과 소통이 중요해지는 만큼, 독서를 통한 상호 이해는 필수적인 역량이다.

인류가 변화하는 다양한 환경 속에서 생존을 위해 여러 방식의 적응을 이룩해 내어 오늘날의 문명을 이룩한 것처럼 앞으로의 미래 환경도 끝없이 변화할 것이며 이런 시대에 가장 중요한 것은 생존하고 번성하기 위한 적응력임은 분명하다. 독서는 단순한 지식 습득을 넘어, 현대 사회와 미래 사회에서 요구되는 복합적이고 고차원적인 적응력을 기르는 중요한 수단이다. 비판적 사고력, 창의적 문제 해결 능력, 공감 능력, 사회적 소통 능

력 등은 모두 독서를 통해 발달될 수 있는 능력들이며 미래학자들과 교육
학자들은 변화하는 시대에서 살아남기 위해 독서가 필수적인 도구임을 강
조하고 있다. 변화의 속도가 가속화되고 있는 현대와 미래 사회에서 지속
가능한 성장을 위해서는 독서가 더욱 중요한 자원이 될 것임은 자명하다.
나와 우리와 미래 세대는 끝없이 책을 읽고 그 책을 삶에 녹여내는 과정을
진행해야 하는 것이다.

2.

디지털 교과서 시대,
능동적 독자만 살아남는다

"책은 우리가 더 큰 세상을 이해하도록 도와준다."

마르쿠스 툴리우스 키케로

책은 세상의 다양한 문화, 역사, 철학 등을 이해하게 하는 창문이다.

최근 교육학에서 주목받고 있는 새로운 패러다임 학습이론에는 경험 기반 학습(Experiential Learning), 하이브리드 학습(Hybrid Learning), 그리고 개인화 학습(Personalized Learning)이 있다. 각각의 이론은 기술이 획기적으로 변화 발전하고 새로운 역량과 적응 방식을 필요로 하는 현대 사회에 발맞추어 혁신을 시도하는 교육 현장에서 유용하게 적용되고 있다. 또한 사회와 교육 현장의 변화만큼 달라진 학습자의 요구와 필요를 반영해 학습자 중심 접근을 통해 더욱 효과적인 학습을 가능하게 하고자

하는 이론이다.

먼저 경험 기반 학습은 데이비드 콜브(David Kolb)가 제시한 이론이다. 학습자가 '직접적인 경험'을 통해 지식과 기술을 습득하고 이론적 학습보다 실제 활동과 반성적 사고를 통해 더 깊이 있는 학습이 가능하다고 보며 학습자가 문제 해결 활동이나 실습을 통해 얻은 경험을 토대로 이론을 이해하고, 이를 다시 실제 상황에 적용하는 순환적인 학습 과정을 강조한다. 학습자는 경험을 통해 지식을 재구성하고 이를 다양한 상황에 적용하는 것이다. 특히 과학, 공학, 심리학과 같은 분야에서 많이 활용된다. 그는 학습을 경험, 반성, 개념화, 실험의 4단계로 설명하고 있다. 1단계는 구체적 경험 단계로 학습자는 특정 상황에서 직접적인 경험을 하게 된다. 2단계는 반성적 관찰 단계로 학습자는 자기의 경험을 반성하고, 이를 통해 자기의 행동이나 결과를 평가한다. 3단계는 추상적 개념화 단계로 경험과 반성 과정을 통해 새로운 아이디어나 이론을 도출하는 단계이다. 마지막 4단계는 능동적 실험 단계로 학습자는 도출한 이론을 실제 상황에서 실험하고 적용하여, 다시 경험을 통해 학습하는 순환 과정을 이어 간다. 이러한 순환 과정이 학습자가 경험을 통해 끝없이 발전할 수 있도록 돕는 핵심이다. 경험 기반 학습은 프로젝트 기반 학습, 현장 실습, 서비스 학습과 같은 교육 방법에서 많이 활용되고 있다.

다음으로 하이브리드 학습이 있다. 교육부가 2025년 도입하는 'AI 디지털 교과서'는 하이브리드 학습 모델의 구현이다. 디지털 교과서는 학습의 유연성을 높이고, 개인화된 학습을 지원하며, 교육의 질을 향상하고자 도입된다. 텍스트, 이미지, 동영상, 애니메이션 등 멀티미디어 콘텐츠를 제공하여 학생들이 적극적으로 수업에 참여할 수 있는 인터랙티브 기능과 클라우드 기반 접근성으로 학교 내외에서 언제 어디서나 접근 가능해 개개인의 학습 수준과 속도에 맞춘 맞춤형 학습 지원이 가능하다. 또한 실시간 업데이트로 교육 과정 변경이나 최신 정보 반영이 신속하게 업데이트된다. 그러나 이를 위해서는 기술적, 제도적 준비와 함께 모든 이해관계자의 협력도 필수적이다. 무엇보다 개인의 기기 통제력과 조절력이 필수이다.

개인적으로 성공적인 디지털 교과서 도입을 통해 학생들이 미래 사회에서 필요한 역량을 효과적으로 함양할 수 있는 현대적이고 유연한 교육 환경이 조성되기를 기대하고 있다. 코로나19 이후 더욱더 강조되고 있는 하이브리드 학습이론의 선구자 중 한 명은 찰스 그레이엄(Charles Graham)이다. 그는 하이브리드 학습이 학습자 자신만의 속도로 학습할 수 있고, 시간과 장소에 구애받지 않아 학습 유연성이 높으며 다양한 매체를 접하고, 교실에서의 상호작용을 통해 더 깊이 있는 학습이 가능하므로 참여가 중요하다고 했다. 결국 온라인 환경에서 학습자는 스스로 학습 목표를 설정하고 진도를 조절하므로 자기주도 학습이 강화된다고 한다. 이러한 하이브리드 학습은 일반적으로 고등교육 기관과 기업 교육 프로그램에서 널리 사용된다. 대학에서 강의 일부는 교실에서 직접 진행되고, 나머지 부분은 온라인 강의나 과제 제출을 통해 이루어지는 방식이 예이다. 이 방식은 특히 유연한 학습 환경을 제공해, 학생들이 개인의 학습 스타일에 맞춰 진도를 조정할 수 있게 돕는 특징이 있다.

　마지막으로 개인화 학습이 있다. 개인화 학습은 인공지능(AI)과 데이터 분석을 활용하여 각 학습자의 학습 스타일, 신호도, 학습 진도에 맞춘 맞춤형 학습 경로를 제공하는 방식이다. 벤자민 블룸은 마스터리 학습 이론을 통해 개인화 학습의 이론적 기초를 마련한 학자이다. 블룸은 학생들이 자신의 속도에 맞춰 학습할 수 있는 환경을 제공할 때, 대부분 학생이 높은 수준의 학습 성과를 이룰 수 있다고 주장했다. 그는 학습자의 능력이 선천적으로 고정된 것이 아니며, 충분한 학습 시간과 적절한 학습 방법을 제공하면 대부분 학생이 성공적인 학습을 할 수 있다고 보았다. 블룸의 이론은 현재의 개인화 학습의 기반이 되었다. 그는 학생들이 자신만의 속도와 방식으로 학습 목표를 달성할 수 있는 환경 조성을 강조했다. 이러한 개인화 학습은 인공지능(AI) 기반 학습 플랫폼에서 자주 사용된다. 예를 들어, 학습자의 수준과 학습 스타일에 맞춘 AI 학습 도구는 학습 자료를 맞춤 제공하고, 학습 진도에 맞춰 피드백을 제공한다. 이러한 시스템은 학습자의 약점을 파악하고 그에 맞춰 보충 자료를 제공함으로써 효과적인 학습을 지원하게 된다. AI를 통한 개인 맞춤형 학습 경로는 더욱 강화되고 일반화될 것이다. 학생 개개인의 필요에 맞춰 학습 콘텐츠가 자동으로 제공되고 학습자가 스스로 더 높은 수준의 몰입도와 성취도를 경험할 수 있게 할 것이다. AI 기반 개인화 학습은 특히 학습 유연성과 다양한 선택권을 제공하여 개별적인 상태의 다양한 학습자에게 적합한 교육이 가능하게 한다.

　최근 인정받고 있는 이러한 경험 기반 학습, 하이브리드 학습, 개인화 학습은 모두 경험, 기술의 통합, 그리고 개별 학습자의 능동적으로 지식을 습득하고 응용하는 요구를 중심으로 발전하고 있으며, 교육 환경의 변화에 발맞춰 지속적으로 연구되고 있다.

그렇다면 이러한 최신 학습 이론과 독서의 관계는 어떻게 될까? 결론을 먼저 말한다면 독서력을 갖춘 학생들에게는 최고의 학습 환경이 될 것이다. 세 가지 학습 방식은 기본적으로 학습자 개인의 참여와 학습 필요, 개별능력 그리고 주도성과 조절이 중요하기 때문이다. 그러나 독서력이 미비한 학생이라면 다양성과 개별적 선택은 '다기망양'의 결과로 이어질 수 있다. 학습자의 참여와 맞춤형 경험을 중시하는 이러한 학습에서 독서는 매우 중요한 역할을 한다. 독서는 지식의 깊이를 더하고, 사고력을 확장하며, 학습 효과를 극대화하는 데 기여하기 때문이다. 더 구체적으로 살펴보면 다음과 같다.

우선 독서는 경험 기반 학습(Experiential Learning)에서 매우 중요한 반성적 사고를 촉진 시킨다. 학습자는 책을 읽으며 얻은 정보를 실제 경험과 연결하고, 이를 통해 경험을 이론적 틀 안에서 해석하고 반성하는 기회를 얻게 된다. 예를 들어 경영학을 공부하는 학생이 기업에서 인턴 경험을 한 후, 경영 관련 서적을 읽으며 자기의 경험을 이론적으로 재조명할 수 있다. 이 과정을 통해 단순한 현장 경험이 이론적으로 정리되고, 이를 실제로 적용하는 능력을 키울 수 있게 되는 것이다. 독서는 경험을 해석하고 확장하는 도구로 작용한다. 경험 기반 학습에서 경험 자체는 중요하지만, 이를 깊이 있는 학습으로 확장하려면 이론적 지식과 비판적 사고가 필요하기 때문이다. 독서를 통해 학습자는 자기의 경험을 더 넓은 관점에서 이해하고, 이론과 실무를 연결하는 능력을 배양할 수 있다. 또한, 독서를 통해 다양한 사례나 배경 지식을 습득하면, 더 풍부한 경험을 만들어 낼 수 있다.

독서와 하이브리드 학습(Hybrid Learning)도 관계가 깊다. 하이브리드 학습은 전통적인 대면 학습과 온라인 학습을 결합한 방식이다. 이 학습 모델은 다양한 학습 자원을 활용하여 학습자에게 보다 유연한 학습 환경을 제공하며, 특히 자기 주도적 학습을 강조한다. 그러므로 하이브리드 학습에서 독서는 자기 주도적 학습을 강화하는 중요한 도구이다. 학습자는 온라인 수업과 대면 수업에서 제공된 지식을 기반으로 추가적인 독서를 통해 심화된 이해를 얻을 수 있다. 독서는 학습자가 수업에서 다루지 못한 내용을 스스로 확장할 수 있도록 돕고, 깊이 있는 학습을 위한 자원을 제공한다. 온라인 강의에서 특정 개념을 다룬 후, 학습자가 그 주제와 관련된 서적을 읽고 더 구체적인 사례나 이론을 학습함으로써 개념을 심화시킬 수 있다. 또한 하이브리드 학습에서 독서는 학습의 연속성을 보장한다. 온라인 학습은 제한된 시간 동안 핵심 개념만을 다룰 수 있으므로, 학습자는 독서를 통해 자율적이고 심화된 학습을 해야 한다. 독서는 대면 학습과 온라인 학습 간의 지식의 빈틈을 채우며, 다양한 자료를 접함으로써 학습자가 더 넓은 시야를 갖고 지식을 완성할 수 있게 하며 읽기 과정을 통해 지식을 정리하고 새로운 학습 동력을 갖추게 된다.

마지막으로 독서와 개인화 학습(Personalized Learning)과의 관계를 살펴보면 그 관계가 더욱 깊다. 개인화 학습은 학습자의 능력, 선호도, 관심사에 맞추어 학습 과정을 맞춤형으로 설계하는 학습 방법이기 때문이다. 개인화 학습에서 독서는 학습자의 개별적 필요를 충족하는 중요한 도구로 작용한다. 학습자가 자신의 관심사나 목표에 맞는 서적을 선택하여 읽음으로써, 학습 과정을 더욱 맞춤형으로 설계할 수 있다. 또한, 독서는 학습자의 개인적 학습 경험을 확장할 수 있는 수단으로 활용된다. 역사에 관심이 있는 학생이 자신의 학습 계획에 맞춰 특정 시대나 사건에 대한 서적을 선택하여 읽으면, 그 학생은 더욱 깊이 있는 학습을 진행할 수 있다. 독서는 학생이 자기 주도적으로 지식을 탐구하고, 특정 주제에 대한 전문성을 키우는 데 도움이 된다. 독서는 개인화 학습에서 학습자의 학습 속도와 선호도에 맞는 맞춤형 자료를 제공하는 중요한 자원이다. 특히 독서는 특정 교과서나 강의에서 다루지 않는 주제에 대해 더 많은 정보를 제공하며, 학습자가 특정 분야에서 더 깊은 지식을 습득할 수 있도록 돕는다. 또한, 독서는 다양한 형태의 지식을 학습자가 스스로 선택하고 집중할 수 있는 기회를 제공한다.

결국 학습 환경이 변할수록 독서가 학습 성과를 내기 위해 필수임을 알 수 있다. AI로 대표되는 미래 학습 환경에서 우리 아이들이 기술에 지배받지 않고 기술을 이용하며 성공적인 학습과 삶을 설계하기 위해서는 어린 시절부터 독서를 습관화하고 스스로 깊이 읽는 훈련을 지속해가는 목적의식을 길러야 함을 알 수 있다. 책은 세상이 어떻게 모양을 달리해도 그 본질을 읽어내게 하는 창이기 때문이다.

3.

뇌 지도에 따라
독서력을 향상시켜라

"독서는 뇌의 신경 가소성을 극대화하는 가장 효과적인 방법이다."

메리언 울프

독서는 뇌의 구조를 변화시켜 적응력을 높이고

새로운 정보와 변화에 대처하게 한다.

학부모 상담 중 가장 많이 듣는 호소 중 하나가 같은 배에서 태어났지만 아이들이 참 다르다는 말이다. 같은 부모의 유전자를 통해 만들어진 형제자매라도 각 개체는 독특한 뇌 유형과 성격 패턴을 갖고 태어나기 때문이며 같은 부모 밑에서 태어났어도 시기와 상황이 다른 맥락 속에서 성장해 각각의 뇌와 기질은 다르게 발현되기 때문이다. 이처럼 모든 인간은 각기 다른 뇌를 갖고 태어나 각자 다른 맥락 속에서 성장한다.

인간의 뇌를 나누는 기준과 방법에는 좌뇌-우뇌 이론, 뇌파 활동, 성격적 특성, 기능적 네트워크 등 다양한 방식이 있다. 이처럼 과학적인 방법으로 인간의 뇌를 분류하는 주요 기준에는 인지적 특성, 뇌파 활동, 구조적 차이, 신경 전달 물질, 기능적 네트워크 등이 있다. 이러한 분류는 주로 뇌의 활동 패턴, 뇌의 구조적 차이, 행동적 특성에 따라 나뉘며, 이를 통해 인간의 인지적 차이와 신경학적 특성을 이해하려 노력한다. 학생들의 성격 유형과 뇌 특성을 이해하면, 그에 맞는 학습 전략을 개발할 수 있다. 예를 들어, 내향적인 학생들에게는 개별 학습이, 외향적인 학생들에게는 그룹 학습이 더 적합할 수 있다. 성격적 특성과 관련된 뇌의 기능적 차이를 이해함으로써, 각 개인에게 맞는 심리 치료 방법을 적용할 수도 있다. 신경증적 성향이 높은 사람들에게는 감정 조절 기술을, 충동성이 높은 사람들에게는 행동 수정 기법을 사용하는 등 맞춤형 접근이 가능하다. 또한 뇌유형과 특성을 이해하면 유형에 따른 독서 행동과 태도 차이를 알고 보다효과적인 독서 활동을 설계하고 진행할 수 있다. 유형별 특성과 독서 방법을 살펴보면 다음과 같다.

1) 좌뇌-우뇌 이론(Lateralization of Brain Function)

가장 잘 알려진 뇌 유형 분류 방식 중 하나로 이는 뇌의 좌반구와 우반구가 서로 다른 기능을 담당한다는 가설에 기반한 것이다. 좌뇌(Left Brain)는 논리적 사고, 분석적 능력, 언어 처리 등의 기능을 주로 담당하는 것으로 알려졌으며 우뇌(Right Brain)는 창의력, 직관, 공간적 인식,

예술적 감각 등이 더 발달해 있다고 설명한다.

실제로 좌뇌와 우뇌는 뇌량(Corpus Callosum)이라는 신경 섬유 다발을 통해 긴밀히 연결되어 서로 협력한다. 일상적인 활동에서 두 반구는 분리되어 작동하지 않고, 서로 다른 역할을 맡아 상호 보완적으로 기능한다. 예를 들어, 좌뇌가 언어를 처리하는 동안 우뇌는 감정적 뉘앙스나 목소리의 톤과 같은 비언어적 요소를 처리한다. 이런 방식으로 두 반구는 협력하여 복잡한 인지 작업을 수행한다.

좌뇌-우뇌 이론에 따른 독서 유형과 각각의 강점과 약점을 바탕으로 한 독서력 향상법을 살펴보며 다음과 같다.

① 논리적이고 분석적인 좌뇌

좌뇌형은 논리적이고 분석적인 사고를 통해 텍스트를 읽고, 구조화된 방식으로 정보를 이해하고 기억한다. 논리적 분석과 세부 사항에 강점을 보이며, 비판적 사고와 텍스트의 논리적 구조를 파악하는 데 탁월하다. 논리적이고 구조적인 텍스트를 잘 처리한다. 비문학적 독해(사실적 독해, 추론적 독해)를 잘하는 경향이 있으며, 분석적 사고를 요하는 글을 선호한다. 좌뇌형 사람은 텍스트의 논리적 구조를 잘 파악하고, 세부 사항을 주의 깊게 읽으며, 분석적 사고를 통해 텍스트를 이해하는 데 뛰어난 강점을 갖고 있다. 그러나 창의적이거나 추상적인 내용을 이해하는 데 어려움을 겪을 수 있으며, 감정적이거나 직관적인 해석이 필요한 텍스트에 약할 수 있다. 우뇌형 사고에서 중요한 상상력과 감정적 공감 능력이 부족하며 큰 그림 이해의 어려움이 있다. 즉, 세부 사항에 집중하다 보면 텍스트의 전체적인 맥락이나 큰 그림을 파악하는 데 어려움을 겪을 수 있다.

좌뇌 형의 약점 보완을 위해 문학 작품이나 시각적 이미지와 감정 표현이 풍부한 책을 일부러 많이 읽으며 상상력과 감정적 공감 능력을 기를 수 있다. 구체적인 방법으로 먼저 창의적 독해 기술 훈련하기다. 소설이나 시와 같은 문학 작품을 읽으며 상상력을 자극하고, 감정적으로 반응하는 연습을 하는 것이다. 예를 들어, 등장인물의 심리 상태를 상상하거나 이야기의 다른 결말을 상상해 보는 창의적 독해 활동이 도움이 될 수 있다. 전체적 맥락 이해 훈련도 있다. 책의 전체적인 주제를 파악하고, 큰 그림을 이해하는 연습을 하는 것이다. 마인드맵과 같은 도구를 사용해 내용을 시각적으로 정리하면서 전체적인 구성을 파악하는 것이 효과적일 수 있다. 감상적 독해 연습도 좋다. 좌뇌형은 감성적 반응보다는 논리적 분석에 집중하는 경향이 있다. 따라서 텍스트의 감정적 요소에 주목하고, 작품이 전달하는 감정적 메시지를 탐구하는 연습이 필요하다. 또한 좌뇌형의 강점을 강화하는 훈련도 좋다. 논리적이고 정보 중심의 독서 활동을 통해 분석적 사고 능력을 더욱 발전시키는 것이다. 예를 들어, 논문이나 과학적 글을 읽으며 핵심 논리와 주장을 분석하는 연습을 하면 좋다. 좌뇌형의 독서력을 향상시키기 위해서는 비판적 사고와 문장 구조 분석 능력을 더욱 발전시킬 수 있는 자료가 좋다. 논리적으로 복잡한 글을 읽거나, 독서 후 요약 및 분석하는 연습이 강점을 강화해 독서력을 강화할 수 있다.

② 창의적이고 직관적인 우뇌

우뇌형은 창의적이고 직관적인 사고를 통해 텍스트를 읽고, 시각적 이미지와 감정적 연결을 통해 정보를 이해하고 해석한다. 이 유형은 시각적 이미지와 감성적 공감에 강점을 보이며, 창의적 사고를 통해 텍스트의 감정적 깊이와 상징적 의미를 잘 파악한다. 텍스트를 읽으며 생생한 이미지와 장면을 상상하는 능력이 뛰어나며, 특히 문학 작품에서 이야기와 인물에 몰입할 수 있다. 텍스트의 감정적 요소를 잘 이해하고, 등장인물의 심리적 상태와 감정을 깊이 있게 파악한다. 상징이나 비유를 창의적으로 해석하며, 이야기 속 숨겨진 의미를 발견하는 데 능하다. 문학적 텍스트나 감정적이고 직관적인 글에 강하며 시나 소설 같은 예술적인 글을 읽을 때 창의적 사고를 발휘해 감상적 독해나 창의적 독해에 뛰어난 능력을 보인다.

그러나 감성적 요소에 집중하다 보니, 텍스트의 논리적 구조나 구체적인 정보를 분석하는 능력이 부족할 수 있다. 전체적인 맥락을 잘 파악하더라도, 세부 정보나 중요한 데이터를 놓치는 경우도 있다. 세부적인 논리적 분석을 요구하는 텍스트에서 집중력이 떨어지거나, 텍스트의 구조적 흐름을 파악하는 데 어려움을 겪는 약점도 지니고 있다.

독서력 향상을 위해 약점을 보완하는 방법으로 논리적 글쓰기나 요약 훈련을 통해 논리적 흐름을 강화하고, 세부적인 내용을 주의 깊게 살피는 연습을 하면 좋다. 논리적인 텍스트(예: 과학적 논문, 비문학적 설명문)를 읽으며, 텍스트의 주장을 논리적으로 분석하는 훈련을 한다. 이를 통해 세부 정보를 구조적으로 파악하고, 정보의 흐름을 이해하는 능력을 기를 수 있다. 텍스트의 주장을 분석하고, 근거와 결론을 비판적으로 검토하는 연습도 한다. 논리적인 텍스트를 읽을 때 텍스트 내 논리적 오류나 비일관성을 찾아내는 데 집중하는 것도 있다.

그리고 우뇌형 독자는 텍스트의 상징적 의미나 감성적 요소에 집중하다 보면, 중요한 정보를 요약하고 정리하는 데 약점을 가질 수 있다. 따라서 텍스트의 핵심 내용을 요약하고, 중요 개념을 논리적으로 구조화하는 연습을 통해 이러한 약점을 보완할 수 있다. 역시 우뇌형의 강점을 강화하는 것도 중요하다. 문학 작품을 읽으며 감정적이고 상징적인 해석 능력을 더욱 개발하고, 직관적 통찰력을 바탕으로 다양한 텍스트를 접해보는 것도 좋다. 우뇌형 독서력 향상을 위해서는 문학적 상상력과 감정적 연결을 강화하는 것이 필요하다. 이야기 속 등장인물의 감정을 깊이 탐구하거나, 창의적인 글쓰기 연습을 통해 독서 후 자기의 생각을 확장해 나갈 수 있다.

③ 좌뇌와 우뇌의 상호 보완

좌뇌형과 우뇌형은 각각의 강점을 살리면서도 상호 보완적으로 약점을 극복할 수 있는 전략을 통해 독서력을 향상할 수 있다. 통합적 독서력 향상을 위해 마인드맵 활용하기가 있다. 마인드맵은 좌뇌형 독서자에게는 전체적인 맥락을 파악하게 하고, 우뇌형 독서자에게는 시각적 구조를 통해 세부 정보를 체계적으로 정리하는 데 도움을 줄 수 있다. 중심 주제를 중심으로 다양한 관련 개념을 방사형으로 확장하는 마인드맵은 좌우뇌 모두 유익하다. 브레인스토밍과 비판적 토론도 있다. 독서 후 브레인스토밍을 통해 다양한 아이디어를 창출하고, 비판적 토론을 통해 아이디어를 논리적으로 검토하는 연습을 하는 것이다. 이는 우뇌형의 경우 창의적 사고를 발휘할 기회를 주고, 좌뇌형은 논리적 분석을 강화하는 기회를 제공한다. 마지막으로 다양한 장르의 독서이다. 좌뇌형은 문학, 시, 철학과 같은 감성적이고 상징적인 장르를 읽으며 상상력과 감성적 이해를 확장할 수 있다. 우뇌형은 과학, 논문, 기술서와 같은 논리적인 장르를 읽으며 논리적 분석 능력을 기를 수 있다.

독자는 자신의 약점을 보완하고 강점을 강화하는 독서 전략을 통해 균형 잡힌 독서력을 기를 수 있으며, 이를 통해 더욱 깊이 있는 독서 경험을 할 수 있다.

2) 뇌파 유형(Electroencephalography, EEG)

뇌파(EEG)는 뇌의 전기적 활동을 기반으로 뇌의 상태를 분류하는 방법이다. 뇌파는 주파수(Hz)와 진폭에 따라 여러 종류로 나뉘며, 각각의 뇌파는 특정한 인지 상태, 감정 상태 또는 신경 활동과 연결되어 있다. 이 뇌파 분류는 인간의 정신적, 인지적 활동을 이해하는 데 중요한 역할을 하며, 특히 주의력, 집중력, 이완 상태, 수면 등과 같은 다양한 상태를 설명하는 데 유용하다. 뇌파 유형은 주로 뇌의 활동 상태(수면, 각성, 긴장 등)를 설명하는 데 사용된다.

최신 연구에서 EEG(뇌파 측정기술)를 활용하여 뇌파의 상태에 따라 사람들의 집중력, 창의력, 학습 능력이 어떻게 달라지는지를 실시간으로 관찰하고 분석하고 조절하는 방식을 분석하고 있다. 명상과 같은 마음 챙김 훈련이 알파파와 세타파를 증가시켜 스트레스 완화와 감정 조절에 긍정적인 영향을 미친다는 연구가 많으며 감마파 활성화를 통해 학습자의 기억력과 집중력을 향상시키는 방법을 연구하는 논문들도 등장하고 있다. 연구에 따르면 감마파가 활성화된 상태에서 정보처리 능력이 더 빨라진다는 결과도 있다. 뇌파 유형을 활용해 학습에서 집중력을 향상하는 연구도 있다. 베타파와 감마파는 학습과 집중 상태에서 중요한 역할을 하므로, 뇌파 훈련을 통해 학습자의 집중력을 높일 수 있다. 이를 위해 명상, 뇌파 제어 기술, 집중 훈련 등이 사용될 수 있다. 세타파는 창의적 사고와 관련이 있으며, 학습자가 창의적으로 사고할 수 있도록 유도하는 학습 환경을 조성할 때 세타파 활성화를 촉진하는 방법(예: 명상, 음악 감상)을 적용할 수 있다.

뇌파 유형에 따른 특성을 독서력 향상과 연결해 살펴보면 다음과 같다.

① **알파파(α):** 이완 상태와 편안한 집중력을 나타내며, 창의적이고 직관적인 사고에 유리하다. 독서할 때 알파파 상태에 있는 사람은 창의적이고 깊이 있는 사고를 할 수 있다. 그러나 너무 편안해지면 집중력이 떨어질 수 있고, 논리적 분석이나 세부적인 문제 해결 능력이 약할 수 있어 주의해야 한다. 약점 보완을 위해 더 복잡한 텍스트를 읽을 때는 메모를 하거나, 요약하는 과정을 통해 집중력을 유지하고 논리적 사고를 강화할 수 있다. 알파파 상태는 집중력이 다소 부족할 수 있으므로, 복잡한 논리적 독해나 비판적 독해가 어려울 수 있다. 이 경우, 짧은 휴식을 통해 베타파로

전환하여 집중력을 높이는 훈련이 필요하다.

강점 강화를 위해서는 창의적 독해를 통해 독서 내용을 직관적으로 연결하고, 심화된 상상력으로 다양한 해석을 도출할 수 있다. 명상이나 깊은 호흡을 통해 알파파 상태를 유도함으로써 긴장된 상태에서 이완된 상태로 전환하는 방법을 배우면, 감상적 독서나 창의적 독서를 더 깊이 있게 즐길 수 있다.

② 베타파(β): 논리적이고 집중력 있는 상태를 나타내므로 분석적 사고와 논리적 추론이 요구되는 독서에 적합하며, 세부 사항을 잘 이해하고 구조적으로 파악하는 데 강하다. 그러나 지나치게 논리적이거나 분석적인 접근이 주가 되어 창의적이거나 감정적인 측면을 간과할 수 있다. 독서력 향상 방법으로 문학적이고 감성적인 텍스트를 통해 감정적 해석과 상상력을 키우는 연습이 필요하다. 베타파 상태는 긴장 상태와 연결되기 때문에, 창의적 독해나 감상적 독해에서 부족함을 느낄 수 있다. 이 경우, 알파파로 전환하는 휴식(짧은 산책이나 명상)을 통해 창의적이고 감성적인 측면을 강화할 수 있다. 강점 강화를 위해서는 분석적 텍스트(논문, 과학 기사)를 읽으며 세부 사항을 정교하게 분석하는 훈련을 하면 좋다. 타이머를 설정한 집중 독서 세션을 통해 베타파 상태에서 집중력을 극대화하는 방법을 사용할 수 있다. 짧은 휴식 후 다시 집중하는 방식을 사용하면 더 오랫동안 논리적 독해에 집중할 수 있다.

③ 세타파(θ): 깊은 이완 상태와 상상력, 창의적인 사고와 관련이 있다. 세타파는 일반적으로 명상이나 깊은 휴식 중에 발생하며, 상상력과 직관적

사고를 활성화해 특히 창의적 독해와 감상적 독해에 강점을 보인다. 상징적 의미를 분석하거나 문학 작품을 감상할 때 유리하다. 그러나 세타파 상태는 지나치게 이완된 상태일 수 있어, 분석적 사고나 논리적 독해에 부족함을 느낄 수 있다. 이 경우, 베타파 상태로 전환하기 위해 잠깐의 운동이나 집중하는 활동(퀴즈 풀기)을 통해 논리적 사고를 활성화할 수 있다. 강점 강화를 위해 창의적 독서를 할 때 이미지화 훈련을 통해 상상력을 더욱 자극할 수 있다. 문학 작품을 읽을 때 등장인물이나 배경을 시각화하고, 이를 다른 맥락으로 확장하는 연습을 하면 창의적 독해 능력이 강화된다.

④ **델타파(δ):** 깊은 수면 상태에서 주로 발생하며, 회복과 재생과 관련이 있다. 델타파는 깨어 있는 동안보다는 수면 중에 활성화되지만, 이완 상태에서 무의식적으로 정보처리를 도울 수 있다. 델타파가 독서에서 직접적으로 활성화되지는 않지만, 휴식과 수면 중에 뇌가 정보를 처리하고 정리하는 데 기여한다. 수면 중 뇌는 낮 동안 읽은 정보를 처리하고 장기 기억으로 전환 된다. 델타파는 깨어 있는 동안에 직접적인 독서 능력에 영향을 미치지 않지만, 깊은 수면과 휴식을 통해 독서 후의 정보를 정리하고 기억하는 데 중요한 역할을 하므로 충분한 수면을 취하고, 읽은 내용을 회상하는 시간을 가지면 델타파가 정보를 체계화하는 데 기여할 수 있다. 수면 전 리뷰나 요약을 통해 하루 동안 읽은 내용을 정리하면, 수면 중 뇌가 정보를 더 잘 정리하고 기억할 수 있도록 돕는다는 것을 알아야 한다.

⑤ **감마파(γ):** 고차원적 사고와 인지 활동을 활성화하는 뇌파이다. 감마파는 집중력이 높을 때나 복잡한 문제를 해결할 때 주로 발생하며, 종합적

사고를 도울 수 있다. 감마파 활성화 상태에서는 빠른 정보처리와 복잡한 문제 해결이 가능하므로, 복합적인 개념을 다루는 철학적 독서나 추론적 독해에 강점을 보인다. 감마파는 고도의 집중력을 요구하지만, 지속성이 약할 수 있으므로 중간 중간 짧은 휴식을 통해 뇌를 재충전하는 것이 필요하다. 감마파 상태에서는 복잡한 책을 읽으며 깊이 있는 통찰을 얻을 수 있다. 심화된 주제를 다룬 독서를 할 때 감마파를 유지하기 위해, 어려운 개념을 차근차근 정리하면서 독서를 진행하는 것이 도움이 된다.

각 뇌파의 강점과 약점을 이해하고, 이를 통해 적절한 독서 전략을 적용하면, 독서 능력을 극대화하고 각 독해 상황에 맞는 적절한 독서 방식을 선택할 수 있다.

3) 성격 및 행동 특성 기반 분류

성격 및 행동 특성 기반 뇌 분류는 뇌의 구조적, 기능적 차이가 사람의 성격과 행동 특성에 어떻게 영향을 미치는지를 설명하는 접근 방식이다. 이 분류는 뇌의 특정 영역과 네트워크가 성격적 특성(예: 내향성, 외향성) 및 행동적 성향(예: 감정적 반응, 의사 결정 방식 등)에 따라 다르게 활성화되는 방식에 근거한다. 뇌의 구조적 차이와 기능적 네트워크의 활성화 차이가 사람의 성격적 특성과 행동적 반응을 설명하는 데 중요한 역할을 한다.

① **내향성(Introversion)과 외향성(Extraversion):** 먼저 인간 성격의 주요 차원이다. 내향적인 사람들은 자극에 대해 더 민감하게 반응하고, 전두엽과 측두엽의 특정 영역이 더 많이 활성화되는 경향이 있다. 이들은 외부 자극에 대해 더 신중하고, 깊은 사고와 계획적인 행동을 선호한다. 내향적인 사람들은 주로 자기반성이나 내적 사고를 통해 자신을 조절하고, 외부 자극이 적을 때 더 잘 집중한다. 반면 외향적인 사람들은 보상 관련 신경회로, 특히 측좌핵과 같은 도파민 관련 뇌 부위의 활성이 더 강하게 나타난다. 이는 외향적인 사람들이 사회적 상호작용이나 활동적 자극에 대해 더 긍정적인 반응을 보이며, 더 많은 사회적 자극을 추구하는 이유를 설명할 수 있다. 외향적인 사람들은 주로 즉각적인 보상을 찾고, 새로운 자극에 대한 관심이 높다.

② **신경증적 성향이 높은 사람(Neuroticism):** 이들은 감정적 자극에 강하게 반응하며, 편도체와 전두엽의 특정 부위에서 과도한 반응을 보이는 경향이 있다. 특히 편도체는 두려움과 같은 부정적 감정을 처리하는 뇌의 중요한 영역으로, 신경증적 성향이 높은 사람들은 부정적인 사건에 대해 강한 스트레스 반응을 나타낸다. 이러한 성향은 기억과 감정을 통합하는 뇌 영역인 해마와의 상호작용에서도 나타난다. 신경증적 성향이 높은 사람들은 부정적 사건이나 기억을 반복적으로 떠올리며, 감정적 불안을 유지하는 경향이 있다.

③ **개방성(Openness to Experience):** 새로운 경험과 아이디어에 대한 수용성을 나타내며, 창의적 사고와 관련된 성격 특성이다. 개방성이 높은

사람들은 좌뇌와 우뇌 간의 신경 연결성이 더 활발하게 이루어지며, 창의적 사고를 촉진하는 뇌 영역에서 더 큰 활성화가 나타난다. 특히 전두엽과 측두엽이 개방성 높은 사람들에서 중요한 역할을 한다. 이들은 복잡한 문제를 해결하거나, 기존 틀을 벗어난 사고를 할 때 더 큰 성취감을 느낀다. 개방성 높은 사람들은 예술, 음악, 철학적 사유 등 다양한 분야에 관심을 가지며, 상상력과 추상적 사고를 더 잘 활용하는 경향이 있다.

④ **친화성(Agreeableness):** 다른 사람들과의 관계에서 공감하고 협력하려는 성향을 나타내며, 사회적 상호작용에서 나타나는 행동적 특성이다. 친화성이 높은 사람들은 거울 신경 세포를 포함한 사회적 뇌 네트워크가 활성화되어, 다른 사람의 감정과 행동을 더 쉽게 이해하고 공감할 수 있다. 측두엽과 두정엽의 특정 부위가 이러한 공감 능력에 관여한다. 사회적 신호에 더 민감하며, 갈등을 피하고 타인의 의견을 존중하는 경향이 강하다. 사회적 신경망(Social Network)이 강하게 활성화되어, 협력적이고 원만한 인간관계를 형성하는 데 중요한 역할을 한다.

⑤ **자기 통제(Self-Control) 및 충동성(Impulsivity):** 전두엽의 활동과 밀접한 관계가 있으며, 충동적인 행동을 억제하는 능력을 나타낸다. 자기 통제력이 높은 사람들은 전두엽이 강하게 활성화되어 감정을 조절하고, 행동을 계획하며, 충동적인 결정을 피할 수 있다. 이들은 장기적인 목표를 설정하고 이를 달성하는 데 필요한 자제력을 발휘한다. 반면, 충동성이 높은 사람들은 보상 시스템이 강하게 활성화되어 즉각적인 보상을 추구하는 경향이 있다. 이들은 뇌의 측좌핵과 전두엽 사이의 조절 능력이 약해 충

동적인 결정을 쉽게 내릴 수 있다. 성격 및 행동 특성 기반 뇌 분류는 뇌의 구조적, 기능적 차이가 성격과 행동에 어떻게 영향을 미치는지를 설명하는 신경과학적 접근이다.

성격 및 행동 특성 유형에 따라 독서력 향상을 위한 방법은 다음과 같다.

① **외향형:** 사회적 맥락에서 지식을 공유하거나, 대화를 통해 새로운 통찰을 얻는 데 뛰어나다. 책을 읽은 후 이를 토론하거나 다른 사람들과 공유하는 데 익숙하다. 그러나 혼자 깊이 있는 독서를 하는 것이 어렵거나, 집중력이 부족할 수 있다. 그러므로 독서 후 일기나 독후감을 작성하는 습관을 들이면, 혼자서도 텍스트에 대한 깊은 이해를 도모할 수 있다. 강점 강화를 위해 독서 클럽이나 그룹 토론을 통해 다른 사람들과의 상호작용을 통해 지식을 확장할 수 있다.

② **내향형:** 사람은 혼자 깊이 있는 독서를 즐기며, 복잡한 텍스트도 오래 집중하여 읽을 수 있다. 단, 사회적 상호작용이나 외부 의견과의 통합이 부족할 수 있다. 그러므로 독서 클럽에 참여하거나, 책을 읽은 후 다른 사람들과 토론하는 기회를 가져 새로운 시각을 접할 수 있어야 한다. 강점을 활용해 심화 된 독서를 통해 자기반성과 깊이 있는 사고를 더욱 발전시킬 수 있다.

③ **신경증적 성향이 높은 사람:** 정서적 안정감을 느낄 수 있는 독서 환경에서 심리학 서적이나 긍정적인 자기계발서를 선택하면 좋다. 또한, 짧은

분량의 책으로 성취감을 느낄 수 있도록 작은 목표를 설정하며, 힐링이나 감정을 다스리는 내용을 담은 소설이 좋다. 반면 신경증적 성향이 낮은 사람은 감정적으로 안정적이고 스트레스를 잘 받지 않는 경향이 있지만, 독서에 대한 강한 동기나 긴급성을 느끼지 못할 수 있다. 이들에게는 흥미로운 주제를 중심으로, 목표 지향적인 독서 계획을 설정하여 스스로 성취감을 느끼게 하는 방법이 효과적이다. 독서 일지를 작성하거나, 책의 주요 메시지를 정리하고 실생활에 적용하는 활동을 통해 독서의 중요성을 인식하도록 한다.

④ **개방성:** 개방성이 높은 사람은 폭넓은 장르의 책을 탐색하고 새로운 관점을 제공하는 도전적인 내용을 선택하는 것이 좋다. 창의적 사고를 자극하는 문학, 철학, 과학 도서나 판타지, 공상 과학 소설을 통해 상상력을 발휘할 수 있다. 또한, 독서를 글쓰기나 독서 클럽 활동과 연계하여 학습과 창의적 활동을 병행할 수 있다. 그러나 개방성이 낮은 사람은 새로운 아이디어나 다양한 관점에 대한 관심이 부족할 수 있다. 이들을 위해, 일상생활과 직접적으로 관련된 실용적인 책을 선택해 독서의 필요성을 느끼게 하고, 점진적으로 흥미와 호기심을 유발하는 주제를 포함한 책으로 확장해 나가는 것이 좋다.

⑤ **친화성:** 친화성이 높은 사람은 가족, 친구, 사랑, 인간관계를 다룬 소설과 에세이가 적합하며, 감정을 깊이 이해하고 공감을 키울 수 있는 책이 도움이 된다. 독서 모임이나 북클럽에 참여하여 타인과 독서를 공유하고 대화하는 과정도 긍정적인 효과를 준다. 긍정적인 메시지를 담은 책을 통

해 정서적 안정감과 희망을 얻을 수 있다. 반면 친화성이 낮은 사람은 타인과의 상호작용이나 협력 활동을 선호하지 않을 수 있다. 이들에게는 독서를 개인적인 성장의 도구로 소개하며, 자신의 의견을 글이나 리뷰로 표현하는 활동을 통해 독서의 가치를 발견하게 하고 독서를 통해 얻은 지식을 활용하여 독립적으로 문제를 해결하거나 자기 계발을 이룰 수 있다는 점을 강조하는 것이 효과적이다.

⑥ **자기 통제 및 충동성:** 자기 통제가 강한 사람은 구체적인 독서 목표를 설정하고, 학습 중심의 책이나 전문성을 높일 수 있는 논픽션, 자기계발서를 읽는 것이 좋다. 독서 플래너나 앱을 활용해 계획적으로 독서를 관리하면 효과적이다. 반면, 충동성이 높은 사람은 짧고 흥미로운 내용의 단편 소설이나 에세이를 통해 즉각적인 보상을 경험하도록 하고, 전자책이나 오디오북 등 접근성이 높은 형태를 활용해 독서에 쉽게 몰입하도록 유도할 수 있다. 반대로 자기 통제와 충동성이 낮은 사람은 집중력이 부족하거나 독서 활동을 꾸준히 지속하는 데 어려움을 겪을 수 있다. 이들에게는 짧고 흥미로운 내용의 책이나 챕터 단위로 읽을 수 있는 구조의 책을 추천하여 부담을 줄이고, 일정한 시간을 정해 규칙적으로 독서하는 습관을 들이도록 돕는 것이 중요하다. 또한, 독서를 완료할 때마다 작은 보상을 설정하거나, 독서와 관련된 목표를 명확히 하여 성취감을 느끼게 하는 방법도 효과가 있다.

4) 뇌의 네트워크 기반 분류

뇌의 특정 영역들이 서로 협력하여 작동하는 방식에 따라 뇌를 분류하는 방법이다. 현대 신경과학은 뇌의 개별 영역보다 네트워크 간의 상호작용에 집중하고 있으며, 이를 통해 인간의 인지적, 정서적, 행동적 특성을 이해하려는 시도가 많아지고 있다. 이 접근법에서는 뇌의 다양한 네트워크가 특정 작업을 수행하는 동안 어떻게 활성화되는지에 따라 뇌를 분류한다. 이러한 네트워크들은 기능적 연결성을 기반으로 하며, 각 네트워크는 특정한 인지적 및 정서적 기능을 수행한다. 뇌는 여러 기능적 네트워크로 구성되어 있으며, 특정 네트워크가 더 활성화되는 방식에 따라 뇌 유형을 나눌 수 있다.

① **기본 모드 네트워크(Default Mode Network, DMN):** 주로 뇌가 외부 자극을 처리하지 않을 때 활성화되는 네트워크로 휴식 상태에서 활성화되며, 자기반성적 사고, 자아 인식, 과거의 기억을 되짚어 보는 과정, 미래 계획 등을 담당한다. 내측 전두엽, 후방 대상피질, 측두엽 등과 같은 영역들이 포함된다. 자기 성찰, 내적 사고, 자아 인식, 창의적 사고와 같은 활동을 담당하며 외부 과제와 무관한 내적 사고에 집중할 때 활성화되며, 특히 자유로운 생각을 할 때(예: 공상, 자아 성찰) 많이 활동한다. 이 네트워크가 과도하게 활성화되거나 적절하게 억제되지 않으면, 우울증, 자폐 스펙트럼 장애와 같은 정서적, 심리적 장애와 관련될 수 있다.

② **집행 기능 네트워크(Executive Control Network, ECN):** 주로 논리적 문제 해결, 의사결정, 집중력과 같은 고차원적인 인지 기능을 담당하는 네트워크이다. 집중하고, 목표를 설정하며, 의사결정을 내리는 데 관여한다. 전두엽과 측두엽의 상호작용이 중요한 역할을 하며, 특히 전두엽의 역할이 크다. 문제 해결, 계획 수립, 논리적 사고, 주의 집중 같은 복잡한 인지 작업에 중요한 역할을 하며 특히 집중적인 작업이나 목표 지향적 활동을 할 때 활성화된다. 이 네트워크가 제대로 기능하지 않으면, 주의력 결핍 장애(ADHD), 집행 기능 장애, 우울증과 같은 문제가 발생할 수 있고 집중력 문제와 관련된 다양한 학습 장애와도 연관이 된다.

③ **살리언스 네트워크(Salience Network):** 환경에서 중요한 자극이나 사건을 감지하고 처리하는 데 관여하는 네트워크이다. 정서적 반응과 관련된 정보나 외부 자극에서 중요한 요소를 추려내는 역할을 한다. 전방대상피질과 섬 피질에 위치하며, 감각 정보와 정서적 자극에 대한 평가를 주로 담당한다. 주로 정서적 정보와 감각적 자극을 처리하며, 이를 통해 뇌가 중요한 외부 자극에 더 민감하게 반응할 수 있도록 한다. 즉, 환경에서 중요한 자극을 감지하고 이에 대한 적절한 반응을 유도하는 것이다. 살리언스 네트워크의 이상은 불안 장애, 공황 장애, 강박 장애와 같은 정서적 장애와 관련이 있다. 또한, 감정조절과 관련 된 문제가 발생할 수 있다.

④ **주의 네트워크(Attention Network):** 특정 자극에 집중하는 동안 주의력을 유지하고, 변화하는 환경에 따라 주의를 전환하는 역할을 하는 네트워크이다. 주로 두 가지 하위 네트워크로 나뉘는데 등쪽주의 네트워

크(Dorsal Attention Network, DAN)와 배쪽주의 네트워크(Ventral Attention Network, VAN)이다.

등쪽주의 네트워크는 두뇌의 후두엽과 두정엽을 포함한 영역에 위치하며, 시각적 주의와 같은 의도적이고 목표 지향적인 주의 조절에 관여한다. 배쪽주의 네트워크는 두정엽과 측두엽에 걸쳐 있으며, 예상치 못한 자극이나 중요한 환경적 변화에 자동으로 주의를 돌리는 데 중요한 역할을 한다. 두 네트워크는 전두엽, 두정엽, 측두엽이 주로 포함되며 집중력 유지, 주의 전환, 외부 자극에 대한 민감한 반응을 담당한다. 이 네트워크의 이상은 주의력 결핍 과잉 행동 장애(ADHD) 및 집중력 문제와 밀접한 관련이 있다.

현대 뇌과학은 뇌의 개별 영역만을 분석하는 것이 아니라, 여러 영역이 어떻게 협력하여 특정 기능을 수행하는지를 연구한다. 네트워크 기반 분류는 뇌의 복잡한 작업을 설명하는 데 더 적합한 방식으로 인간의 뇌는 개별적으로 기능하는 것이 아니라, 여러 네트워크가 상호작용하여 복잡한 인지 작업과 정서적 반응을 수행하고 있음을 보여준다. 네트워크 기반 분류는 각 개인의 뇌 네트워크 활성 패턴에 따라 맞춤형 학습 방법이나 치료 계획을 세우는 데 유용하다. 예를 들어, 특정 네트워크가 부족한 사람에게 그 네트워크를 강화할 수 있는 훈련을 제공하거나, 특정 네트워크가 과도하게 활성화되는 사람에게 이를 억제하는 치료를 제안할 수 있다. 특히 학습 중 뇌 네트워크가 어떻게 변화하는가에 대한 연구도 주목받고 있다. 학습을 통해 특정 네트워크가 강화되고, 다른 네트워크와의 상호작용이 더 원활해지는 과정을 연구하여 교육 및 훈련에 적용할 수 있다.

네트워크 기반 분류를 독서력에 적용하면 다음과 같다.

① **디폴트 모드 네트워크(DMN)형:** 이 유형은 내적 성찰과 상상력을 촉진하는 네트워크인 만큼, 창의적이고 상징적 사고를 요구하는 독서에 적합하다. 그러나 논리적 분석이나 외부 정보와의 상호작용이 부족할 수 있어 논리적 구조를 요구하는 텍스트를 읽으며 논리적 사고와 분석 능력을 강화해야 한다. 상상력이 요구되는 창의적 독서나 철학적 독서를 통해 내적 성찰을 더욱 강화할 수 있어 강점이 강화된다.

② **집행 기능 네트워크(EFN)형:** 목표 지향적이고 논리적 사고를 촉진하는 네트워크로, 논리적이고 체계적인 독서에 강하다. 그러나 감성적이거나 상징적인 해석이 부족할 수 있다. 그러므로 문학적 텍스트나 감정적 공감이 필요한 서적을 읽으며 감정적 이해를 넓혀야 한다. 강점을 더욱 강화하기 위해 목표 설정 후 독서를 통해 성취감과 논리적 사고를 증대시킬 수 있다.

③ **주의 네트워크(Attention Network)형:** 주의 집중을 유지하는 데 탁월하며, 세부 사항에 대한 깊이 있는 분석과 논리적 사고에 유리하다. 이는 복잡한 정보처리나 논문 읽기, 학술적 텍스트를 읽는 데 매우 적합하다. 그러나 창의적이거나 감정적인 텍스트에 대해서는 지나치게 분석적 접근

을 할 수 있어, 문학적 감성이나 직관적인 이해가 부족할 수 있다. 약점 보완을 위해 감성적 요소나 창의적 사고를 요구하는 문학 작품이나 시를 읽으면서, 단순한 분석적 접근이 아닌 감정적 이해와 상상력을 발휘하는 연습을 해야 한다.

또한, 이러한 텍스트를 읽을 때는 분석보다는 공감을 중심으로 읽는 방법을 시도해 볼 수 있다. 강점 강화를 위해서는 논리적이고 분석적 텍스트에서 세부적인 정보와 논리를 파악하는 능력을 더욱 발전시키는 방향으로 독서 습관을 강화해야 한다. 예를 들어, 과학적 논문을 읽고 그 구조를 분석하는 방식으로 독서력을 발전시킬 수 있다.

인간의 뇌 유형은 각기 다른 독서 스타일과 강점, 약점을 가지고 있다. 그러나 개별 유형에 맞춘 전략을 통해 독서력을 효과적으로 향상할 수 있다. 좌뇌-우뇌, 뇌파 유형, 성격 특성, 뇌의 네트워크 기반으로 나뉜 유형에 따라, 자신의 강점을 더 발전시키고, 약점을 보완할 수 있는 독서 방법을 선택해야 한다. 이 과정에서 중요한 것은 자신의 뇌 특성에 맞는 독서 방법을 이해하고, 그에 맞춘 독서 전략을 실천하는 것이다. 무엇을 읽느냐가 어떤 뇌가 될 것인가를 결정한다. 독서가 뇌의 신경 가소성을 극대화하는 가장 효과적인 방법임을 기억하자.

4.

인생은 끝까지
읽는 자가 이긴다!

"읽는 사람은 두 개의 인생을 산다. 하나는 자신의 삶이고, 다른 하나는 책 속의 삶이다."

조지 R.R. 마틴

독서는 자기의 경험을 넘어 다양한 세상을 간접적으로 체험할 수 있는 통로이다.

현대 사회는 기술 발전과 정보의 홍수 속에서 빠르게 변화하고 있다. 그러나 독서는 여전히 인간이 자신을 이해하고, 타인과 소통하며, 세상을 비판적으로 바라보는 능력을 키우는 가장 중요한 도구이다.

인류는 지구의 긴 역사 속에서 수많은 도전과 변화를 겪으며 지식과 경험을 축적해 왔다. 이러한 축적의 과정은 인간의 고등사고를 발달시키고 문명을 이루는 데 중요한 역할을 했다. 우주에서 고등사고를 사유할 수 있는 유일한 생명체는 현재까지 인간뿐이다. 인간의 머리로는 감당할 수 없는 광대한 우주에서 지구와 인간은 어쩌면 유일한 존재일 수 있다. 얼마나 고독한 존재인가? 그래서 모든 인간은 기본적으로 외로움을 깊숙이 안고 태어나는 것인지 모른다. 이런 인간에게는 의식을 사유하는 존재로서 의무가 있다. 그리고 독서는 인간만이 짊어져야 하는 의무를 실천할 수 있게 돕는 도구이다.

인간의 첫 번째 의무는 진리를 탐구하고, 지식을 확장하는 것이다. 인간은 자연, 우주, 생명에 대한 호기심과 탐구 욕구를 통해 지식의 한계를 넘어선다. 과학, 철학, 예술 등 다양한 분야에서 인간은 자신이 처한 세계를 이해하고, 이를 개선하려는 노력을 지속해 왔다. 그리고 이제 인간은 지구 넘어 미지의 세계로 나가고 있다. 독서는 이러한 탐구의 중요한 도구이다. 독서는 인간이 이전 세대가 쌓아온 지식을 바탕으로 새로운 진리와 발견을 이어 갈 수 있게 해 준다. 또한, 독서는 과거와 현재, 다양한 문화와 생각을 연결하여 지식을 종합하고 확장하는 데 기여한다. 고대 철학자나 현대 과학자의 사유를 접하고, 그들의 사상을 비판적으로 수용하거나 새로운 관점으로 발전시킬 수 있는 것은 독서를 통해서 가능하다.

두 번째 의무는 인류의 생존과 번영이다. 인간은 생존을 위해 끊임없이 자연을 이해하고, 환경에 적응해야 했다. 오늘날 인간의 생존 문제는 단순한 생리적 필요를 넘어서, 기후 변화, 자원 고갈, 사회적 불평등과 같은 글로벌 차원의 도전에 직면하고 있다. 따라서 인류의 의무는 이러한 문제를 해결하고, 지속 가능한 번영을 추구하는 것이다. 독서는 다양한 문제에 대한 해결책을 제시할 수 있는 중요한 수단이다. 과학적 발견, 기술 혁신, 정치적 논의 모두 독서를 통해 그 지식을 전수받고, 확장할 수 있었다. 또한, 독서는 다른 이들의 경험과 지식을 빠르게 습득하게 하여, 개별적 노력보다 훨씬 빠르고 효율적으로 문제를 해결할 수 있는 가능성을 제공함을 기억해야 한다.

세 번째 의무는 도덕적 책임과 공동체 의식이다. 인간은 고등사고를 통해 자기의 행동이 다른 생명체와 환경에 미치는 영향을 깊이 인식할 수 있다. 그러므로 인간에게는 도덕적 책임이 뒤따른다. 특히, 인류는 지구 생태계를 유지하고, 다른 생명체와 공존하며, 더 나은 공동체를 만들 책임이 있다. 자유의지를 갖고 있는 우리는 스스로 바른 것을 선택해야 한다. 독서는 이러한 도덕적 책임을 이해하고 실천하는 데 중요한 역할을 한다. 철학적, 윤리적 고찰을 다룬 책을 읽음으로써 인간은 자신의 도덕적 가치관을 형성하고, 공동체 속에서 자신의 역할을 깨달을 수 있다. 역사적 사례를 통해 잘못된 선택의 결과를 배우고, 이를 반면교사 삼아 더 나은 결정을 내릴 수 있는 능력을 키울 수 있다. 또한, 문학 작품을 통해 타인의 삶과 감정을 이해하는 공감 능력을 기르며, 더 나은 공동체를 형성하는 데 기여한다.

네 번째는 미래 세대에 지식과 가치를 전수하는 것이다. 인류는 지식과 경험의 축적을 통해 문명을 발전시켜 왔다. 한 세대에서 다음 세대로 이어지는 지식의 전수는 인류 발전의 핵심이다. 따라서 인간의 의무 중 하나는 미래 세대에게 지식과 가치를 전수하는 것이다. 이는 단순히 정보나 기술을 전달하는 것이 아니라, 인간의 고유한 가치와 도덕적 책임을 함께 전달하는 것을 포함한다. 독서는 이러한 전승 과정에서 필수적인 역할을 한다. 고대의 문헌부터 현대의 서적까지, 모든 지식은 독서를 통해 축적되고 전수되어 왔다. 교육의 핵심 도구인 독서는 다음 세대가 이전 세대의 실수와 성취를 배워 더 나은 미래를 준비하게 하는 중요한 매개체이다. 독서의 힘으로 역사, 문화, 과학적 성과가 다음 세대로 전달되며, 이를 기반으로 새로운 혁신과 창조가 이루어진다.

다섯 번째는 자기 성찰과 성장의 의무이다. 인간은 고등사고를 통해 자기 성찰을 할 수 있는 존재이다. 자기의 생각과 행동을 돌아보고, 자아를 성장시키는 것은 인간의 중요한 의무이다. 성찰을 통해 인간은 더 나은 자신을 만들고, 사회에 긍정적인 영향을 미칠 수 있다. 독서는 이러한 자기 성찰을 돕는 거울과 같다. 독서를 통해 우리는 다른 사람의 생각과 경험을 접하고, 이를 통해 자신의 삶을 반성하게 된다. 철학적 사유, 자서전, 문학 작품은 우리에게 더 깊은 자기 이해를 가능하게 하고, 이를 통해 자기 성장을 촉진한다.

이처럼 독서는 인간의 의무를 성공하기 위한 필수 도구이다. 독서는 인간이 축적한 지식을 전수하고, 더 넓은 사고를 가능하게 하는 가장 효과적이고 효율적인 방법이다. 우리가 문제를 해결하고, 더 나은 결정을 내리는 데 필수적이며 다양한 관점에서 세상을 바라보고, 기존의 지식에 도전하거나 이를 확장할 수 있는 능력을 제공하는 것도 독서이다. 과거의 지식과 경험을 배우고, 이를 미래 세대에게 전해주는 매개체가 된다.

지속적인 독서가 중요한 이유는 인간이 지속적인 자기 성찰과 자아 발전을 통해 죽음에 이르기까지 자신의 삶을 완성하기 위해 노력해야 하기 때문이다. 죽음에 이르는 순간까지 독서는 끊임없이 새로운 지식과 경험을 제공하며, 인간이 세상과 자신을 이해하는 데 있어 평생 학습의 핵심 요소로 남게 된다. 독서는 인간이 자기 삶의 의미를 탐구하고 자아실현을 이루는 데 기여한다. 이는 인간이 죽음까지도 학습을 통해 배움으로서 삶의 여정을 완성하는 이유이다. 그래서 우리는 단 하나의 삶을 살면서도 수많은 삶을 책으로 간접 경험으로 체험하며 삶이라는 길을 걸어갈 수 있는 것이다.

5.

배운 사람이 아니라
배울 수 있는 사람(평생학습자)!

"배우기를 멈추는 사람은 20세든 80세든 늙은 것이다. 계속해서 배우는 사람은 젊음을 유지한다."

헨리 포드

독서는 평생교육의 핵심 도구로서, 새로운 아이디어와
정보를 습득하고 사고의 유연성을 키운다.

평생 학습(Lifelong Learning)은 전 생애에 걸쳐 이루어지는 학습 과정으로, 개인이 사회적, 문화적, 직업적 환경에 적응하고 성장할 수 있도록 돕는다. 이는 형식 교육(학교에서의 정규 교육)뿐만 아니라, 비형식적 교육(직업 훈련, 자율 학습, 독서 등)과 비공식적 학습(경험을 통한 학습)을 포함하는 개념이다. 자기 주도 학습이론에서 평생 학습은 개인이 스스로 목표를 세우고, 학습 계획을 수립하며, 학습 과정을 스스로 관리하고 평가하는 방식을 의미한다. 이는 성인 학습자들에게 중요한 개념으로, 독서를 통해 새로운 분야를 탐구하고 학습을 확장할 수 있다. 현대 사회는 모든 구성원이 평생 학습에 참여할 수 있도록 지원하는 학습 사회(Learning Society)를 지향한다. 그것은 평생 학습이 개인의 발전뿐만 아니라 사회 전체의 성장과 혁신에 기여 하기 때문이다.

외국의 사례를 살펴보면 핀란드는 평생 학습을 중요한 교육 전략으로 삼아, 모든 연령대의 시민들이 지속적으로 학습할 수 있는 시스템을 구축하고 있으며 성인 학습자들에게는 다양한 무료 교육 프로그램이 제공되고 직업적 역량뿐만 아니라 개인적 성장을 위한 학습 기회를 제공한다. 독일은 직업 훈련과 성인 교육에 중점을 두고 평생 학습 프로그램을 운영하고 있다. 특히 이중 교육 시스템을 통해 청소년들이 직장에서의 실무 훈련과 학교 교육을 병행할 수 있도록 지원하고, 성인 학습자에게는 다양한 직업 재교육 프로그램을 제공한다. 우리나라의 경우 디지털 전환과 관련 된 평생 학습을 강조하며, 디지털 역량 강화 프로그램을 통해 성인들이 변화하는 기술 환경에 적응할 수 있도록 돕고 있다. 이를 통해 현대 사회에서 중요한 디지털 리터러시와 비판적 사고를 발전시킬 수 있는 기회를 제공하는 것이다.

이처럼 현대 사회가 평생 학습의 시대인 이유는 지식과 기술의 빠른 변화 때문이다. 오늘날 기술 발전은 상상을 초월할 정도로 빠르게 진행되고 있다. 인공지능(AI), 빅데이터, 디지털 혁명 등은 경제와 산업 구조를 급격하게 변화시키고 있으며, 기존의 지식과 기술만으로는 더 이상 경쟁력을 유지하기 어렵다는 것을 체감하는 현실이다. 사람들은 끊임없이 새로운 지식과 기술을 습득해야만 변화에 적응하고 지속적인 성장을 이룰 수 있다.

직업과 일자리도 빠르게 변화한다. 현대 사회에서 한 직업을 평생 유지하는 전통적인 개념은 더 이상 유효하지 않다. 4차 산업혁명과 함께 많은 직업이 사라지거나 자동화되고 있으며, 새로운 직업이 계속 등장하고 있다. 이에 따라 직업적 유연성이 요구되고, 끊임없이 자기 계발과 학습을 통해 새로운 역량을 갖추어야 한다. 평생 학습은 직업적 경쟁력을 유지하기 위한 필수 요소임은 자명하다.

사회적 요구와 변화 또한 큰 이유이다. 현대 사회는 다양한 분야에서 다문화 사회로의 전환이 진행되고 있다. 그리고 다양한 곳에서 지속 가능한 발전으로의 변화 등 새로운 사회적 요구가 대두되고 있다. 개인은 이러한 변화를 인식하고 이에 대응하기 위해 끊임없이 학습해야 하며 사회가 요구하는 새로운 책임을 다할 수 있어야 한다. 이는 특정 분야를 넘어서는 광범위한 분야의 학문적 지식을 요구할 뿐만 아니라, 사회적 기술과 의사소통 능력을 포함하는 폭넓은 교양과 학습을 갖추어야 한다.

마지막으로 자기 계발과 삶의 질 향상에 대한 요구이다. 평생 학습은 단순히 직업적 역량 향상뿐만 아니라, 자기 계발과 삶의 질을 높이는 데 중요한 역할을 한다. 현대 사회에서는 학습이 개인의 삶에서 중요한 성취감과 의미를 부여하는 요소로 인식되고 있다. 개인은 학습을 통해 새로운 지식과 기술을 익히며 자신감을 얻고, 이를 통해 더 나은 삶을 만든다. 이제 전 세계 어느 곳에서나 배운 사람보다 배울 수 있는 평생 학습자를 원한다.

한국 사회 역시 평생 학습자를 원한다. 한국에서 평생 학습자로 산다는 것은 자신의 성장과 사회적 역할을 계속해서 추구하는 삶을 살아간다는 의미이다. 한국은 고도로 발전한 교육 시스템을 가지고 있지만, 기존의 교육은 청년기나 성인 초기에 한정되는 경향이 있다. 또한 저출산 고령화 사회의 진입, 지식 경제의 도래와 함께, 이제는 전 생애에 걸쳐 학습이 필요한 사회로 이미 변화되었다. 그렇기에 빠르게 변화하는 경제와 기술 환경에서 글로벌 경쟁력을 유지하기 위해 고급 인재를 필요로 하는 국가적 상황에서 경쟁력 있는 사회 구성원의 역할 수행을 위해 평생 학습자의 삶은 필수이다.

평생 학습자는 끊임없이 자기 계발을 통해 새로운 지식을 습득하고, 이를 바탕으로 경제적 역할을 지속할 수 있는 사람이다. 특히, 고령화 사회에서 노년기까지도 생산적 역할을 할 수 있도록 평생 학습을 통해 자신의 역량을 유지하거나 새로운 직업에 도전하는 것은 개인과 사회 양 측면에서 모두 중요하다. 학습을 통해 자신의 내면적 성장을 끌어내고, 새로운 지식에 대한 갈증을 해소하며, 인생의 만족감을 높일 수 있기에 평생 학습자로 살아가야 한다.

그렇다면 평생 학습자의 삶을 선택이 아닌 의무로 살아야 하는 우리 삶에서 책과 독서의 역할은 무엇인가? 독서는 평생 학습자에게 가장 중요한 학습 도구이다. 책은 다른 학습 도구와는 달리 깊이 있는 사고와 지식의 확장을 가능하게 하며, 지속적인 자기 계발의 필수 수단으로 작용해 왔으며 앞으로도 그럴 것이다.

평생 학습자는 자기 주도적으로 학습을 스스로 계획하고 실행해야 하며, 독서는 이를 지원하는 도구이다. 독서를 통해 학습자는 자신의 학습 속도와 흥미에 맞춰 지식을 습득할 수 있으며, 다양한 분야의 책을 통해 새로운 아이디어와 통찰을 얻을 수 있다. 독서는 다양한 지식 습득의 기회를 제공한다. 평생 학습자는 전문 지식부터 철학적 사유, 문학적 감수성까지 폭넓은 분야에서 독서를 통해 지식을 확장할 수 있다. 독서는 학습자의 사고를 확장시키고, 새로운 관점에서 세상을 바라볼 수 있게 한다. 다양한 분야의 책을 접하는 것은 융합적 사고를 가능하게 하며, 서로 다른 영역의 지식을 연결하여 창의적 사고를 형성하는 데 도움이 됨은 물론이다. 평생 학습자는 이러한 융합적 사고를 통해 직업적 문제뿐 아니라, 사회적, 개인적 문제 해결에서도 성과를 낼 수 있다.

독서는 평생 학습자에게 지속적인 정신적 자극을 주어 배움의 즐거움을 제공한다. 책은 지식 전달의 도구일 뿐만 아니라 정신적 성장과 성찰을 위한 중요한 수단으로 자신의 삶을 돌아보고 내면적 성장을 도모할 수 있게 하며, 이를 통해 인간적인 성숙을 이루도록 돕기 때문이다.

현대 사회는 빠른 변화와 복잡성 속에서 개인이 끊임없이 학습하고 성장해야 하는 평생 학습의 시대가 되었다. 배우기를 멈추지 않는 평생학습 독서가는 정신적 젊음이라는 즐거움을 누리며 노년을 건강하게 변화하는 사회와 함께 발전한다.

개발 과업 이론과 독서 활동 적용 방법

　리처드 하브룩스(Richard Havighurst)는 아동 발달 및 교육 연구분야의 대가로 교육 심리학자이자 아동 발달 전문가이다. 그는 개발 과업 이론(Developmental Tasks Theory)으로 아동이 각 생애 주기에서 수행해야 할 특정한 과업을 제시하고, 이 과업의 성공적 수행과 성취가 개인의 발달과 사회적 성공에 기여한다고 했다. 발달 과업은 각 생애 주기에 따라 달라지며, 성공적으로 해결할 경우 개인의 성장이 촉진되지만, 실패할 경우에는 후속 단계에서 문제가 발생할 수 있다고 했다.

　개발 과업 이론은 인간의 발달을 사회적, 문화적, 생물학적 요인들의 복합적인 결과로 설명하는 이론이다. 개발 과업 이론에 '발달 단계'란 아동이 성장하면서 주요한 발달 단계가 있으며 각 단계 마다 특정한 과업이 존재한다는 것이다. '문화적 요소'란 각 문화나 사회적 환경에 따라 기대되는 발달 과업이 다를 수 있음을 인정한다는 의미이다. '성공적인 수행과 실패'란 특정 나이에 맞는 과업을 성공적으로 수행하는 것이 아동의 자존감과 사회적 적응에 중요한 역할을 함을 의미한다. 그는 특정 연령대마다 수행해야 하는 과업들이 있다고 보고, 이러한 과업들을 성공적으로 수행함으로써 개인이 적응하고 성장할 수 있다고 했다.

　하브룩스의 개발 과업 이론은 인간 발달을 주요 생애 단계로 나누고, 각 단계에 해당하는 개발 과업을 제시했다. 구체적으로 살펴보면 다음과 같다.

1) 유아기와 아동기(0~6세)

- 걷기, 말하기 배우기

- 부모와의 관계 형성

- 신체적 의존에서의 탈피

- 음식 먹는 방법 배우기

- 사회적 상호작용과 언어 습득

- 기본적인 신뢰감 형성

- 지가 표현 및 타인과의 관계 형성

2) 학령기(6~12세)

- 신체적 기술(운동 능력) 습득

- 기초 학습 능력 습득

- 읽기, 쓰기, 수리 기술 등의 기초 학습 역량 키우기

- 또래 관계 형성

- 성역할 학습

- 도덕적 가치 체계 학습

3) 청소년기(12~18세)

- 정체성 확립

- 사회적 역할에 적응

- 독립성 및 책임감 발달

- 자기 주도적 학습 및 비판적 사고

- 자신의 의견 표현, 독립적인 문제해결

- 진로 탐색과 사회적 역할 확립

- 자기 결정 능력과 사회적 책임

4) 청년기(18~30세)

- 직업 선택 및 경력 확립

- 결혼 및 가족 형성

- 사회적 책임과 성인 역할 수행

- 안정적인 사회적 및 직업적 역할 수행

- 자율적 의사 결정과 장기적인 목표 설정

5) 중년기(30~60세)

- 자녀 양육 및 교육

- 사회적, 직업적 성취

- 부모의 역할 조정

- 개인적 삶의 안정성과 성취감 느끼기

6) 노년기(60세 이상)

- 은퇴에 대한 적응

- 삶에 대한 평가와 의미 찾기

- 신체적 건강 변화에 대한 수용

하브룩스는 발달 과업을 성공적으로 해결할 경우, 개인은 자아실현에 더 가까워지고 사회적 역할을 성공적으로 수행할 수 있게 된다고 보았다. 반대로, 발달 과업을 해결하지 못할 경우, 다음 단계로의 발달에 문제가 발생할 수 있다고 지적했다.

이러한 개발 과업 이론은 교육적 맥락에서 매우 유용하게 적용된다. 청소년기에는 정체성 확립과 사회적 역할 습득이 중요한 과업이므로, 이를 도울 수 있는 지원과 활동을 제공하고 성역할과 사회적 관계 학습에 적용된다. 특히 발달에 맞춘 교육과 사회적, 정서적 학습 프로그램(SEL: Social and Emotional Learning)에서 아동과 청소년이 자신의 정서와 사회적 관계를 관리하는 능력을 기를 수 있도록 하브룩스의 개발 과업 이론을 바탕으로 각 발달 단계에 맞는 사회적 기술과 정서적 발달을 중점적으로 지도하는 방식에 적용되고 있다. 또한 맞춤형 학습(Personalized Learning)에도 활용된다. 각 발달 단계의 과업에 따라 학습자 개개인의 학습 목표와 속도를 자신이 속한 발달 단계에서 해결해야 할 과업에 따라 맞춤형으로 설정 조정하는 방식으로 적용된다.

학습의 기본 이론인 개발 과업 이론은 독서 교육에도 적용된다. 단계별로 도서 선정과 독서 교육에 개발 과업이 어떻게 적용될 수 있는지 예시를 들어 살펴보면 다음과 같다.(보다 자세한 시기별 도서 선정 기준과 기본 목록은 <부록 1. 연령에 맞는 책 고르는 기준 알기>를 참고하세요.)

1) 유치원~초등학교 저학년(6~9세)
- 개발 과업: 기본적인 읽기 및 쓰기 능력 습득
- 도서 선정: 그림책, 구술 이야기, 리틀북, 전래동화, 동물 이야기책 같은 단순하고 재미있는 내용의 책
- 독서 교육 적용: 부모가 읽어주는 시간을 통해 자녀가 책에 대한 흥미를 느끼도록 함. 간단한 글자와 이미지가 있는 책을 통해 자주 읽도록 유도한다.
- 효과: 신뢰감과 안전감을 증가시키고, 언어 능력과 상상력을 발전시킨다.

2) 초등학교 중학년(10~12세)

- 개발 과업: 논리적 사고 및 비판적 사고 훈련
- 도서 선정: 중간 난이도의 주제와 이야기가 포함된 동화책, 상상력이 필요한 쉬운 소설
- 독서 교육 적용: 질문하기, 요약하기, 독후감 쓰기 등 독서 후 활동을 통해 비판적 사고를 양성한다. 친구들과 또는 가족과 함께 독서 클럽을 운영하여 의견 교환을 장려한다.
- 효과: 비판적 사고 능력을 키우고, 사회적 반응 및 의사소통 능력을 발전시킨다.

3) 초등학교 고학년~중학생(13~16세)

- 개발 과업: 자기 주도적 학습 및 진로 탐색
- 도서 선정: 다양한 장르와 주제를 포함한 청소년(Young Adult) 문학, 역사 및 과학 관련 책. 문제 해결형 이야기
- 독서 교육 적용: 자율적인 도서 선택을 통해 개인적인 관심사를 탐색하게 한다. 독서 후 토론과 리뷰를 통해 자신의 의견을 논리적으로 표현하는 기회를 제공한다.
- 효과: 자기 주도적 학습 능력과 비판적 사고 능력, 문제 해결 능력을 더욱 강하게 발전시킨다.

4) 고등학교(17세 이상)

- 개발 과업: 진로 결정과 자기 결정 능력 강화
- 도서 선정: 전문 서적, 진로 관련 서적, 전공 관련 서적
- 독서 교육 적용: 진로 탐색 관련 프로그램과 독서 후 자기 표현을 통한 토론 진

행한다.

현대 아동 교육 및 발달 연구에 영향을 미친 리처드 하브룩스의 개발 과업 이론은 아동의 발달 및 교육에 대한 귀중한 통찰을 제공하는 이론이다. 이론을 참고해 자녀 양육 및 독서 교육을 접근한다면 보다 효과적으로 역량을 기를 수 있으리라 기대한다. 학습력과 독서력 발달을 위한 기본 틀을 제공하는 이론이며 개별 아동에 대한 지도에 기초 자료로 이용될 수 있어 적용하기 편리하다.

변화의 속도가 가속화되고 있는 현대와
미래 사회에서 지속 가능한 성장을 위해서는
독서가 더욱 중요한 자원이 될 것임은 자명하다.
나와 우리와 미래 세대는 끝없이 책을 읽고
그 책을 삶에 녹여내는 과정을 진행해야 하는 것이다.

자기조절학습 및 학습전략 키우는 부모의 참 교육관

READING LEARNING

부록

1. 연령에 맞는 책 고르는 기준 알기
2. 독서 후 장르별 질문 420
3.(부모를 위한) 취미 독서에 적합한
   환경 만들기 가이드
4. 독락서쾌의 우리 교육에 대한 제언
   1) 학교–학원–가정 교육은 선택이
      아니라 필수다
   2) 2인3각(二人三脚)보다 多인多각!
      – 전문가 교육공동체 교육

READING LEARNING

연령에 맞는 책
고르는 기준 알기

① 생후 1세에서 4세: 뇌 발달의 황금기

생후 1세에서 5세 영유아에게 적합한 책을 고르는 기준으로는 단계에 맞는 글의 양, 그림 스타일, 종이 질감, 판형 등 다양한 요소를 고려해야 한다. 각 연령대의 발달적 특징에 따라 책을 선택함으로써 아이의 인지 발달, 언어 능력, 정서적 안정, 상상력을 효과적으로 지원할 수 있기 때문이다.

생후 1~2세의 영아는 대근육 발달로 물건을 잡고 흔드는 활동을 즐기며, 언어 발달 초기 단계에 있으므로 그림 중심의 책이 적합하다. 글이 있다면 한두 단어로 간단하게 구성된 보드북이나 플랩북이 좋으며, 내구성이 강하고 물에 젖지 않는 재질로 만들어진 작은 크기의 책이 알맞다. 이 시기에는 선명한 색상과 단순한 이미지로 구성된 책이 적합하며, 동물이나 일상적인 물건과 같은 구체적이고 친숙한 소재를 선택하는 게 좋다.

2~3세 아이들은 손가락 움직임이 발달하여 페이지를 넘길 수 있고, 언어 능력이 빠르게 성장하며 간단한 이야기 구조를 이해할 수 있다. 이들에게는 한 쪽에 한 문장 정도의 간단한 글과 함께 팝업북이나 터치 앤 필북

과 같이 촉각적 요소가 포함된 책이 좋다. 종이는 여전히 내구성이 중요하며, 크기는 손에 잡기 편해야 한다. 가족, 색깔, 숫자와 같은 주제가 흥미를 끌 수 있다.

3~4세가 되면 아이들은 복잡하지 않은 이야기 구조를 이해하고 언어 표현력이 더욱 발달한다. 이 시기에는 한 쪽에 두세 문장이 포함된 반복적이고 리듬감 있는 문장을 선호하며, 그림이 풍부하고 구체적으로 묘사된 일반 그림책이 적합하다. 판형은 표준 크기인 15~20cm가 적합하며, 친구 관계, 간단한 모험 이야기, 감정 표현과 같은 주제를 다룬 책이 좋다.

4~5세의 아이들은 논리적 사고와 추론 능력이 발달하며, 복잡한 이야기 구조를 이해하고 글자와 소리를 연결하려는 시도를 한다. 이 연령대에는 한 쪽에 네다섯 문장으로 구성된 간단한 문단 형식의 책이 적합하며, 그림과 글이 밀접하게 연결된 이야기 중심의 그림책이 좋다. 아이들이 조심히 다룰 수 있으므로 일반 종이를 사용한 책도 가능하며, 크기는 표준 크기나 약간 큰 책이 알맞다. 도덕적 교훈, 모험, 상상력을 자극하는 주제를 포함하거나 알파벳과 숫자 등 학습 요소를 포함한 책도 유용하다.

1~4세 책은 유해 물질이 없는 안전한 재질로 만들어져야 하며, 읽는 즐거움을 강조하는 책이어야 한다. 학습적인 측면보다는 아이가 책과 친숙해지고, 부모와의 상호작용을 통해 이야기를 나눌 수 있는 책을 선택하는 것이 중요하다. 따라서 발달적 필요와 아이의 흥미를 중심으로 적합한 책을 고르는 것이 영유아기 독서 습관 형성의 핵심이다.

| 기본 추천 도서:

『강아지 똥』(권정생): 감정과 상상력을 자극하는 이야기로 언어와 감정 발달에 도움을 준다.

『노란 우산』(이상교): 간단한 텍스트와 다양한 색감의 시각적 자극을 통해 유아기 뇌 발달을 자극한다.

『의성어, 의태어 말놀이 동시집』(문혜진): 엄마 아빠가 함께 즐거운 놀이를 하듯 일상생활을 재미있는 의성어와 의태어로 표현한 말놀이 동시집으로 아기와 함께 놀이하듯 들려주고 정서 발달에 도움을 준다.

② 유치원기(5~7세): 학습 준비와 뇌 발달

글의 양은 한 쪽에 4~6줄 정도로 구성되며, 단순한 문장에서 점차 복잡한 문장 구조로 이어지는 것이 적합하다. 문장은 리듬감 있고 반복적인 구성이 포함되어 읽기에 흥미를 느끼게 하며, 짧은 문단으로 이루어진 이야기가 집중력을 유지하는 데 효과적이다.

형식은 그림책과 짧은 이야기책이 적합하며, 그림과 텍스트가 조화롭게 구성되어야 한다. 특히, 글자가 커서 읽기 쉽고 명확한 폰트를 사용하는 것이 좋다. 이야기는 간단한 사건 구조에서 점점 복잡한 이야기로 발전하며, 도덕적 교훈이나 문제 해결 과정을 담은 내용이 적합하다. 또한, 간단한 그림 설명이나 소리 내어 읽기에 적합한 책도 좋다.

종이 질감은 유치원 시기에 접어들면서 일반 종이를 사용해도 무방하지만, 내구성이 강한 재질이 좋다. 그림과 글이 잘 보일 수 있도록 매끄럽고 깨끗한 재질이 적합하며, 손쉽게 넘길 수 있는 두께와 질감도 중요하다. 이 시기의 아이들은 책을 직접 다루는 즐거움을 느끼므로, 손상에 강한 책이 바람직하다.

책의 판형은 손쉽게 들고 넘길 수 있도록 표준 크기인 20~25cm가 적합하며, 약간 큰 크기의 책은 아이들에게 더욱 흥미를 끌 수 있다. 책이 너무 작거나 너무 크면 다루기 불편하기 때문에 적당한 크기가 편하다. 쪽수는 20~40쪽 정도로, 너무 길지 않아야 집중력을 유지할 수 있다.

유치원 시기 아이들의 발달 수준에 맞는 소재를 선택해야 한다. 가족, 친구, 동물, 자연 등 친숙한 주제가 포함된 책은 아이들의 공감을 이끌어 내기 쉽다. 또한, 모험이나 상상력을 자극하는 이야기, 감정을 표현하고 이해할 수 있는 내용도 적합하다. 글과 그림의 조화는 이야기의 이해를 돕는 중요한 요소로, 그림이 텍스트의 내용을 보완하거나 이야기를 더욱 풍부하게 만들어야 한다.

유치원 시기의 아이들을 위한 책은 글과 그림의 조화, 읽기 난이도, 내구성 있는 종이 질감, 적절한 크기와 길이를 고려하여 아이들이 책과 친숙해지고, 읽기의 즐거움을 느낄 수 있도록 구성되어야 한다. 이러한 기준을 바탕으로 책을 선택하면 아이들의 언어 발달, 정서 발달, 그리고 상상력 발달에 크게 기여할 수 있다.

｜기본 추천 도서:

『난 토마토 절대 안 먹어!』(로렌 차일드): 편식하는 아이가 다양한 음식을 접하며 편견을 깨는 이야기이다. 아이들이 일상에서 겪는 문제를 흥미롭게 다룬 유머와 감동이 어우러진 책으로 아이들이 공감하며 재미있게 책 속 이야기가 자연스럽게 현실로 이어진다. 일상적인 문제 해결력과 유머 감각 발달에 도움이 된다.

『구름빵』(백희나): 아이들이 구름빵을 먹고 하늘을 나는 상상력이 가득한 이야기이다. 창의력과 상상력을 자극하는 그림과 이야기가 돋보인다. 독서 후 몸으로 노는 놀이로 자연스럽게 연결된다. 창의력과 상상력 발달에 도움이 된다.

『괴물들이 사는 나라』(모리스 샌닥): 괴물들이 사는 환상 세계로 떠난 한 소년의 모험을 다룬 이야기로, 아이들의 감정과 상상을 자극한다. 감정 이해와 상상력 자극에 도움이 된다.

『우리는 언제나 다시 만나』(루시 커진스): 친구와의 헤어짐과 다시 만남을 주제로 한 동화로, 사회적 상호작용과 관계 형성에 대한 이해를 돕는다. 사회성 발달과 공감 능력 강화에 도움이 된다.

『네가 가면 좋겠어』(이상희): 가족, 자연, 그리고 친구들과의 관계 속에서 소중한 것들을 발견하는 이야기를 담고 있다. 따뜻하고 사랑스러운 내용으로 정서적 안정을 느낀다. 가족과의 유대감의 필요성과 강화에 도움이 된다.

③ 초등학교 저학년 시기(8~9세): 학습의 기초를 다지는 시기

이 시기의 아이들은 읽기 능력이 급격히 발달하며, 점점 더 긴 문장을 이해하고 이야기의 전개를 따라가는 능력이 향상된다. 또한, 자신의 경험과 감정을 반영할 수 있는 이야기를 선호하며, 상상력과 창의력을 자극하는 내용을 즐긴다.

글의 양은 한 쪽에 여러 문단으로 구성될 수 있지만, 문장은 지나치게 복잡하지 않고 명료해야 한다. 아이들이 스스로 읽을 수 있도록 글의 길이는 적당해야 하며, 문체는 흥미를 끌 수 있도록 생동감 있고 리듬감 있는 것이 좋다. 반복되는 구조나 예측 가능한 문장 전개는 초등 저학년의 읽기 이해력을 강화하는 데 유용하다.

형식으로는 이야기책, 짧은 챕터북, 그림이 포함된 소설 등이 적합하다. 그림(삽화)은 여전히 중요한 요소로, 책 속 이야기를 시각적으로 보조하거나 아이의 상상력을 자극하는 역할을 한다. 짧은 챕터로 나뉜 책은 아이들에게 부담감을 줄이고 성취감을 느끼게 하고, 연속성이 있는 이야기 구조는 독서의 즐거움을 느끼게 한다.

종이 질감은 일반적인 종이를 사용해도 무방하지만, 글자와 그림이 잘 보이도록 적절한 질감과 두께를 가진 종이를 선택하는 것이 좋다. 아이들의 시각적 집중력을 높이기 위해, 너무 반짝이는 코팅보다는 매트한 표면의 종이가 선호된다.

책의 판형은 아이들이 손에 잡기 쉽고 가방에 넣어 다니기 편리한 중간 크기(대략 15~20cm)가 적합하다. 지나치게 큰 책은 다루기 어려울 수 있으므로, 휴대성과 실용성을 고려한 크기가 중요하다. 또한, 표지 디자인은 밝고 흥미로운 요소를 포함하여 아이들의 호기심을 자극해야 한다.

책의 내용은 초등 저학년 시기에 적합한 도덕적 교훈, 친구 관계, 모험, 상상력을 자극하는 판타지, 일상에서의 작은 사건 등이 포함된 것이 좋다. 글만으로 구성된 책으로 점차 전환하는 시기이지만, 여전히 시각적 요소가 포함된 책이 더 높은 관심을 끌 수 있다. 학습적 요소를 포함한 과학, 역사, 동화 등 다양한 주제를 탐구할 수 있는 책도 이 시기의 호기심과 학습 욕구를 충족시켜 준다.

8세~9세 초등 저학년 시기 아이의 독서 수준과 흥미를 존중하여 다양한 책을 접하도록 하는 것이 이 시기 독서 습관 형성에 매우 중요하다.

▎초등 저학년 기본 추천 도서

『고양이 해결사 깜냥 시리즈』(홍민정): 다양한 상황에서 고양이 '깜냥'이 기발한 아이디어와 따뜻한 마음으로 문제를 해결하며 사람들과 교감하는 이야기를 담고 있다. 고양이의 관점에서 이야기가 전개되어 아이들에게 신선한 시각을 제공하며 기발한 방법으로 해결하는 과정은 창의적 사고와 문제 해결 능력의 중요성을 알려준다.

『만복이네 떡집 시리즈』(김리리): 판타지와 현실을 조화롭게 엮어 아이들에게 상상력과 감동을 선사하며, 주요 등장인물들이 마법의 떡을 통해 자신들의 문제를 해결하거나 삶의 새로운 전환점을 맞이하는 이야기를 담고 있다. 자신의 문제를 스스로 해결하는 과정을 보여주어 문제를 인식하고 해결하려는 태도를 배울 수 있고 주인공이 겪는 어려움과 갈등은 아이들에게 자신과 타인의 감정을 이해하고 공감하는 기회를 제공한다.

『콕콕 찍어 가르쳐주는 호기심 교과서 1학년 문화 · 과학 / 식물 · 동물』(백명식): 어린이들이 실제로 자주 하는 질문들을 모아서 재미있는 설명과 예시 그림으로 쉽게 읽을 수 있게 구성된 책이다. 다양한 질문을 통해 1학년 어린이들의 궁금증과 호기심을 해결해 주고 교과 과정과 연결해 학습에도 도움을 준다

『콕콕 찍어 가르쳐주는 호기심 교과서 2학년 우주 · 환경/ 지구 · 사회』(백명식): 어린이들이 일상에서 느끼는 다양한 호기심을 해결해 주는 책으로 초등학교 2학년 교과 과정과 연계된 내용을 다루어 있어 학습과 연계되면서도 쉬운 설명과 그림으로 읽기의 재미와 함께 호기심을 충족시켜준다. 스스로 질문하고 답을 찾아가는 과정을 통해 자기 주도적인 학습 태도를 기를 수 있다. 환경과 우주에 대한 흥미로운 지식을 통해 과학적 사고력을 키우며 문제 해결력을 향상 한다.

④ 초등 중학년 시기(10〜11세): 학습 코어를 다지는 시기

이 시기의 아이들은 사고력과 논리력이 발달하며, 언어와 이야기에 대한 이해가 깊어지고 흥미 영역이 점차 다양해지는 특징을 보인다. 이 연령대의 아이들은 간단한 이야기 구조를 넘어서 보다 복잡한 줄거리와 등장인물 간의 관계를 이해할 수 있다. 따라서 글의 양은 한 쪽에 한두 단락 정도로 구성되어 있으며, 문장이 간결하면서도 서술적인 내용이 포함된 책

이 적합하다. 대화체와 서술체가 균형을 이루는 형식이 좋으며, 몰입할 수 있는 이야기 전개가 필요하다.

책의 형식은 이야기 중심의 장편 동화나 초등 고학년 수준의 문학이 적합하며, 동시나 간단한 논픽션도 아이의 흥미를 확장하는 데 도움이 될 수 있다. 모험, 판타지, 일상생활을 다룬 이야기뿐 아니라, 역사나 과학을 다룬 책도 적합하다. 이 시기의 아이들은 논리적 사고가 발달하기 때문에, 추리 소설이나 미스터리 장르도 흥미를 끌 수 있다.

종이 질감은 일반적인 종이를 사용한 책이 적합하며, 페이지 넘김이 쉬운 부드러운 재질이 선호된다. 또한, 책의 판형은 표준 크기(20~25cm)에서 약간 큰 크기까지 다양하게 선택할 수 있지만, 아이가 스스로 읽기 편안한 크기가 중요하다. 책의 두께는 너무 얇지 않고, 성취감을 느낄 수 있을 정도로 일정한 분량을 가진 책이 좋다.

책의 디자인 요소 중 삽화가 포함된 책은 내용을 보조하고 상상력을 자극할 수 있으며, 글과 삽화의 균형이 잘 맞아야 한다. 삽화가 많지 않더라도, 이야기와 밀접하게 연결된 세련된 그림은 아이의 몰입도를 높이는 데 도움이 된다. 또한, 흥미를 유지하기 위해 챕터가 명확히 구분되고, 읽기 흐름을 방해하지 않는 깔끔한 레이아웃이 필요하다.

소재는 아이들이 공감할 수 있는 주제를 다룬 책이 적합하다. 예를 들어, 또래 간의 우정, 가족 관계, 성장 과정에서의 도전과 극복, 사회적 문제 등을 다룬 책은 자기의 경험과 연결하며 더 깊이 이해할 수 있다. 또한, 역사적 인물 이야기, 자연 탐구, 과학적 발견을 다룬 책은 학습적 흥미를 높이고, 지식과 교훈을 제공하는 데 효과적이다.

10세에서 11세 아이들을 위한 책은 아이의 흥미와 공감대를 고려한 주제를 담고, 지적인 도전과 즐거움을 동시에 제공하는 책이 이상적이다.

▌초등 중학년 기본 추천 도서:

『푸른 사자 와니니 시리즈』(이현): 조금은 낯선 아프리카 초원을 배경으로 어린 암사자 와니니가 무리에서 추방되어 친구들과 위기를 극복하며 성장해 가는 과정을 동물의 시선으로 흥미롭게 그린 이야기다. 공감과 상상력 그리고 성장에 대해 이야기한다.

『내 이름은 삐삐 롱스타킹 시리즈』(아스트리드 린드그렌): 자유롭고 독립적인 성격을 가진 삐삐의 모험과 일상을 다룬 이야기가 독특한 내용 전개와 함께 다양한 인물의 등장이 이어지며 흥미롭게 진행된다. 자유와 독립, 상상력을 자극하는 이야기이다.

『이상한 나라의 앨리스』(루이스 캐럴): 상상력과 논리적 사고를 동시에 자극하는 고전 동화이다.

⑤ 초등 고학년 시기(12~13세): 깊은 공감과 가치관 형성 시기

이 연령대의 아이들은 논리적 사고와 비판적 사고 능력이 발달하고, 자신만의 관점을 형성하며, 더 복잡한 이야기 구조와 다양한 장르를 탐구할 준비가 되어 있다. 따라서 책의 글의 양, 형식, 종이 질감, 판형 등의 요소를 신중히 선택하는 것이 중요하다.

이 시기의 아이들은 한 쪽에 한 문단 이상의 글을 읽을 수 있는 독해력을 가지고 있으므로, 글의 양은 한 쪽에 네다섯 문장 이상이 포함된 형식이 적합하다. 책의 형식은 이야기 중심의 장편 소설, 비문학 도서, 학습서 등 다양한 형태로 확장할 수 있으며, 복잡한 캐릭터와 서사를 다룬 책이 흥미를 끌 수 있다. 또한, 역사적 배경이나 과학적 주제를 다룬 논픽션도 추천한다.

종이 질감은 일반적인 책의 종이가 적합하며, 고급스러운 인쇄가 되어 있거나, 눈에 부담을 덜 주는 차분한 색조의 종이가 좋다. 책의 판형은 휴대성과 편의성을 고려하여 일반적인 크기(13~15cm×20~23cm)나 조금 큰 크기(15cm×23cm)가 적합하며, 글씨 크기와 행 간격은 너무 조밀하지 않도록 설계된 것이 바람직하다.

이 연령대의 아이들은 스스로 책을 선택하고 읽는 독립적인 독서 습관을 형성하는 시기이므로, 주제와 소재는 사회적 이슈, 도덕적 딜레마, 자기 정체성 탐구, 상상력과 모험을 자극하는 내용이 좋다. 특히, 현실적인 문제와 감정적 경험을 다룬 책이나, 과학적 사실과 지식을 흥미롭게 전달하는 책은 이 시기 아이들의 지적 호기심을 자극하고 사고력을 확장하는 데 도움을 줄 수 있다.

표지는 매력적이고 호기심을 끌 수 있는 이미지와 제목으로 구성되어야 하며, 책의 두께는 아이가 부담 없이 도전할 수 있는 정도(200~300쪽)를 권장한다. 그러나 독서력 향상을 위해 내용은 읽을 수 있는 수준이나 분량은 많은(400~500쪽) 두꺼운 도서도 좋다.

12세에서 13세 아이들에게 적합한 책은 흥미와 학습을 동시에 충족할 수 있는 다양한 주제와 장르를 다루며, 독립적인 독서와 사고의 즐거움을 자극하는 책을 선택하는 것이 중요하다.

｜ 초등 고학년 기본 추천 도서:

『완득이』(김려령): 성장과 가족 문제를 다루며 감정 이입과 논리적 이해를 자극한다. 다문화 사회의 변화와 이해를 도우며 성장하는 청소년의 자아성찰에 도움이 된다.

『해리 포터 시리즈』(J.K. 롤링): 상상력을 자극하면서도 복잡한 인물 관계와 사건 전개를 논리적으로 이해하는 데 도움이 된다. 판타지 소설 특유의 흥분과 빠른 스토리 전개를 통해 재미를 느낄 수 있다. 자기 정체성과 소속감, 우정과 배신, 도덕적 딜레마 등을 다루며, 아이들의 상상력과 도덕적 성찰을 자극하는 좋은 책이다.

『마당을 나온 암탉』(황선미): 독립심과 성장을 다룬 책으로, 논리적 사고와 감정 이입을 자극한다.

『모모』(미하엘 엔데): 시간을 훔치는 회색 인간들과 싸우는 어린 소녀 모모의 이야기를 그린 판타지 소설로 원형극장 마을 사람들의 순박함과 아이들의 천진함이 변해가는 모습이 섬세하게 그려지고 있어 회색 신사들이 빼앗아 가는 시간의 꽃이 얼마나 소중한지 느끼게 한다. 시간의 가치, 삶의 의미에 대해 고민하게 만드는 깊이 있는 책으로, 이 시기 아이들의 철학적 사고 발달에 도움이 된다.

⑥ 중학교 시기(14~16세): 메타인지를 활용한 고등사고 발달 시기

이 시기의 학생들은 논리적 사고와 자기주도 학습 능력이 발달하고, 자신의 사고와 학습 과정을 점검하는 메타인지 능력을 발전시키기 시작하므로, 이들의 발달 단계에 적합한 책을 선택하는 것이 중요하다.

글의 양은 중학교 시기의 학생들이 점점 더 긴 문장을 읽고 이해할 수 있는 능력을 갖추고 있으므로, 한 쪽에 한 문단에서 두 문단 정도가 적합하다. 전체적으로는 150~350쪽 분량의 책이 좋으며, 책의 난이도는 너무 쉬워서 흥미를 잃지 않도록 도전 과제를 포함해야 한다. 책의 내용은 학생들이 추론하고, 사고를 확장할 수 있는 내용을 포함해야 하며, 문장이 지나치게 복잡하지 않으면서도 풍부한 어휘와 논리적인 흐름을 지닌 것이 좋다.

형식은 다양한 독서 경험을 제공할 수 있도록 다채롭게 구성되어야 한다. 청소년 소설, 논픽션, 에세이, 철학적 질문을 다루는 책 등이 포함될 수 있다. 이 시기에는 이야기 중심의 책과 더불어 실용적인 문제를 다루는 책도 흥미를 끌 수 있다. 과학적 사고를 다룬 책이나 논리적 추론을 필요로 하는 설명문도 좋은 선택이다. 또한, 다중 관점에서 사건을 바라보게 하는 서사 구조의 책은 메타인지 발달에 도움을 줄 수 있다.

종이 질감과 책의 판형은 학생들의 독서 경험에 영향을 미친다. 중학교 학생들은 물리적 내구성보다는 책을 편안하게 읽을 수 있는 요소를 중요하게 생각하므로, 적당히 유연한 종이와 깔끔한 인쇄 상태가 중요하다. 너무 얇아 쉽게 찢어지거나 지나치게 광택이 있는 종이는 눈의 피로를 유발할 수 있으므로, 적당한 두께와 부드러운 질감의 종이를 사용하는 것이 좋다. 책의 판형은 A5 또는 약간 큰 사이즈로 한 손으로 잡고 편히 읽을 수 있는 크기가 적합하다.

책의 디자인과 시각적 요소는 학생들이 책에 관심을 갖게 하는 데 중요한 역할을 한다. 표지는 주제와 내용의 특징을 잘 표현하는 디자인이 필요하며, 삽화나 그래픽 요소가 지나치게 많지 않으면서도 핵심 내용을 강조하는 데 도움을 줄 수 있어야 한다. 메타인지가 발달하는 이 시기에는 단순한 시각적 자극보다는 내용과 시각적 요소가 조화를 이루는 책이 선호된다. 책 내용의 소재와 주제는 학생들의 사고를 자극하고 관심사를 반영해야 한다. 자기 성찰을 돕는 책, 윤리적 딜레마를 다루는 철학 서적, 역사적 사건을 다양한 관점에서 분석하는 책, 또는 감정을 이해하고 표현하는 데 도움을 주는 문학 작품이 적합하다. 또한, 학생들이 자신의 정체성을 탐구하고 성장 과정을 반영할 수 있는 이야기가 포함된 책은 이 시기 학생들에게 특히 큰 가치를 제공한다.

14세에서 16세 중학생들에게 책은 학생들이 독서 경험을 통해 사고의 깊이를 더하고 자기 성찰과 성장의 기회를 누릴 수 있도록 도와줄 것이다.

┃ 중학교 시기 기본 추천 도서

『소년이 온다』(한강): 역사적 사실과 인간의 심리를 깊이 있게 다루며, 추상적 사고와 감정 이입을 동시에 자극한다.

『모비 딕』(허먼 멜빌): 복잡한 주제를 다룬 고전으로, 비판적 사고와 분석 능력을 기른다. 인간의 깊은 심리에 대한 탐구와, 비판적 사고를 촉진하며 자연 앞에 맞선 인간다움에 대해 성찰하게 된다.

『반지의 제왕』시리즈(J.R.R. 톨킨): 선과 악의 대립 속에서 모험을 떠나는 주인공들의 이야기를 담은 판타지 소설이다. 상상력과 창의력을 자극하며, 모험과 도덕적 선택의 중요성에 대해 생각하게 된다.

『데미안』(헤르만 헤세): 한 소년이 성장하면서 겪는 자아 정체성의 갈등과 내면의 변화를 다룬 철학적 성장 소설이다. 자기 성찰과 자아 발견을 돕는 심오한 내용을 담고 있어, 고등학생의 정체성 형성에 영향을 미친다.

『호밀밭의 파수꾼』(J.D. 샐린저): 주인공 홀든의 청소년 시기의 방황과 성장을 다룬 소설로 사춘기 청년의 사회에 대한 비판의식과 자아 성찰의 여로가 깊이 있게 그려지고 있다. 청소년들이 자아 정체성과 사회적 관계에 대해 고민할 수 있는 기회를 제공한다.

⑦ 고등학교 시기(17~19세): 진학과 진로의 위한 선택의 힘을 기르는 시기

고등학생 시기는 학업적 난이도가 높고, 진학과 진로를 결정해야 하는 중요한 시기이다. 이 시기의 학생들에게 적합한 책의 기준은 학생들의 학업 부담을 고려하면서도, 동시에 사고력과 자기 계발을 지원할 수 있는 책을 중심으로 설정해야 한다.

고등학생은 학습과 독서를 병행해야 하는 시기이므로, 책의 내용은 학습 부담을 고려해 적당한 분량으로 구성되어야 한다. 책의 글은 지나치게 길지 않으면서도 깊이 있는 내용을 담고 있어야 하며, 독자의 사고를 자극할 수 있어야 한다. 논리적이고 체계적인 서술로 구성된 책이 좋으며, 문학 작품이라면 복잡한 감정과 인간관계를 탐구할 수 있는 내용, 비문학이라면 학문적 흥미를 자극하거나 실용적인 정보를 제공하는 주제가 적합하다.

학생들은 휴대성과 가독성을 중요하게 여기기 때문에, 적당한 두께와 가벼운 무게의 책이 적합하다. 종이 질감은 지나치게 얇거나 반짝이는 코팅보다는 눈의 피로를 덜어주는 무광의 부드러운 종이가 선호된다. 판형은 표준 크기(약 14cm×21cm) 정도로, 들고 다니기 편리하며 가방에 쉽게 들어가는 형태가 적합하다. 디자인은 깔끔하고 단정하여 학업적인 환경에서도 쉽게 접근할 수 있는 것이 좋다.

이 시기의 학생들에게는 진학과 진로 탐색을 돕는 책이 특히 유용하다. 자기계발서, 진로 탐색서, 학문적 호기심을 자극하는 교양서 등이 적합하며, 각 분야의 전문가 인터뷰나 경험담을 통해 실질적인 도움을 제공하는 책이 좋다. 문학의 경우, 정체성과 삶의 방향성을 탐구하는 작품이 추천되며, 고전문학이나 현대문학 모두 사고력을 자극하는 내용을 담고 있어야 한다. 또한, 사회적 이슈나 글로벌 문제를 다룬 비문학 책도 비판적 사고를 키우는 데 효과적이다.

책의 디자인은 단정하고, 시각적 요소가 과도하지 않도록 구성되어야 한다. 적절한 여백과 가독성 높은 서체는 학생들이 쉽게 읽고 집중할 수 있도록 돕는다. 내용에 따라 다이어그램, 표, 사진 등 시각 자료가 포함될 수 있지만, 이는 학습적 이해를 돕는 정도로 제한되어야 한다.

학생들의 관심사와 진로 목표에 따라 책의 선택은 다양하게 이루어져야 한다. 예술이나 문학에 관심이 있다면 감성을 자극하는 창의적 작품을, 과학이나 기술에 흥미가 있다면 최신 연구 동향과 실생활에 적용 가능한 지식을 다룬 책을 추천한다. 사회과학이나 철학에 관심이 있는 학생들에게는 사고를 확장시킬 수 있는 깊이 있는 이론서나 입문서가 적합하다.

이 시기의 학생들은 입시를 준비하며 교과서적인 내용을 많이 접하게 되므로, 학업과 직접 연계되면서도 독립적 사고와 상상력을 자극할 수 있는 책을 선택하는 것이 중요하다. 고전 문학과 철학 책은 교과서적 내용과 연결되지만, 동시에 삶과 세상에 대한 깊은 통찰을 제공하는 분야이다.

17세에서 19세 고등학생에게 책 선택은 학생들의 학업적 성장과 진로 설계를 동시에 지원할 수 있어야 한다.

▎고등학교 시기 기본 추천 도서:

『1984』(조지 오웰): 정치적, 철학적 주제를 통해 비판적 사고력을 극대화할 수 있는 도서이다. 『멋진 신세계』『우리들』과 함께 3대 디스토피아 소설로 당에 의해 머릿속까지 철저히 통제받는 개인의 삶이 파괴되어 가는 과정이 심도 깊게 전개된다.

『백범일지』(김구): 역사적 인물의 자서전을 통해 역사를 재조명하며, 논리적 사고와 분석 능력을 기른다.

『총, 균, 쇠』(제러드 다이아몬드): 인류의 역사적 발전을 자연적, 환경적 요소로 설명하는 역사 논픽션으로 방대한 주제를 체계적으로 설명하여 논리성과 탐구력을 향상시킬 수 있다. 과학적, 역사적 사고를 기르고, 인류 발전에 대한 폭넓은 이해를 제공한다.

『논어』(공자): 인간의 도리와 지혜를 담은 철학적 고전이다. 삶의 지혜와 도덕적 성찰을 위한 읽기 자료로, 청소년기 도덕적 가치와 사회적 책임감 형성에 기여한다.

『그릿(Grit)』(앤절라 더크워스): 성공을 결정하는 것은 재능보다 끈기와 열정이라는 내용을 다룬 자기계발서로 귀인이론 및 효능감, 회복타력성 등 심리적 기제에 대한 이해를 돕는다. 학업과 진로 고민 속에서 인내와 끈기의 중요성을 인식하게 한다.

⑧ 성인기(20~60세): 창의력, 문제 해결 및 뇌 기능 유지를 위한 노력시기

20~30대는 자기 계발, 전문성 향상, 감정적 성장을 중심으로 책을 선택하는 경향이 있다. 글의 양은 적당히 많은 내용으로 구성되어 있어야 하며, 복잡한 개념과 정보를 이해할 수 있도록 체계적인 구성이 중요하다. 형식은 이론적 내용과 실용적인 팁이 결합된 자기계발서나 창의적인 사고를 자극하는 문학 작품이 적합하다. 종이 질감은 일반적인 종이로 충분하지만, 내용이 방대하거나 심도 있는 책의 경우는 내구성이 좋은 제본이 선호된다. 판형은 가볍고 휴대성이 좋은 크기(15~20cm)로, 이동 중에도 쉽게 읽을 수 있어야 한다.

30~40대는 경력, 가정생활, 자기 이해와 관련된 주제에 관심이 많다. 글의 양은 중간에서 긴 분량으로, 구체적이고 실질적인 사례를 통해 메시지가 전달되는 책이 적합하다. 형식은 에세이, 논픽션, 전문 서적, 또는 문

학적 깊이를 가진 작품이 선호된다. 종이 질감은 부드럽고 매끄러운 고품질 종이가 적합하며, 이는 독서의 품격과 만족감을 높인다. 판형은 보통 크기(20~25cm)로, 책장을 넘기며 여유롭게 읽을 수 있는 크기가 이상적이다.

40~50대 중년기는 자기 성찰과 삶의 균형 이루고자 하는 관심이 높아지는 시기이다. 이들에게 적합한 책은 깊이 있는 철학적 또는 심리학적 주제를 다루며, 글의 양이 많더라도 읽는 속도를 조절할 수 있는 챕터 중심 구성이 좋다. 형식은 회고적 성격의 에세이, 인문학적 서적, 감동적인 소설이 적합하며, 종이 질감은 고급스럽고 두께감 있는 재질이 선호된다. 판형은 크기가 약간 큰 편(25cm 이상)이어도 좋으며, 독서 환경에서 여유롭게 펼쳐 읽을 수 있어야 한다.

50~60대 노년기는 경험과 지혜를 나누는 주제, 감동적인 이야기, 또는 인생에 대한 통찰을 제공하는 책을 선호한다. 글의 양은 너무 방대하지 않은 적당한 길이로, 간결하면서도 의미 있는 내용이 좋다. 형식은 이야기 중심의 소설, 에세이, 회고록, 혹은 건강과 삶의 질 향상에 관한 실용서가 적합하다. 종이 질감은 부드럽고 눈의 피로를 덜어주는 중간 톤의 재질이 바람직하다. 판형은 글씨가 크고 가독성이 높은 크기(25cm 이상)가 좋으며, 책의 무게는 가볍게 제작되어 독서 시 부담이 없도록 해야 한다.

모든 연령대의 성인기 독서는 지적 성장과 정서적 만족을 얻을 수 있다.

┃ 성인기 기본 추천 도서:

『나는 생각한다, 고로 존재한다』(르네 데카르트): 철학적 사고와 자아 인식을 깊이 있게 탐구할 수 있는 책으로 성인이 된 청년들은 자신의 사고 과정과 존재에 대한 질문을 던지며 삶을 성찰할 수 있다.

『성공하는 사람들의 7가지 습관』(스티븐 코비): 자기 계발의 고전으로, 성인이 된 청년들이 성공적인 삶을 계획하고 실천할 수 있는 방법을 제공한다. 개인적, 직업적 성공을 위한 습관 형성에 실질적인 도움을 준다.

『죽음의 수용소에』(빅터 프랭클): 역경 속에서 삶의 의미를 찾는 이야기를 통해 성인 청년들이 고난 속에서도 희망을 잃지 않고 자기 삶의 목적을 찾을 수 있게 도와준다.

『넛지: 똑똑한 선택을 이끄는 힘』(리처드 탈러, 캐스 선스타인): 경제학적, 심리학적 이론을 바탕으로 사람들의 선택에 영향을 미치는 다양한 요인을 분석하며, 청년들이 사회적 선택과 행동을 어떻게 할 것인지 고민하게 하는 책으로 자기 이해와 사회 이해의 기반을 다지게 한다.

『찬란한 멸종』(이정모): 지구가 다섯 번의 대멸종을 겪었지만 더욱 경이롭게 진화해왔음을 설명한다. 시간 순서가 아닌 인류가 멸망한 2150년 미래의 인공지능이 들려주는 이야기로 시작해 지구 전체 46억을 거슬러 오르며 설명한다. 역발상의 참신함과 함께 전체 역사에 대한 조망과 세계를 인식하는 거대한 시각을 갖게 한다.

독서 후
장르별 질문 420

AI 시대 독서 후 질문이 중요한 이유는, 질문이 단순히 정보를 확인하는 것을 넘어 비판적 사고를 촉진하고, 독서의 의미를 확장하며, 배운 내용을 실질적인 지식과 통찰로 전환하는 데 핵심적인 역할을 하기 때문이다. 독서 후 질문을 통해 독자는 정보를 평가하고, 새로운 관점을 발견하며, 스스로 사고하는 능력을 강화할 수 있다. 질문은 독서 내용을 자신의 경험과 연결하고, 이해도를 점검하며, 심화 학습으로 이어지게 한다. 특히 AI는 방대한 정보를 빠르게 제공하지만, AI가 제공하는 답변의 신뢰성을 판단하는 몫은 인간에게 있다. 답변을 수동적으로 받아들이는 것을 넘어 추가적인 정보를 요청하거나, 더 깊은 탐구를 유도하기 위해서라도 질문은 필수적이다. 따라서 독서 후 질문은 독자를 단순한 정보 소비자가 아니라, 능동적인 학습자로 변화시키는 중요한 도구이다.

이번 부록에서는 구체적으로 책을 읽은 후 할 수 있는 다양한 수준과 방식의 질문을 장르별로 나누어 실었다. 도서 장르 구분은 비문학과 문학으로 나누었다. 문학은 동시, 시, 수필, 동화, 청소년 소설, 소설, 고전문학 분야로 나누고 비문학은 역사, 철학, 윤리. 과학, 기술, 예술, 정치, 경제, 법, 문화, 기사문, 기행문, 평전, 위인전 도서로 나누었다. 질문은 각각 20개 문항을 예시로 들었다. 자녀와 학생들과 어떤 장르의 책을 읽게 되더라도 활용도 높게 다양한 질문을 작성했다.

1) 문학

① 동시

1. 이 동시의 소재는 무엇인가?

2. 동시를 읽을 때 어떤 감정이 전달되었는가?

3. 동시 속 이미지는 어떤 모습으로 그려지는가?

4. 작가의 다른 동시에서 나타나는 같은 표현이나 느낌은 무엇인가?

5. 이 동시가 읽는 사람들에게 어떻게 해석될 수 있을까?

6. 동시 속에 쓰인 시어가 어떤 감정 표현에 영향을 미친다고 느꼈는가?

7. 이 동시의 연과 행은 이렇게 구분함으로써 내용 전달에 어떤 영향을 미치는가?

8. 이 동시와 유사한 주제를 다룬 다른 동시는 무엇이 있을까?

9. 동시의 핵심 메시지(주제)는 무엇인가?

10. 이 동시에서 말하는 'ㅇㅇㅇ'(단어, 표현)은 실제 무엇을 의미하는가?

11. 반복적인 표현(단어, 문장)으로 무엇을 느낄 수 있는가?

12. 이 동시에서 시인은 개인적인 경험(추억, 생각)을 어떤 방식으로 표현하고 있는가?

13. 동시 속의 화자는 감정의 변화가 어떻게 드러나는가?

14. 이 동시의 첫 행과 마지막 행에서 드러나는 변화는 무엇인가?

15. 이 동시를 바탕으로 이야기를 짓는다면 어떤 이야기가 만들어질까?

16. '비유와 은유'로 사용된 표현은 어디이며 이 표현의 사용은 어떤 점
    에서 효과적인가?

17. 이 동시에서 작가가 사용한 리듬이나 운율의 효과는 무엇이며 어떻
    게 표현되었는가?

18. 동시 전체에 변화와 색다름을 주는 단어는 무엇인가?

19. 이 동시가 자신의 생활과 어떤 점에서 유사(다른)한가?

20. 시인이 전달하고자 하는 생각은 여러분에게 어떻게 전달되는가?

② 시

1. 이 시의 주요 제재와 주제는 무엇인가?

2. 시의 구조(전개)가 내용 전달에 미치는 영향은 무엇인가?

3. 이미지와 감정의 상관관계는 어떻게 나타나는가?

4. 이 시의 감정선은 어떻게 발전하는가?

5. 시에서 사용된 언어의 특징은 무엇인가?

6. 주제에 대한 다양한 해석은 무엇이 있을까?

7. 우화적 요소가 어떤 역할을 하는가?

8. 시의 역사적 배경은 무엇인가?

9. 이 시에서 드러나는 갈등은 무엇인가?

10. 독자가 느낄 수 있는 주된 감정은 무엇인가?

11. 이 시가 다른 작품과 유사한 점은 무엇인가?

12. 비유(상징) 언어의 사용이 작품에 미치는 영향은?

13. 화자의 심리가 어떻게 변화하는가?

14. 다른 작품과의 비교를 통해 찾아낼 수 있는 공통 요소는 무엇인가?

15. 시에서 작가의 생애 경험과 전기적 사실이 반영된 부분을 통해 무엇을 알 수 있는가?

16. 이 시의 결말이 주는 메시지는 무엇인가?

17. 작품의 시적인 장치가 대화에 미치는 영향은 무엇인가?

18. 시의 각 행이나 연은 어떠한 구성 방식으로 전개되는가?

19. 반복되는 구절의 의미는 무엇인가?

20. 작품이 만들어 낸 이미지(심상)의 효과는 어떠한가?

③ 수필

1. 이 작품에서 작가가 전달하고자 하는 주 메시지는 무엇인가?

2. 어떤 개인적인 경험이 서술되고 있는가?

3. 저자의 세상에 대한 관점이 작품의 서술 방식에 어떤 영향을 미치는가?

4. 작가의 언어 선택이 느끼게 하는 감정은 어떠한가?

5. 이 수필에서 등장하는 주제가 독자에게 어떤 인상을 주는가?

6. 체험담이 주제와 연결되는 방식은 어떠한가?

7. 수필의 형식적 특징은 무엇인가?

8. 언어의 톤이나 스타일은 어떤 경향을 보이는가?

9. 이 작품에서 사용된 비유나 은유는 무엇인가?

10. 작가의 성격이 드러나는 부분은 어디인가?

11. 수필의 결론은 어떻게 구성되어 있는가?

12. 특정 감정이 서술되는 방식은 어떻게 되는가?

13. 작가가 사회적 문제를 어떻게 반영하고 있는가?

14. 이 수필을 읽고 어떤 질문이 떠오르는가?

15. 인용된 자료의 신뢰성과 타당성은 있는가?

16. 주제의 보편성과 공정성 그리고 개인성은 어떻게 조화를 이루는가?

17. 인상 깊었던 문장이나 구절은 무엇인가?

18. 작품에서 제공되는 시각적 요소는 무엇인가?

19. 이 수필의 서사적 전개 방식은 어떤가?

20. 수필이 독자에게 제공하는 새로운 관점은 무엇인가?

④ 동화

1. 이 동화가 전하는 주요 교훈은 무엇인가?

2. 등장인물의 성격은 어떻게 서술(묘사)되는가?

3. 어떤 갈등 구조가 사용되고 있는가?

4. 이 동화의 배경은 어떤 영향을 미치는가?

5. 인물의 말과 행동은 작품에 어떤 영향을 미치는가?

6. 주인공의 변화 과정은 어떻게 나타나는가?

7. 이 동화에 나타나는 문화적 요소는 무엇인가?

8. 다른 동화와의 유사점 및 차이점은 무엇인가?

9. 이 작품이 전하는 감정은 어떻게 전달되는가?

10. 그림이나 삽화가 이야기 전개에 미치는 영향은 어떠한가?

11. 이 동화의 서술자는 누구이며 그 역할은 무엇인가?

12. 권선징악 구도가 잘 드러나는 장면은 어떻게 표현되어 있는가?

13. 이 동화에서 상징적인 역할의 인물은 무엇인가?

14. 이야기의 전개 방식은 어떻게 구성되었는가?

15. 특정 사건이 주제를 강조하는 방식은?

16. 이야기가 특정 사회적 문제(관념)을 어떻게 반영하고 있는가?

17. 연령대에 따라 느끼는 다른 해석은 무엇인가?

18. 이 동화의 결말은 어떤 의미를 지닐까?

19. 이 동화를 통해 전달되는 사회적 메시지는 무엇인가?

20. 이 동화를 자기의 삶과 연결하면 어떻게 해석할 수 있는가?

⑤ **청소년 소설**

1. 이 소설의 주인공은 어떤 성격을 지니고 있는가?

2. 주제가 청소년 독자에게 어떤 의미가 있을까?

3. 주요 갈등은 무엇이며, 어떻게 발달하는가?

4. 작품 속에서 등장하는 주제는 어떻게 구현되는가?

5. 주인공의 성장 과정은 어떻게 서술되는가?

6. 이 소설이 전하는 메시지는 무엇인가?

7. 각 등장인물 간의 관계는 어떻게 설정되었는가?

8. 이 작품의 기본 배경은 사회적 맥락과 어떻게 연결되는가?

9. 문체나 스타일의 특징은 어떤가?

10. 갈등 해결 방식은 무엇인가?

11. 이 소설의 결말에서 중요한 요소는 무엇인가?

12. 주제와 관련된 상징적 장치는 무엇인가?

13. 이 소설이 담고 있는 고뇌와 성장은 어떻게 표현되었는가?

14. 주변 인물들의 역할은 어떻게 이끌어가는가?

15. 이 소설이 다루는 윤리적 문제는 어떤 것들이 있는가?

16. 독자가 공감하기 쉬운 부분은 무엇인가?

17. 주인공을 통해 다루어진 갈등은 무엇인가?

18. 소설의 형식적 요소는 내용에 어떤 영향을 주는가?

19. 이 작품이 제공하는 독특한 시각은 무엇인가?

20. 이 소설의 내용을 현대적 이슈와 어떻게 연결할 수 있을까?

⑥ 소설

1. 이 소설의 주제는 무엇이며 어떻게 전개되는가?

2. 서술자의 시점이 이야기 전개에 미치는 영향은 무엇인가?

3. 인물 간의 갈등은 어떻게 표현되고 해결되는가?

4. 이 소설의 배경은 어떤 역할을 하는가?

5. 상징과 비유의 사용은 어떤 점에서 효과적인가?

6. 이야기를 통해 드러나는 사회적 주제는 무엇인가?

7. 등장인물들의 성격 발전은 어떻게 이루어지는가?

8. 결정적인 사건이 줄거리의 핵심이 되는 방식은 어떠한가?

9. 시점의 변화를 통해 얻을 수 있는 효과는 무엇인가?

10. 결말은 어떤 느낌이나 교훈을 주는가?

11. 이 작품에서 발생하는 긴장의 요소는 무엇인가?

12. 주인공의 내적 갈등은 어떻게 전개되는가?

13. 다양한 문체가 전개에 미치는 영향은 무엇인가?

14. 작품의 서사 구조는 어떤 방식으로 설정되고 있는가?

15. 인용되거나 참고되는 다른 작품과의 연관성은 어떠한가?

16. 이 소설의 테마가 개인적 경험과 어떻게 연결되는가?

17. 인물 간 대화의 중요성이 어떻게 드러나는가?

18. 독자의 예상을 깨는 전개가 이루어지는 부분은?

19. 등장인물의 관계가 소설의 흐름에 어떤 영향을 미치는가?

20. 이 작품의 주제가 현재 사회와 어떻게 관련될 수 있을까?

⑦ 고전문학

1. 이 작품의 역사적 배경은 무엇인가?

2. 주제와 메시지는 어떤 방식으로 전달되는가?

3. 등장인물의 복잡한 성격은 어떻게 나타나는가?

4. 작가의 의도와 시대적 맥락은 어떤 관계인가?

5. 이 작품에서 주목할 만한 서사 기법은 무엇인가?

6. 작품의 상징적 요소는 무엇인가?

7. 이 고전이 현재에도 여전히 의미가 있는 이유는 무엇인가?

8. 문체와 톤의 특성은 무엇인가?

9. 갈등과 해결의 구조는 어떻게 형성되었는가?

10. 이 작품이 다루는 사회적 문제는 무엇인가?

11. 이 고전문학 작품이 전하는 도덕적 교훈은 무엇인가?

12. 형식적 요소가 주제 표현에 어떤 영향을 미치는가?

13. 현대 독자에게 이 작품이 주는 영향은?

14. 특정 사건이나 인물이 주제와 어떤 관계가 있는가?

15. 등장인물이나 서사가 대치하며 발생하는 충돌은 무엇인가?

16. 이 작품의 결말이 주는 의미는 무엇인가?

17. 이 고전을 통해 그 시대의 사고방식을 어떻게 이해할 수 있을까?

18. 인용된 문장이나 구절이 작품에 미치는 영향은?

19. 독자가 이 작품을 통해 어떤 교훈을 얻을 수 있는가?

20. 다른 문학 작품과 비교할 때 이 작품의 독특한 점은 무엇인가?

2) 비문학

① 역사

1. 역사적 사건의 전후 맥락은 무엇인가?

2. 주요 역사적 인물의 역할은 어떻게 되며 그 중요성은 무엇인가?

3. 이 사건이 현대 사회에 미친 영향은 무엇인가?

4. 이 역사적 기록의 신뢰성은 어떻게 평가할 수 있는가?

5. 갈등의 특정 원인은 무엇이며 그것이 발생한 배경은 무엇인가?

6. 이 사건을 통해 드러나는 당대 사회적 변화는 무엇인가?

7. 시대적 배경이 역사 속 개인의 선택에 미친 영향은 무엇인가?

8. 이 역사적 사건의 결과는 무엇이며 그것이 의미하는 바는 무엇인가?

9. 저자가 선택한 자료나 접근 방식의 특징은 무엇인가?

10. 이 사건의 주제가 다른 역사 사건과 어떤 유사점이 있는가?

11. 특정 사건의 다양한 해석이 오늘날에도 유지되는 이유는 무엇인가?

12. 역사가 다루어진 문맥에서 부각 되는 당대의 모순은 무엇인가?

13. 이 역사적 사건은 문학 작품이나 대중문화(드라마, 영화, 연극 등)에
    서 어떻게 다루어졌는가?

14. 이 역사적 사건의 결말이나 전개에서 중요한 논쟁 포인트는 무엇인가?

15. 연대기적 구성의 의의는 무엇인가?

16. 이 텍스트에서 사용된 역사적 자료의 종류는 무엇인가?

17. 저자의 관점이 사건의 서술에 어떻게 영향을 미쳤는가?

18. 이 작품이 제기하는 질문은 어떠한가?

19. 역사적 인물들이 직면한 도전은 무엇인가?

20. 이 사건이 이후 다른 역사적 사건과 어떤 관계 형성해 가는가?

② 철학

1. 이 철학적 주장의 핵심 개념은 무엇인가?

2. 주장과 반론의 관계는 어떻게 구성되는가?

3. 이 철학자의 주장을 이해하는 데 필요한 배경지식은 무엇인가?

4. 이 주장의 현대적 의미는 무엇인가?

5. 특정 철학 도서에서 다뤄지는 사건은 글에 어떻게 반영되는가?

6. 철학적 아이디어가 사회적 맥락에서 어떻게 변화하는가?

7. 이 작품이 제기하는 윤리적 질문은 무엇인가?

8. 아리스토텔레스와 플라톤의 철학적 차이는 무엇인가?

9. 이 이론이 다른 철학적 입장과 어떻게 비교되는가?

10. 개인적 경험이 철학적 사고에 어떻게 연결될 수 있을까?

11. 이 철학적 개념이 일반적인 생활에서 어떻게 적용되는가?

12. 독자의 감정이나 관점에 이론이 미치는 영향은 무엇인가?

13. 철학사 전체에 있어 특정 철학은 어느 시점(어느 학파, 주류)에 속하는가?

14. 다양한 시대의 철학적 변천사는 어떤 영향을 미쳤는가?

15. 이 철학자가 다룬 특정 주제가 역사에 미친 영향은 무엇인가?

16. 철학자의 주장(철학을 설명하는 저자)이 글 구성에서 이루어지는 설

명 방식은 어떤가?

17. 이 철학적 논의가 현대 철학 담론에 미치는 영향은 무엇인가?

18. 독자가 이 철학적 아이디어를 어떻게 해석할 수 있을까(삶에 적용할 수 있는가)?

19. 이 저작물이 갖는 역사적 의의와 영향은 무엇인가?

20. 저자의 철학적 사고를 통해 통찰할 수 있는 삶의 의미 무엇인가?

③ 윤리

1. 이 도서에서는 어떤 윤리적 문제를 제기하는가?

2. 주제에 대한 다양한 윤리적 접근은 무엇이 있는가?

3. 윤리적 결론은 어떻게 도출되는가?

4. 이 논증의 장단점은 무엇인가?

5. 사례 연구가 윤리적 이해에 미치는 영향은 무엇인가?

6. 이 논의에서 강조된 기본 원칙은 무엇인가?

7. 윤리적 딜레마의 구체적인 예시는 무엇인가?

8. 저자의 가치관이 텍스트에 어떻게 드러나는가?

9. 이 주제가 개인의 도덕적 신념에 어떻게 영향을 미치는가?

10. 다양한 문화에서의 보이는 윤리적 관점 차이는 무엇인가?

11. 이 텍스트에서 다루는 특정 윤리적 이슈는 무엇인가?

12. 현대 사회의 윤리적 쟁점은 어떻게 드러나는가?

13. 이 주장에서 인정된 주요 반론은 무엇인가?

14. 이 작품을 통해 얻을 수 있는 윤리적 교훈은 무엇인가?

15. 독자가 느낄 수 있는 윤리적 긴장감은 무엇인가?

16. 이 책에서 제공하는 철학적 통찰은 무엇인가?

17. 주제를 설명하기 위해 사용된 특정 사례는 무엇이며 타당한가?

18. 저자가 제시한 윤리적 원칙을 실생활에 어떻게 적용할 수 있는가?

19. 이 작업의 결론이 사회적 해석을 어떻게 형성하는가?

20. 특정 윤리적 접근이 나타내는 현대적 영향을 설명하라.

④ 과학

1. 이 과학적 이론의 기초는 무엇인가?

2. 연구 결과의 신뢰성을 어떻게 평가할 수 있는가?

3. 주제와 관련된 주요 발견은 무엇인가?

4. 연구 방법론의 장점과 단점은 무엇인가?

5. 이 이론이 사회에 미친 영향은 무엇인가?

6. 최근의 과학적 발전과의 연결 지점은 무엇인가?

7. 이 주제에서 다루는 윤리적 고려 사항은 무엇인가?

8. 주제가 일상생활에 어떻게 적용되며 구체적인 예시는 무엇인가?

9. 이 연구의 결론이 선보이는 문제점은 무엇인가?

10. 과학적 진행이 특정 이론의 변화에 미친 영향을 설명하라.

11. 이 과학적 개념이 대중문화에 미친 영향은 무엇인가?

12. 저자가 다루는 특정 실험이나 사례는 무엇이 있는가?

13. 발견된 데이터를 바탕으로 한 결론의 변혁은 무엇인가?

14. 이 연구가 제기하는 질문은 무엇인가?

15. 다른 과학 분야와의 연관성을 어떻게 설명할 수 있을까?

16. 이 과학적 발견이 관련된 사회적 변화는 무엇인가?

17. 현대 과학 논의에 미치는 영향은?

18. 특정 주제에 대한 기존 관점이 어떻게 변화했는가?

19. 실험이나 연구 사례에서 응용된 방법론은 무엇인가?

20. 이 과학적 주제가 신뢰성을 확보하기 위한 기준은 무엇인가?

⑤ 기술

1. 이 기술의 개발 배경은 무엇인가?

2. 이론과 실제 응용의 차이는 무엇인가?

3. 해당 기술의 주요 기능은 무엇인가?

4. 기술이 사회에 미친 긍정적 및 부정적 영향은?

5. 이 기술이 다른 산업에 미치는 영향은?

6. 기술 발전이 기존의 사고방식을 어떻게 변화시키는가?

7. 저자가 제시한 미래 전망은 어떤가?

8. 이 기술이 산업 내에 어떻게 응용되고 있는가?

9. 기술 발전이 윤리적 문제와 어떻게 연결되는가?

10. 특정 기술이 사회적 불평등에 미치는 영향은 무엇인가?

11. 기술 혁신이 결정을 내리는 방식을 어떻게 변화시키는가?

12. 이 기술의 단점이나 한계는 무엇인가?

13. 기술의 발전이 인류에게 주는 분기점은 무엇인가?

14. 정부 또는 기업의 정책이 기술 발전에 어떤 영향을 미치는가?

15. 이 기술의 선택 과정에서 고려해야 할 다른 요소는 무엇인가?

16. 특정 기술 주제가 사회적 변화를 어떻게 촉진하는가?

17. 기술의 발전이 문화에 어떤 영향을 미치는가?

18. 이 기술 관련 연구에서 현재 집중되고 있는 주제는 무엇인가?

19. 개발된 기술이 가져올 수 있는 불확실한 미래는 무엇인가?

20. 이 기술이 미래에 어떤 새로운 산업을 창출할 수 있을까?

⑥ 예술

1. 이 작품에서 나타나는 주요 테마는 무엇인가?

2. 작가는 어떤 기법을 사용해 감정을 표현하고 있는가?

3. 작품의 색채 사용이 의미하는 바는 무엇인가?

4. 저자의 배경이나 경험이 이 작품에 어떻게 반영되었는가?

6. 작가가 선택한 매체(예: 유화, 수채화 등)의 특징은 무엇인가?

7. 이 작품이 발표된 당시의 사회적, 문화적 맥락은 어떻게 되는가?

8. 작품의 구성이 감정적으로 어떤 영향을 줄 수 있는가?

9. 작품에 등장하는 상징이나 메타포(은유)는 무엇인가?

10. 독자의 감정이나 반응이 이 작품과 어떻게 연결될 수 있는가?

11. 작품의 제목은 어떤 의미를 내포하고 있는가?

12. 이 예술 작품이 다루고 있는 주제는 과거와 현재 사이에서 어떤 연결점을 가지고 있는가?

13. 작품 속 소재는 무엇이며, 그 선택이 주는 의미는 무엇인가?

14. 작가의 의도가 무엇이라고 생각하는가?

15. 이 작품에서 개인적인 해석과 객관적인 해석은 어떻게 다른가?

16. 독자가 작품을 접할 때 느낄 수 있는 보편적인 감정은 무엇인가?

17. 작품이 지닌 미적 가치는 무엇이고, 왜 중요하다고 생각하는가?

18. 비슷한 주제를 다룬 다른 예술 작품(미술 사조)과의 비교는 어떻게 진행될 수 있는가?

19. 작품의 시대적 배경(과학이나 기술, 정치의 변동)이 내용에 끼친 영향은 무엇인가?

20. 예술 작품이 사회나 문화에 미친 영향은 무엇이라고 생각하는가?

⑦ 정치

1. 저자가 논의한 정치 이념의 핵심 요소는 무엇인가?

2. 이 주제가 다루는 역사적 사건은 어떤 의미를 지니고 있는가?

3. 저자가 설명하는 정치적 이슈의 현재 상황은 어떻게 되는가?

4. 이 책이 다루고 있는 정치 체계의 장점과 단점은 무엇인가?

5. 저자는 어떤 방법으로 자신의 주장을 뒷받침하고 있는가?

6. 다양한 정치 이론 간의 비교는 어떻게 이루어질 수 있는가?

7. 이러한 정치적 변화가 사회에 미치는 영향은 무엇인가?

8. 저자의 주장이 주류 정치와 어떻게 관계를 맺고 있는가?

9. 이 책에 등장하는 주요 정치적 인물들은 누구인가?

10. 현대 정치에서 이 이론이 가지는 중요성은 무엇인가?

11. 이 정치적 논의가 국제 관계에 미치는 영향은 어떤가?

12. 저자가 설정한 정치적 목표는 무엇이며, 그 실현 가능성은 어떻게 되는가?

13. 이 책에서 제시된 정책 제안의 실효성은 어떻게 평가될 수 있는가?(평가해야 하는가?)

14. 정치적 토론에서 사용되는 주요 논리 트렌드(방향)는 어떤 것이 있는가?

15. 저자가 다루는 주제가 정치적 권력 구조와 어떻게 연결되는가?

16. 주어진 정치적 문제를 해결하기 위한 제안은 어떤 것들이 있는가?

17. 이론과 실제 정치 간의 괴리를 어떻게 좁힐 수 있는가?

18. 저자가 설명하는 정치 이념의 발전 과정은 어떻게 되는가?

19. 이 주제에 대한 비판적인 의견은 어떤 것이 있는가?

20. 저자의 역사적 및 정치적 배경이 주제에 미친 영향은 무엇인가?

⑧ 경제

1. 책에서 설명하는 경제 이론의 기본 원리는 무엇인가?

2. 저자가 논의하는 경제적 현상의 현재 상황은 어떠한가?

3. 이 이론이 설명하는 경제적 문제는 어떤 것이 있는가?

4. 저자는 어떤 데이터를 사용하여 자신의 주장을 뒷받침하고 있는가?

5. 경제적 상황이 사회에 미치는 영향은 무엇인가?

6. 이 이론과 관련 된 다양한 사례는 무엇인가?

7. 저자가 다루는 경제 정책의 장점과 단점은 무엇인가?

8. 이 책에서 제시한 경제적 해결책은 어떤 것인가?

9. 이론적 접근법과 실천적 접근법의 차이는 무엇인가?

10. 저자의 주장이 경제학의 발전에 미친 영향은 어떠한가?

11. 이 책에서 설명된 경제적 현상의 세계적 연관성은 무엇인가?

12. 이론의 비판적 관점과 그에 대한 반박은 무엇인가?

13. 경제성장과 불평등 사이의 관계는 어떻게 설정되는가?

14. 저자가 설명하는 과거의 경제 사례는 오늘날의 이슈와 어떻게 연결
    되는가?

15. 경제적 결정이 개인 생활에 미치는 영향은 무엇인가?

16. 경제 정책이 사회의 각 계층에 미치는 효과는 무엇인가?

17. 이 이론이 다루는 경제적 문제의 실증적 증거는 무엇인가?

18. 저자가 주장하는 경제적 원리가 현대에 어떻게 적용될 수 있는가?

19. 이 책의 결론이 제시하는 정책 대안은 어떤 것이 있는가?

20. 경제적 논의에서의 윤리적 고려 요소는 무엇인가?

⑨ 법

1. 이 책에서 다루는 법적 이론의 핵심 주장은 무엇인가?

2. 저자의 주장에 대한 법적 사례는 어떤 것들이 있는가?

3. 법의 변화가 사회에 미치는 영향을 어떻게 설명하는가?

4. 저자는 어떤 법적 원칙이나 이론에 기반하여 자신의 주장을 펼치고 있는가?

5. 이 법적 문제의 역사적 맥락은 어떻게 되는가?

6. 법 이론과 실제의 법적 적용 간의 차이는 무엇인가?

7. 저자가 다룬 사례의 법적 의의는 무엇인가?

8. 이 주제 관련하여 다양한 시각에서의 비판은 어떻게 이루어지는가?

9. 현대 사회에서 법의 역할은 무엇인가?

10. 저자가 주장하는 법적 접근이 실제 사례에 어떻게 적용되었는가?

11. 법적 원칙이 사회 정의와 어떻게 연결될 수 있는가?

12. 저자는 특정 법적 제도를 비판하는 근거로 무엇을 제시하고 있는가?

13. 법과 윤리 간의 관계는 이 책에서 어떻게 설명되고 있는가?

14. 법적 분쟁의 해결 과정에서의 주요 요소는 무엇인가?

15. 이 법적 주제가 여러 사회에 걸쳐 어떻게 다루어지고 있는가?

16. 저자가 설명하는 법적 시스템의 장단점은 무엇인가?

17. 이론적 논의와 실제 법 승소 사례 간의 차이는 어떤가?

18. 저자가 제시하는 법적 개혁의 필요성은 무엇인가?

19. 이 책에서 논의하는 법적 문제에 대한 대중의 반응은 어떤가?

20. 법적 접근이 사회 변화에 미친 영향은 무엇인가?

⑩ 문화

1. 이 책에서 다루는 문화적 현상의 핵심 주장은 무엇인가?

2. 저자가 설명하는 문화적 요소는 개인의 삶에 어떤 영향을 미치는가?

3. 이 책이 나타내는 문화적 갈등은 무엇인가?

4. 저자와 다른 연구자들 간의 논의는 어떻게 다른가?

5. 문화적 전통이 현대 사회에 미치는 영향은 무엇인가?

6. 이 주제를 다룬 다른 작품들의 접근법은 어떻게 되는가?

7. 이 문화적 주제가 어떤 사회적 쟁점과 연결될 수 있는가?

8. 저자가 설명하는 문화적 상징은 무엇을 의미하는가?

9. 저자의 문화적 관점이 개인 경험과 어떤 연관이 있는가?

10. 이 책이 탐구하는 문화적 현상이 세계적 문화 현상에서 어떤 위치를 차지하는가?

11. 문화적 표현이 사회의 변화를 이끌어 낸 사례는 무엇인가?

12. 저자가 제시한 문화적 원리는 어떤 방식으로 실천될 수 있는가?

13. 문화 간의 차이가 나타내는 갈등은 어떤 것이 있는가?

14. 이론과 실제 문화적 경험 간의 괴리는 어떻게 설명되는가?

15. 저자가 다루는 주제가 교육과 어떤 관계가 있는가?

16. 이 책에서 논의되는 문화적 변화의 주된 원인은 무엇인가?

17. 저자가 설명하는 문화적 인상의 여파는 무엇인가?

18. 이 문화적 현상이 현대 예술(미에 대한 의식)에 미친 영향은 어떤 것이 있는가?

19. 다양한 문화적 관점에서 이 주제를 분석하는 방법은 어떤 것이 있는가?
20. 이 책의 결론이 제시하는 문화적 이해의 필요성은 무엇인가?

⑪ 기사문

1. 이 기사에서 전달하려는 주요 메시지는 무엇인가?
2. 저자가 소개한 사건의 배경은 어떻게 되는가?
3. 기사에서 제기한 문제의 중요성은 무엇인가?
4. 저자의 자료 출처는 신뢰할 만하다고 생각하는가?
5. 이 기사가 담고 있는 사실과 의견의 경계는 무엇인가?
6. 저자가 제시한 데이터는 어떤 의미를 지니고 있는가?
7. 여러 출처와의 비교를 통해 이 기사를 어떻게 평가할 수 있는가?
8. 독자의 반응은 이 기사에서 어떻게 제시되어 있는가?
9. 이 기사에서 사용된 시각적 자료는 어떤 역할을 하는가?
10. 특정 사건에 대한 다양한 의견은 이 기사에서 어떻게 다루어지고 있는가?
11. 이 기사가 다루는 주제와 관련된 사건들이 벌어진 경우는 어떤 것들이 있는가?
12. 저자가 제시한 해결책을 실제 사회에서 어떻게 적용할 수 있는가?
13. 기사의 제목이 내용의 이해를 어떻게 돕고 있는가?
14. 저자의 글쓰기 스타일이 메시지 전달에 미친 영향은 어떠한가?
15. 이 기사가 영향을 미친 주요 독자층은 누구인가?

16. 이 기사의 편향성을 평가할 수 있는 기준은 무엇인가?

17. 기사를 통해 독자가 얻을 수 있는 통찰은 무엇인가?

18. 저자가 강조하는 사실 중 가장 중요하다고 생각되는 것은 무엇인가?

19. 이 기사의 주제가 현재 다른 사건과 어떤 연결점이 있는가?

20. 저자의 주장을 강화하기 위해 어떤 추가 자료가 필요한가?

⑫ 기행문

1. 이 기행문에서 작가가 방문한 장소는 어떤 특성을 가지고 있는가?

2. 저자가 경험한 사건은 어떤 의미를 지니고 있는가?

3. 기행문이 주는 주제는 개인의 사고에 어떤 변화를 줄 수 있는가?

4. 저자는 특정 장소에서 어떤 감정을 느꼈는가?

5. 이 기행문의 구조가 어떻게 이야기를 전달하는가?

6. 저자가 사용한 문체와 표현 방식은 어떤 특징이 있는가?

7. 이 기행문이 작성된 시대적 배경은 무엇인가?

8. 저자가 기행문에서 언급한 문화적 요소는 어떤 것들이 있는가?

9. 이 기행문에서 제시한 장소의 역사적 중요성은 무엇인가요?

10. 저자가 돌아오는 공간에서 느낀 변화는 무엇이라고 생각하는가?

11. 기행문에서의 자기 발견은 어떻게 기술되고 있는가?

12. 이 기행문이 주는 교훈은 무엇인가?

13. 독자가 이 기행문에서 느낄 수 있는 감정은 무엇인가?

14. 기행문에서 언급한 사람들이 저자에게 어떤 영향을 미쳤는가?

15. 저자의 여행 경험을 통해 발견한 통찰은 무엇인가?

16. 이 기행문이 다루는 여행의 성격은 어떤 것인가?

17. 저자가 방문한 장소와 관련하여 추가적인 정보는 무엇이 필요한가?

18. 이 기행문이 전달하려는 메시지는 무엇인가?

19. 저자와 자연의 상호작용은 어떻게 진행되었는가?

20. 이 기행문의 문화적 문맥은 여행의 의미를 어떻게 확장하는가?

⑬ 평전(초등 고학년 이상부터)

1. 이 평전에서 다루는 위인의 주요 업적은 무엇인가?

2. 저자가 이 인물을 선택한 이유는 무엇인가?

3. 이 위인이 역사에 미친 영향은 어떤 것이 있는가?

4. 저자가 제공하는 인물의 배경은 어떻게 형성되었는가?

5. 저자가 설명한 위인의 성격적 특징은 무엇인가?

6. 이 평전에서 강조하는 사건의 시기는 인물의 전기와 어떤 관련이 있는가?

7. 이 평전의 주제가 현대 사회와 어떻게 연관될 수 있는가?

8. 저자가 다룬 사건을 통해 위인의 성장 과정은 어떻게 묘사되었는가?

9. 이 인물의 결정적인 순간들은 어떤 것들이 있는가?

10. 저자가 강조한 교훈은 무엇인가?

11. 이 평전을 통해 독자는 어떤 점을 배울 수 있는가?

12. 저자가 제시한 자료는 신뢰할 만한가?

13. 이 위인의 업적이 현재의 사회에 미친 영향은 무엇인가?

14. 평전이 전달하는 인간적인 면모는 무엇인가?

15. 저자의 서술과 다른 저자의 동일 인물 저술 방식에서 차이점은 무엇인가?

16. 이 평전에서 다른 인물들과의 관계는 어떻게 묘사되고 있는가?

17. 평전의 결론이 미치는 메시지는 무엇인가?

18. 이 위인과 유사한 인물을 찾아 비교하는 것은 어떤 의미가 있는가?

19. 저자가 제시한 사건의 해석에 대해 반대 의견은 무엇인가?

20. 이 평전의 주제가 문학적, 역사적으로 어떤 가치가 있는가?

⑭ 위인전(초등 저학년까지)

1. 이 위인의 주요 업적은 무엇인가?

2. 저자가 이 인물의 생애를 다룰 때 중점적으로 설명한 부분은 무엇인가?

3. 위인의 성장 과정에서 결정적인 사건은 무엇인가?

4. 저자가 이 위인을 소개하는 방식이 효과적이라고 생각하는 이유는 무엇인가?

5. 이 위인이 그 당시 사회에 미친 영향은 어떤 것들이 있는가?

6. 이 책에서 제시된 인물의 어린 시절에서 가장 도전적인 순간은 무엇인가?

7. 이 위인은 어린 시절에 어떤 환경(가정, 학교, 지역, 국가)에서 성장했으며 그러한 환경이나 경험이 위인의 성격이나 가치관 형성에 어떤

영향을 미쳤는가?

8. 이 위인이 이룬 가장 중요한 업적은 무엇이며, 그 업적이 사회나 문화에 미친 영향은 무엇인가?

9. 이 위인은 학창 시절(유년기, 성인이 되어) 어떤 어려움이나 도전에 직면했고, 그것을 어떻게 극복했는가?

10. 이 위인의 삶에서 배울 수 있는 교훈이나 가치는 무엇인가?

11. 이 위인으로부터 영감을 받은 인물이나 사건이 있다면 무엇인가?

12. 이 위인의 업적이나 사상이 현대 사회에 어떻게 적용되고 있는가?

13. 이 위인은 일상생활에서 어떤 습관이나 규칙을 가지고 있었는가?

14. 이 위인의 영향력은 시간이 흐르면서 어떻게 변화해 왔는가?

15. 이 위인이 인생에서 가장 기억에 남는 순간은 무엇이고, 그것이 그의 삶에 어떤 영향을 미쳤는가?

16. 이 위인이 활동하던 시대의 사회적, 정치적 배경은 어떠했으며, 그것이 그의 선택에 어떤 영향을 미쳤는가?

17. 이 위인은 가족과의 관계에서 어떤 가치관을 가지고 있었는가?

18. 이 위인은 자신의 삶에서 어떤 멘토나 롤모델이 있었는가? 그들과의 관계는 그에게 어떤 영향을 미쳤는가?

19. 이 위인의 철학적 사고나 믿음은 무엇이었으며, 그것이 그의 행동에 어떻게 반영되었는가?

20. 이 위인이 이룬 업적은 현재에도 여전히 어떤 방식으로 지속되고 있는가?

(부모를 위한) 취미 독서에 적합한
환경 만들기 가이드

독서 환경이 독서의 몰입도와 즐거움에 직접적인 영향을 미치기 때문에 취미 독서를 위해 환경이 중요하다. 취미 독서는 단순히 정보를 얻는 활동이 아니라, 정서적 안정과 창의적 영감을 얻는 과정으로, 이를 최대한 즐기기 위해 적합한 환경이 필수적이다. 독서 환경은 독서의 즐거움과 가치를 높이고, 독자가 독서를 단순한 활동을 넘어 삶의 중요한 취미와 성장 도구로 느낄 수 있도록 한다. 적절한 독서 환경은 독자의 경험을 더욱 풍부하고 만족스럽게 만들어 주는 필수 조건이다. 독서 환경은 독서의 즐거움과 가치를 높이고, 독자가 독서를 단순한 활동을 넘어 삶의 중요한 취미와 성장 도구로 느낄 수 있도록 한다. 적절한 독서 환경은 독자의 경험을 더욱 풍부하고 만족스럽게 만들어 주는 필수 조건이다.

1) 조명

취미 독서는 편안함과 휴식을 주는 환경을 만드는 것이 중요하다. 따라서 취미 독서에는 따뜻한 조명이 좋다. 3000K 이하의 따뜻한 노란색 또는 주황색 조명은 취미 독서에 적합한 아늑하고 편안한 분위기를 제공한다. 간접 조명이나 소프트 라이트를 사용하여 부드러운 빛을 연출하는 것이 좋다. 따뜻한 색조의 조명은 긴장을 완화하고, 편안한 상태에서 독서를 즐길 수 있게 한다. 취미 독서는 휴식이 목적이므로 부드럽고 따뜻한 조명은 심리적 안정을 제공한다.

밝기 조절 기능(디머(Dimmer))이 있는 조명은 필요에 따라 빛의 강도를 조절할 수 있어 좋다. 간접 조명(Indirect Lighting)은 빛을 벽이나 천장에 반사시켜 공간에 부드러운 빛을 퍼뜨리는 조명이다. 간접 조명은 책에 직접적인 빛을 쏘지 않아 눈의 피로를 줄여주고, 독서에 집중하면서도 편안한 환경을 조성한다. 긴장을 풀고 차분한 상태에서 독서를 즐길 수 있어, 특히 감성적이고 창의적인 글을 읽을 때 적합하다.

앰비언트 라이트(Ambient Light)는 공간 전체에 부드러운 조명을 더해 분위기를 조성하는 데 사용한다. 편안한 독서 환경을 유지하면서도 눈의 피로를 최소화할 수 있어 효과적이다.

2) 가구 배치

취미 독서는 편안한 상태에서 즐기는 것이 중요하므로, 편안한 의자와 아늑한 공간을 중심으로 배치하여 편안함과 여유로움을 제공해야 한다. 소파, 리클라이너, 사이드 테이블, 그리고 식물과 같은 소품을 활용해 독서가 편안하고 즐거운 시간이 될 수 있도록 환경을 조성하는 것이 중요하다.

편안한 소파나 리클라이너 의자(등받이나 발 받침의 각도를 자유롭게 조절할 수 있는 안락의자)는 취미 독서를 위한 이상적인 가구이다. 방안의 한쪽 벽면에 배치해 조용한 코너를 만들고, 긴장을 풀고 독서에 몰입할 수 있는 공간을 조성한다. 베개나 방석, 담요를 함께 사용하면 편안함을 더할 수 있다. 의자는 창문 옆이나 자연광이 잘 들어오는 장소에 배치하면, 따뜻한 햇빛과 함께 여유로운 독서 시간을 즐길 수 있다. 사이드 테이블 즉, 작은 테이블을 의자 옆에 두어 책과 음료를 놓을 수 있는 공간을 마련하는 것이 좋다. 사이드 테이블은 독서에 필요한 물건을 쉽게 접근할 수 있게 하여 독서 몰입감을 유지하는 데 도움을 준다.

낮은 책장이나 책을 정면으로 꽂아두는 책장을 가까이에 두어 독서 중 다른 책을 쉽게 꺼내볼 수 있도록 배치하면 좋다. 또한, 책장에는 관엽식물이나 작은 장식품을 함께 배치하여 아늑한 분위기를 조성할 수 있다. 식물은 공기 질을 개선하고, 시각적으로 편안함을 주어 독서 경험을 더욱 즐겁게 만든다.

취미 독서를 위한 가구 배치는 편안함과 휴식을 제공하며, 독서를 통한 정신적 충전을 가능하게 한다. 소파나 리클라이너 의자와 같은 편안한 가구는 독서 중 긴장을 풀게 해주고, 따뜻한 조명과 자연광은 편안한 분위기를 만들어 준다. 이러한 배치는 감성적 독서와 상상력을 자극하는 데 효과적이고 몰입감을 높인다.

3) 소음 수준

소음에 민감하지 않은 사람이라면 가벼운 배경음악을 틀어 놓고 책을 읽는 것도 좋다. 클래식 음악이나 자연 소리와 같은 잔잔한 음악은 편안한 분위기를 조성하고, 독서에 몰입할 수 있게 도와준다. 취미 독서는 학습보다 편안함과 즐거움이 중요한 요소이기 때문에, 자유로운 소음 환경과 개인적인 선호에 따라 다양한 음악을 즐길 수 있다. 취미 독서는 느긋한 몰입을 목적으로 하므로, 감각을 자극하거나 편안함을 제공하는 음악이 좋다.

취미 독서는 50~70dB 정도의 적당한 소음을 허용할 수 있다. 약간의 배경 소음이 있는 환경에서도 독서가 가능하며, 카페처럼 적당한 소음이 오히려 독서에 몰입감을 줄 수도 있다. 배경 소음이 다소 높은 환경(카페, 공원 등)에서도 독서가 가능하며, 때로는 그런 환경이 편안한 분위기를 형성해 몰입감을 높이는 데 도움을 주기도 한다.

취미 독서에서는 개인적인 취향에 따라 다양한 종류의 음악을 들을 수 있으며, 이는 독서의 분위기와 감성을 증대시키는 데 도움이 될 수 있다. 좋은 음악으로 부드러운 재즈가 있다. 감성적이고 자유로운 분위기를 만들어, 소설이나 에세이 같은 감성적인 글을 읽을 때 좋다. 차분하고 따뜻한 멜로디를 가진 인디 포크나 어쿠스틱 음악은 편안한 배경음악으로 적합하며, 책을 읽으며 여유로운 분위기를 느낄 수 있다. 느긋한 리듬을 가진 로파이 힙합은 취미 독서에도 잘 어울린다. 가벼운 전자 음악도 배경을 차분히 채우며 독서에 몰입감을 줄 수 있다. 학습 독서와 마찬가지로 빗소리, 바람 소리, 새 소리 등 자연 소리도 좋다.

그러나 너무 자극적인 음악 즉, 빠른 템포의 락, 메탈, 댄스 음악 등은 지나치게 강한 자극을 주어 취미 독서의 편안함과 감성을 방해할 수 있다. 또한 산만한 가사가 있는 음악은 가사가 너무 집중하게 만들어 독서 내용에 대한 몰입을 방해할 수 있으므로 피하는 것이 좋다. 다만, 어떤 사람들에게는 가사 있는 음악도 배경 역할을 할 수 있으므로 개인의 취향에 따라 선택할 수 있다.

학습 독서와 마찬가지로 소음과 음악에 대한 개인적인 선호는 매우 다를 수 있다. 개인마다 다른 반응을 고려해 최적의 소음 환경과 음악을 다양하게 경험하는 것이 좋다. 또한 주기적으로 음악에 변화를 주어 집중력을 유지하는 것도 좋다.

4) 적절한 온도와 환기

취미 독서에서는 조금 더 따뜻한 22~24도의 온도가 좋다. 너무 차갑지 않고 적당히 따뜻한 환경은 몸을 이완시키고, 독서를 통해 휴식을 취할 수 있게 만든다. 환기도 중요하지만, 과도한 바람은 피하는 것이 좋다.

취미 독서에 적당한 22~24도는 몸을 편안하게 유지하면서 책을 읽기에 적합하다. 특히 추운 계절에는 따뜻한 온도가 독서를 하면서 이완된 상태를 유지할 수 있도록 도와준다. 너무 낮은 온도는 몸을 경직시켜 독서에 집중하기 어렵게 만들 수 있으며, 너무 높은 온도는 불쾌감이나 졸음을 유발할 수 있다. 따라서 편안한 중간 온도를 유지하는 것이 중요하다.

적절한 환기도 필수이다. 취미 독서는 학습 독서처럼 엄격한 환기 조건을 필요로 하지 않지만, 적당한 환기는 여전히 중요하다. 공기가 너무 탁하거나 답답하면 독서의 즐거움을 방해할 수 있다. 창문을 살짝 열어 자연스럽게 공기가 순환되도록 하거나, 미세한 바람이 들어올 수 있는 환경을 조성하는 것이 좋다. 자연의 공기와 함께 독서를 하면 더 편안한 분위기를 조성할 수 있다. 다만, 너무 강한 바람은 피하고, 실내 공기가 신선하게 유지될 수 있도록 하는 정도의 환기가 필요하다.

5) 창문 위치

취미 독서는 학습과는 달리 편안함과 휴식을 중시하는 활동이므로, 창문을 통해 들어오는 자연광과 바깥 풍경을 즐길 수 있는 위치가 좋다. 창문은 독서 환경을 따뜻하고 편안하게 만드는 데 중요한 역할을 한다.

취미 독서 시 창문이 독서하는 의자나 소파의 앞쪽 또는 옆쪽에 위치하는 것이 좋다. 창문이 앞에 있어 창문을 마주하고 앉으면, 바깥의 풍경이나 자연의 빛을 보면서 독서를 즐길 수 있다. 특히 자연광이 충분히 들어오는 창가에 앉아 책을 읽으면, 독서가 더 편안해지고, 자연과 함께 시간을 보내는 기분을 느낄 수 있다. 창문을 열어 신선한 공기를 마시면서 독서를 즐기는 것도 좋다. 창문이 옆에 있으면 자연광이 옆으로 들어와 책을 부드럽게 비추며, 창밖의 풍경을 쉽게 즐길 수 있다. 책을 읽다가 잠시 고개를 돌려 바깥을 내다보면, 휴식을 취하면서도 계속해서 독서를 이어나갈 수 있어 좋다.

취미 독서에서는 자연광이 중요한 요소이다. 자연광은 독서에 필요한 적절한 빛을 제공하면서도 눈의 피로를 줄이고, 심리적 안정감을 제공한다. 특히 햇볕이 드는 창가에서 독서를 하면, 책을 읽는 동안에도 신체와 정신적 휴식을 얻을 수 있으며 비타민 D의 합성 효과도 있다. 이처럼 자연과의 연결을 통해 더욱 편안한 분위기를 만들 수 있다. 창문 밖의 풍경이 바깥 자연과 연결될 수 있도록 배치하면, 독서를 하면서 자연의 소리나 바람을 함께 느낄 수 있어 정서적 안정을 더 할 수 있다. 나무, 꽃, 잔디밭 등이 보이는 창문은 독서의 휴식 효과를 더욱 극대화할 수 있다.

6) 공간의 색상

취미 독서 공간은 편안함과 휴식을 제공해야 한다. 이 공간은 집중력보다는 편안한 독서를 위한 휴식의 장소이기 때문에, 따뜻하고 아늑한 색상들이 적합하다.

따뜻한 베이지색은 편안함과 안정감을 제공하는 대표적인 색상이다. 특히, 차분하고 자연스러운 느낌을 주는 베이지색은 아늑한 분위기를 만들기에 좋다. 이 색상은 눈의 부담을 덜고, 따뜻한 조명과 잘 어울려 휴식과 독서를 위한 편안한 환경을 조성한다.

연한 노란색은 밝고 따뜻한 분위기를 만들어 주며, 기분을 밝게 하고 마음을 편안하게 만든다. 따뜻한 햇빛과 같은 느낌을 주기 때문에, 취미 독서 공간을 더 아늑하고 즐거운 곳으로 만들어 주는 색상이다. 이 색상은 감성적이고 즐거운 독서를 유도하며, 차분하면서도 긍정적인 분위기를 형성한다.

따뜻한 느낌의 연한 주황색은 활력을 불러일으키는 색상으로, 편안함과 활기를 동시에 제공한다. 특히 추운 계절에 따뜻한 느낌을 주는 주황색은 아늑한 독서 공간을 조성하는 데 좋다. 이 색상은 편안하면서도 지나치게 차분하지 않은, 기분 좋은 독서 환경을 만들어 준다.

부드러운 핑크색은 감성적인 독서를 위한 좋은 선택이다. 따뜻하면서도 부드러운 분위기를 주어 긴장을 풀어주고, 휴식에 적합한 환경을 제공하는 색상이다. 핑크색은 공간을 더 따뜻하고 친근한 느낌으로 만들어 더욱 독서에 몰입하도록 한다.

라벤더색은 안정감과 편안함을 주는 색상으로, 취미 독서 공간에서 마음을 차분하게 만들어 준다. 연한 라벤더 색상은 감각적이고 편안한 분위기를 형성하여, 감정적 몰입이 필요한 문학 작품이나 소설 읽기에 좋다. 부드럽고 차분한 느낌을 주는 라벤더색은 긴장을 풀고 휴식을 취할 수 있는 독서 공간을 조성하는 데 적합하다.

7) 공간 정돈

취미 독서는 학습과 달리 편안함과 휴식을 제공하는 것이 핵심이므로, 지나치게 미니멀한 공간보다는 따뜻하고 아늑한 분위기를 유지하는 것이 중요하다. 책상이나 독서 공간이 너무 정돈되어 있지 않아도 괜찮으며, 약간의 개인적 요소가 포함된 공간이 더 적합하다.

취미 독서에서는 여러 권의 책을 동시에 읽을 수 있기 때문에, 책을 쌓아두는 방식도 편안함을 더할 수 있다. 책꽂이에 차곡차곡 정리하거나, 커피 테이블이나 사이드 테이블 위에 즐겨 읽는 책을 자연스럽게 두는 것도 좋다. 또한, 책갈피, 북엔드 같은 소품을 사용해 책을 더 정돈되게 보이도록 할 수 있다.

취미 독서 공간에서는 개인의 감성적 취향을 반영한 소품을 배치하는 것이 좋다. 사진, 초, 작은 식물 등의 소품을 공간에 배치하여 더 아늑하고 편안한 분위기를 조성할 수 있다. 지나치게 복잡하지 않으면서도, 따뜻한 느낌을 주는 소품을 활용하는 것이 좋다.

취미 독서는 몸을 편하게 할 수 있는 가구 배치가 중요하다. 편안한 소파, 라운지 체어, 리클라이너 등을 활용해 몸이 쉽게 긴장하지 않도록 하고, 무릎 담요, 쿠션 등을 두어 더 편안한 상태로 책을 읽을 수 있게 한다. 가벼운 간식이나 음료를 둘 수 있는 작은 테이블을 옆에 두는 것도 도움이 된다.

취미 독서 공간은 지나치게 깔끔하게 정리된 공간보다 자연스럽고 여유로운 분위기가 어울린다. 책을 책장에 완벽하게 정렬해 놓기보다는, 읽는 도중인 책을 편하게 옆에 두거나 자연스럽게 책상에 펼쳐 놓아도 좋다. 단, 너무 어지럽거나 불편할 정도로 방치하는 것은 피해야 하며, 정돈된 편안함을 유지하는 것이 이상적이다.

취미 독서 공간은 학습 독서보다 개인의 취향을 더 많이 반영할 수 있다. 개인이 좋아하는 작품 포스터, 액자, 작은 인테리어 소품 등을 배치하여 개인적인 만족감을 주는 공간을 조성할 수 있다. 하지만 시각적으로 과도한 자극을 피하면서도, 개성을 살리는 것이 중요하다.

8) 책상의 종류

취미 독서를 위한 책상은 편안함과 유연성을 제공하는 것이 좋다. 너무 딱딱하고 공식적인 책상보다는, 자유로운 분위기에서 독서를 즐길 수 있는 책상을 선택하는 것이 좋다.

취미 독서에서는 큰 작업 공간이 필요하지 않으므로, 작은 소형 테이블(Small Table)을 활용할 수 있다. 커피 테이블이나 사이드 테이블은 소파나 의자 옆에 두고, 책 한 권과 차를 놓을 수 있는 아늑한 독서 공간을 조성하는 데 적합하다. 부담 없이 책과 작은 소품들을 올려놓고 편안하게 독서를 즐길 수 있으며, 공간을 절약할 수 있다.

라운지 테이블(Lounge Table)은 거실이나 침실의 한쪽 구석에 배치할 수 있는 작고 아늑한 테이블이다. 편안한 의자나 소파와 함께 사용할 수 있어, 느긋하게 독서를 즐길 수 있다. 편안한 분위기에서 독서를 하면서 여유로운 시간을 보내기에 이상적인 환경을 제공한다.

휴식형 책상(Foldable Lap Desk)은 접이식 무릎 테이블로, 침대나 소파에서 독서를 할 때 사용할 수 있다. 무릎 위에 두고 책을 편안하게 읽을 수 있도록 도와주며, 차나 음료를 함께 놓을 수 있는 공간도 있다. 휴식 중에도 독서를 즐길 수 있으며, 가벼워 이동성이 뛰어나 장소에 구애받지 않고 사용할 수 있다.

작은 벤치형 책상(Bench Table)은 벤치처럼 앉을 수 있는 의자와 일체형으로, 소파나 벤치 앞에 배치할 수 있다. 자연스럽게 책을 읽거나 메모를 할 수 있어 여유롭고 편안한 독서 환경을 제공한다. 가벼운 취미 독서를 위한 편안한 공간을 제공하며, 작고 이동이 쉬워 공간에 구애받지 않고 활용할 수 있다.

다용도 책상(Multi-purpose Desk)은 독서 외에도 필기, 차 한잔의 휴식 등 다양한 활동을 지원할 수 있는 기능성 테이블이다. 책을 읽는 것뿐만 아니라, 간단한 작업이나 취미 생활을 함께할 수 있어 유연성이 뛰어나다. 여러 용도로 활용가능하며, 다양한 취미 활동을 하며 독서를 즐길 수 있는 공간을 제공한다.

9) 소품 활용

취미 독서는 편안하고 여유로운 분위기를 만드는 것이 중요하다. 따라서 소품 선택도 감성적이고 안락한 느낌을 주는 것들이 적합하다.

다양한 크기의 화분과 꽃을 활용해 자연을 가까이 느낄 수 있도록 할 수 있다. 작은 식물이나 허브 화분은 아늑한 분위기를 조성하고, 공간에 자연의 싱그러움을 더해준다. 특히 라벤더, 로즈마리 같은 허브는 향기를 통해 독서 중 편안한 분위기를 만들 수 있다.

취미 독서에서는 감성적이고 개성 있는 장식품을 사용할 수 있다. 예를 들어, 여행 기념품, 독특한 디자인의 오브제, 촛대와 같은 소품은 독서 공간에 개인적인 취향을 반영하고, 독서 환경을 더 편안하게 만들어 준다. 감각을 자극하는 소품은 취미 독서를 더욱 풍요롭게 할 수 있다.

취미 독서 공간에서는 감정적 안정을 주는 사진들이 적합하다. 가족사진이나 여행 사진을 액자에 넣어 독서 공간에 두면, 독서를 하면서 심리적 안정감과 행복감을 느낄 수 있다. 액자는 따뜻한 색조나 자연스러운 소재로 선택해 공간에 아늑한 느낌을 줄 수 있다.

취미 독서를 위한 그림은 개인적인 취향에 따라 따뜻하고 감성적인 주제가 적합하다. 예를 들어, 풍경화, 추상적인 예술작품, 감정을 자극하는 색감의 그림은 공간에 활력을 더할 수 있다. 벽에 걸린 한두 개의 감성적인 그림이 독서 중 편안함과 몰입감을 줄 수 있다.

담요, 쿠션, 방석과 같은 소품은 독서 중 몸을 편안하게 해주는 데 필수적이다. 취미 독서 공간에서는 포근한 담요나 부드러운 쿠션과 방석을 사용해 몸을 이완시키고, 더 오랫동안 편안하게 책을 읽을 수 있도록 한다. 또한, 차 한잔을 위한 머그컵 받침이나 작은 테이블을 두는 것도 독서 경험을 더 풍부하게 만들어 준다.

향초나 디퓨저를 사용해 독서 공간에 은은한 향기를 더하면, 취미 독서의 즐거움을 한층 높일 수 있다. 라벤더, 시트러스 향은 긴장을 풀고, 독서 중 감성적인 경험을 극대화하는 데 좋다. 향기는 공간의 분위기를 조성하고, 독서의 몰입감을 높이는 데 중요한 요소가 될 수 있다.

10) 기타 독서 보조 도구

취미 독서에서 편안함은 중요한 요소이다. 푹신한 쿠션이나 담요는 몸을 편안하게 만들어 오랜 시간 독서하는 데 이상적인 환경을 만든다. 특히 겨울철에는 따뜻한 담요를 덮고 독서하는 것이 더 아늑한 분위기를 조성해 좋다.

소파나 침대에서 독서를 할 때 무릎 테이블(Lap Desk)을 사용하면 책이나 전자기기를 안정적으로 올려놓고 읽을 수 있고 손목에 무리가 가지 않는다. 편안한 자세를 유지할 수 있어 취미 독서를 즐기는 데 유리하다.

오디오북(Audiobook Devices)은 손을 사용하지 않고도 책을 들을 수 있어, 여유로운 독서 경험을 제공한다. 산책 중이거나 휴식을 취할 때 이어폰이나 스피커를 통해 오디오북을 들으면, 감성적이고 몰입감 있는 독서 경험을 할 수 있다. 단, 장시간 듣기는 피하는 게 좋다.

취미 독서에서 편안한 분위기를 조성하기 위해 조명이 부드러운 독서 등을 사용하는 것이 좋다. 터치식 조명은 밝기를 쉽게 조절할 수 있으며, 따뜻한 색감의 빛을 제공해 긴장을 풀고 독서에 몰입할 수 있도록 도와준다.

향초나 디퓨저(Candles&Diffusers)를 사용하면 공간에 아로마 테라피 효과를 더해 독서 환경을 더욱 아늑하게 만들 수 있다. 라벤더나 로즈마리 향은 스트레스를 완화하고 독서 시간을 편안하게 즐기게 해준다. 취미 독서를 할 때 이런 요소를 활용하면 감성적 몰입을 높일 수 있다.

독서 중 특정 페이지를 쉽게 찾기 위해 북마크(Bookmarks)를 사용하는 것은 취미 독서에서 유용하다. 북마크는 독서 흐름을 유지하면서 책을 간편하게 구분할 수 있는 도구로, 개인적 취향에 맞는 독창적인 디자인의 북마크를 선택하면 독서의 즐거움을 더할 수 있다.

취미 독서 공간에 관엽식물을 배치하면 시각적으로 편안한 분위기를 조성하고, 공기 질을 개선하는 데 도움이 된다. 특히 독서 중 잠시 휴식을 취할 때, 식물은 스트레스를 완화하고 심리적 안정을 제공한다.

독서 환경은 각각의 목적과 요구에 맞게 조성되어야 집중력과 몰입감을 높여 생산성 높은 독서가 가능하다. 취미 독서 환경은 따뜻하고 부드러운 조명을 사용해 아늑한 분위기를 조성하며, 편안한 의자나 소파에서 독서를 즐길 수 있게 해야 한다. 소음 수준은 배경음악이나 자연의 소리를 활용할 수 있으며, 더 따뜻한 온도와 창문을 통해 자연광을 활용한 환기가 필요하다. 따뜻한 색상의 벽지와 함께 책상 대신 작은 테이블을 사용하는 것도 좋고, 편안함을 더하는 소품(쿠션, 담요, 차 등)을 배치해 독서의 즐거움을 더할 수 있다. 개인의 필요와 취향에 맞춘 독서 환경을 조성하는 것이 독서의 질과 몰입도를 높이는 데 필수적이다.

독락서쾌의 우리 교육에 대한 제언

1) 학교-학원-가정 교육은 선택이 아니라 필수다

학원 교육은 학교 교육과 함께 학생들의 학습을 보완하고 심화시키기 위해 제공되는 사교육의 한 형태이다. 학원 교육은 주로 입시 준비, 성적 향상, 특정 과목의 보충을 목표로 하며, 학교에서 제공하는 정규 교육을 보완하거나 강화하는 역할을 한다. 학원 교육은 지나치게 입시 위주의 줄 세우기 교육으로 변질될 한계와 문제점도 존재한다. 반면 자아실현과 자기 계발을 위한 올바른 학원 교육은 긍정적인 장점도 많다.

학원 교육의 필요성으로 첫 번째는 개별 맞춤 교육이 가능하다는 점이다. 학교 교육이 많은 학생들을 대상으로 하는 집단 학습에 초점을 맞추고 있다면, 학원 교육은 소규모 그룹 또는 개인별 맞춤형 교육을 제공할 수 있다. 이는 학습의 효율성을 높이고, 학생 개개인의 약점을 보완하는 데 중요한 역할을 한다.

두 번째는 심화 학습 기회를 제공한다는 것이다. 학원은 학교 교육에서 미처 다루지 못한 심화 학습을 제공할 수 있다. 예를 들어, 수학이나 과학,

국어 등 특정 과목에서 고난이도 문제 해결 능력을 기르기 위해서는 학원 교육이 필수적일 수 있다.

셋째는 입시 준비이다. 한국의 교육 시스템에서는 대입과 같은 입시 경쟁이 매우 치열하다. 학원은 수능과 내신 성적을 목표로 한 시험 대비 프로그램을 제공하여, 학생들이 입시에서 성공할 수 있도록 지원한다.

학교 교육과 학원 교육의 목표는 다르다. 학교 교육은 전인 교육을 목표로 한다. 교과과정 외에도 사회적 상호작용, 정서적 발달, 창의력과 비판적 사고를 길러주는 다양한 활동을 포함하며, 학습 외에도 학생들의 사회성과 정신적 성숙을 목표로 한다. 이에 비해 학원 교육은 주로 학업 성취에 집중하며, 입시나 성적 향상과 같은 단기 목표를 설정하는 경향이 있다. 학교 교육은 공교육 시스템에 맞춰 다양한 수준의 학생을 대상으로 이루어진다. 따라서 포괄적이고 균형 있는 교육을 지향하며, 학생 개개인의 학습 속도나 수준에 맞춘 교육이 어려운 경우가 있을 수 있다. 그러나 학원 교육은 학생의 학습 수준에 맞춘 맞춤형 교육을 제공하는 데 초점을 맞추며, 특정 과목이나 주제에 대해 심화 학습이 가능하다. 이는 개별 학습 능력을 체계적으로 단기간에 향상하는 데 효과적일 수 있다. 그러므로 단정적으로 '학원 교육이 불필요하다.' 혹은 '학원 교육은 필수다.'라고 말할 수는 없다.

학원 교육도 한계는 있다. 무엇보다 입시 위주의 능력주의 서열화 교육 병폐이다. 학원 교육에서 종종 나타나는 현상으로, 뉴스에서도 이러한 문제점들이 많이 다뤄지고 있다. 입시 위주 서열화 교육은 심리적 압박과 스트레스를 유발한다. 최근 뉴스에서 학원 교육의 과도한 경쟁이 학생들에게 심리적 부담을 주고 있으며, 특히 입시 경쟁에서 밀릴 것을 두려워하는 학생들이 정신적 불안을 호소하는 사례가 증가하고 있다는 보고가 있다. 학생들은 성적 경쟁에 매몰되어 정서적, 사회적 발달이 저해될 수 있으며 학원의 급이나 레벨에 따라 또래 학우를 차별하고 계급화하는 병리적 인간관계를 형성한다.

또한 학생들의 창의력과 비판적 사고 능력을 저해할 수 있다. 입시 위주의 학원 교육은 주로 암기식 학습과 정해진 정답을 찾는 방식에 초점을 맞추다 보니, 학생들의 창의적 사고나 비판적 사고를 발달시키기 어렵다. 이는 문제 해결 능력을 키우지 못하고, 단순한 지식 습득에만 집중하게 만들어 장기적으로는 학습력 저하로 이어질 수도 있다. 기계와 같은 학습을 통해 좋은 성적으로 상위권 진학을 이루어도 삶의 목적과 가치에 대한 자기 성찰도 없이 취업이라는 다음 입시로 내몰리는 것이다.

그리고 교육 격차 심화로 인한 사회 양극화 문제도 있다. 학원 교육은 경제적 여건과 환경적 여건에 따라 접근성이 달라지므로, 학원에 다닐 수 있는 학생들과 그렇지 못한 학생들 사이의 교육 격차가 심화될 수 있다. 이는 공교육의 형평성을 해치는 요소로 작용할 수 있으며 저출산의 원인 중 하나로도 꼽힌다. 한국의 상위권 대학 특히 서울대 입시에서 특정 구 출신 학생들의 비율이 높다는 것은 이를 방증한다. 이는 사회적으로 위화감과 벽을 느끼게 하여 계층 갈등으로 이어질 수 있다. 이러한 교육 기회의 불균등은 능력주의 입시 제도의 근간을 흔들며 청소년의 정신적 부담으로 다가온다. 입시 위주의 사교육이 갖는 문제점은 전체 사교육시장에 대한 오해와 반감 그리고 불균형을 가져온다는 점에서도 문제다.

입시교육을 해야 제대로 된 학원으로 인정하는 학부모들의 태도 속에도 은근한 경쟁 구도가 깔려 있다. 학생들이 바른 인성과 시민정신으로 성장하고 자신의 삶을 성찰하며 삶 속에서 배움을 실천하며 성숙하게 성장할 수 있도록 돕는 많은 전문 사교육까지 싸잡아 입시의 치열한 경쟁 속으로 몰아넣거나 입시에 불필요한 것이라 배울 필요가 없다는 식의 배제가 은연중에 형성되고 있기 때문이다. 모든 사교육이 입시 위주의 경쟁으로 학생들을 몰아붙이고 있는 것은 아니다. 전인적인 인격으로 성장하도록 전문적 지식을 바탕으로 알차게 운영되는 곳도 있음을 알아야 한다. 그러나 입시 중심의 학업을 희망하는 학부모들의 태도도 학원을 부정적으로 인식하는 문제 요소 중 하나임은 분명하다.

그러나 학원 교육이 갖는 장점도 많다. 자아실현과 자기 계발을 위한 학원 교육의 장점으로 첫 번째는 맞춤형 학습 지도이다. 올바른 학원 교육은 단순히 성적 향상이 아니라, 학생들이 자신의 강점과 약점을 인식하고, 이를 바탕으로 자기 주도적 학습 능력을 기르는 데 중점을 둔다는 것이다. 학원은 학생이 자신의 학습 스타일을 파악하고, 개별화된 교육 계획을 수립하는 데 도움을 줄 수 있다.

둘째는 자아실현과 목표 설정이다. 학원 교육은 단순한 성적 향상 목표를 넘어서 자기 삶의 목적과 비전을 설정하는 데 도움을 줄 수 있다. 예를 들어, 특정 분야에 대한 심화 학습을 통해 학생이 그 분야에 대해 더 깊이 이해하고 자신의 진로를 찾는 데 기여할 수 있다. 특히 예술, 체육, 과학, 독서 등 특정 분야에 대한 전문적인 학원을 통해 학생들이 자기의 잠재력을 발견하고 발휘하며 자아실현의 기회를 가질 수 있다.

셋째로 창의적 사고와 문제 해결 능력 강화이다. 입시 위주의 학원이 아닌 창의력 중심 학원은 문제 해결과 비판적 사고를 강조한다. 학생들이 다양한 문제 상황에서 자기 주도적 사고를 할 수 있도록 도와주고, 정답을 찾기보다는 새로운 해법을 제시하고 문제를 찾는 훈련을 돕기 때문이다. 이는 21세기 변화하는 사회에서 요구되는 중요한 역량을 기르는 데 필수적인 학습이다.

이처럼 올바른 교육 목표와 방향을 지닌 학원 교육이 학교와 가정에 줄 수 있는 장점은 많다.

유아기와 초등 저학년(6~9세) 아동들에게는 정서 발달과 학습 습관 형성에 기여한다. 이 시기의 학원 교육은 아이들에게 즐거운 학습 경험을 제공하고, 기초 학습 능력을 향상하는 데 중점을 두어야 한다. 학원에서의 학습이 학교에서의 학습을 보완하고, 가정에서는 아이의 정서적 안정과 학습 습관을 형성하는 데 기여할 수 있다. 또한 방과 후 보육의 기능을 함으로써 안전하게 하교 후의 생활 습관을 들이고 바른 학습 태도와 시간 관리를 할 수 있게 한다. 맞벌이나 여러 이유로 하교 후 아동들을 돌볼 수 없는 가정에 학원은 큰 도움이 된다.

초등 고학년과 중학생(10~15세)의 경우 창의적 사고와 심화 학습 기회를 제공한다. 초등 고학년과 중학생 시기에는 학원에서 심화 학습을 통해 주도적으로 문제 해결 능력을 키울 수 있다. 또한 다양한 분야의 심도 있는 학습을 통해 자신의 관심 분야를 확장할 수 있고 새로운 분야에 대한 배움의 기회를 통해 사고와 관심 폭을 넓힐 수 있다. 특히 이 시기에는 좋은 롤모델을 통한 배움의 가치관 확립과 자신에 대한 성찰의 기회를 제공할 수 있는 기회를 갖는 게 중요하다. 이를 위해서는 사고의 단계를 높일 수 있는 고차원적인 학습 기회가 제공되어야 하며 개별적인 학습 수준에 맞추어 자기를 점검하고 목표를 세워 발전해 가는 경험도 이루어져야 한다. 이 시기에는 창의적 사고를 기르기 위한 활동도 중요하며, 학원에서 이를 강조하면 학교에서 배운 내용을 더 심화시키고, 가정에서 아이들이 자신의 학습을 자율적으로 관리할 수 있도록 돕는 역할을 할 수 있다.

고등학생(16~18세) 시기에는 진로 탐색과 목표 설정에 도움을 줄 수 있다. 고등학생 시기에는 학원이 단순한 입시 준비를 넘어서 진로 탐색과 목표 설정에 도움을 줄 수 있다. 고등학생들은 학원을 통해 특정 분야에 대한 심화 학습을 할 수 있으며, 이를 통해 자신이 관심 있는 분야에서 능력을 발휘할 수 있다. 예를 들어, 과학 특성화 학원, 예술(미술, 무용, 연기 등) 학원 또는 코딩 학원, 요리 학원, 미용 학원, 복식 학원 등을 통해 학생들은 자신의 미래 진로를 구체적으로 설계할 수 있다. 또한 입시 준비를 위한 심화 학습을 할 수 있다. 학원은 입시 준비 과정에서 학생들이 학교에서 부족했던 부분을 보완하고, 개별 맞춤형 전략을 세울 수 있는 기회를 제공한다. 학원의 개별 지도는 학생이 강점을 더 강화하고 약점을 보완하여 학교에서보다 집중적인 학습을 할 수 있게 도와준다. 이 과정에서 학원은 학습 전략을 제공하고, 학생이 시간 관리와 자기 주도 학습을 할 수 있는 역량을 키워준다.

　현대 사회는 자녀의 양육과 교육을 위해 가정, 학교, 학원의 협력이 필요하다. 즉 균형 잡힌 교육이 필요하다. 학원이 단순한 입시 준비를 넘어 창의적 사고, 비판적 사고 및 자기 주도 학습을 지원할 때, 학교와 가정은 학원과 함께 학생들에게 균형 잡힌 교육을 제공할 수 있다. 학교에서 배운 내용을 학원에서 더 심화시키고, 가정에서는 부모가 자녀의 학습에 대한 관심을 보여주는 방식으로 협력적인 학습 환경을 조성할 수 있다. 학교에서의 기본 학습과 학원에서의 심화 학습을 통해 학습이 유기적으로 연결되도록 하며, 학원에서 배운 내용이 학교 학습에 도움이 되도록 기본 커리큘럼과 맞물리도록 조정하는 것이다. 학원에서 진행된 학습 성과와 피드백이 가정과 공유된다면, 부모는 자녀의 학습 상태를 더 명확히 이해하고 지원할 수 있다. 이러한 상호작용은 학생의 학습 동기를 유지하고, 책임감 있는 학습 태도를 기르는 데 중요한 역할을 한다. 비록 입시 위주의 서열화 교육이 학원 교육의 한계로 지적될 수 있지만, 학원은 자아실현과 자기계발을 위한 공간으로 기능할 수 있다. 학생들이 자신의 창의력과 비판적 사고력을 키우며, 자기 주도적 학습 능력을 발달시키는 학원 교육은 학교와 가정에서도 긍정적인 영향을 미칠 수 있다. 이러한 균형 잡힌 학원 교육은 자녀가 미래의 변화하는 사회에 적응하고, 자신의 미래를 개척할 수 있는 역량을 키우는 데 중요한 역할을 할 것이다.

"진정한 교육은 다양한 지식과
경험의 융합에서 나온다."

존 듀이

한 사람의 실질적인 성장을 위해 다양한 배경과
경험을 가진 사람들의 협력이 필요하다.

2) 2인3각(二人三脚)보다 多人多각! – 전문가 교육공동체 교육

OECD의 21세기 교육 방향(Future of Education and Skills 2030)의 핵심 목표로 미래의 불확실성에 대응할 수 있는 학생들의 역량을 키우는 것을 강조했다. Future of Education and Skills 2030 프로젝트는 학생들이 미래 사회에서 번영할 수 있도록 필요한 지식, 기술, 태도, 가치를 정의하고, 각국이 교육 시스템을 개혁하도록 지원하고 있다.

OECD는 학생들이 자기 주도적으로 학습하고, 자신의 학습 과정을 관리하며, 독립적인 사고를 기를 수 있는 역량을 중점적으로 개발해야 한다고 강조한다. 이는 단순한 지식 습득을 넘어서 문제 해결 능력과 창의적 사고를 촉진하는 것을 목표로 한다.

핵심 역량의 개발을 위해서 창의성과 비판적 사고가 중요하다. 학생들은 복잡한 문제를 해결할 수 있는 창의적인 접근과 비판적 사고를 기르는 것이 중요하며 이를 통해 빠르게 변화하는 사회와 기술 환경에서 적응하고, 새로운 문제에 맞서 혁신적인 해결책을 제시할 수 있는 능력을 키워야 한다.

또한 협업과 의사소통 능력이 중요하다. 글로벌 시대는 다양한 문화와 환경 속에서 협력하고 효과적으로 의사소통하는 능력이 중요하다. 다양한 문화와 배경을 가진 구성원들과 원활하게 의사소통하고 창조적으로 발전하기 위해 협업과 의사소통 능력은 핵심 역량 중 하나이다.

또한 디지털 리터러시 역량도 필수다. 디지털 기술의 급격한 발전에 따라 디지털 기술을 이해하고 활용하는 능력이 필수 역량으로 자리 잡은 것이다. 학생들은 AI, 빅데이터 등 새로운 기술을 활용하여 사회적, 경제적 문제를 해결할 수 있어야 한다.

글로벌 시민 의식 또한 필수이다. OECD는 교육이 학생들에게 윤리적 판단과 책임 있는 행동을 할 수 있는 가치를 심어주어, 사회적 지속 가능성과 집단적 행복을 추구하는 글로벌 시민으로 양성해야 한다고 강조하며 교육은 이러한 시민으로 학생들을 성장시켜야 한다고 권고하고 있다.

위와 같이 21세기의 교육은 부모 혼자서 감당할 수 없는 다양한 영역의 전문 지식과 역량을 요구한다. 변화와 발전의 시대에 교육은 특정 기관이나 개별 가정에서 단독으로 완성되기는 너무 많은 지식과 능력을 요구한다. 이제 교육은 '多인多각-전문가 교육공동체 교육'으로 달라져야 한다. 공교육 혼자만 모든 교육의 필요와 변화를 감당할 수 없으며 가정에서 개별적으로 부모가 만능이 될 수도 없기 때문이다. 전문가 교육공동체란 각자의 분야에서 오랜 경력과 전문 지식을 습득하여 특정 분야의 노하우와 지도 방법을 터득한 인재들의 조합을 의미한다. 부모는 사회적 자원인 전문가 교육공동체와 협력하여 자녀가 최신 기술과 지식을 습득할 수 있는 환경을 제공해야 한다. 학교, 학원, 멘토, 과외 교사, 기타 전문가와의 협력을 통해 자녀가 보다 폭넓은 학습 기회와 경험을 쌓을 수 있도록 조성해야 한다.

자녀의 관심사와 재능에 맞는 전문가나 학습 자원을 찾아 제공하고, 필요시 멘토링을 통해 자녀의 진로 개발을 지원해야 한다. 학부모 네트워크를 통해 다양한 교육 자원과 정보를 교류하고, 이를 자녀에게 적용하는 방안을 모색하는 것이 좋다. 이웃과 혹은 공동의 관심사를 갖고 있는 사람들과의 인터넷 소통망을 활용한 협력도 중요하다. 네트워크의 중요성이 강조되는 사회에서 자녀의 성장을 위한 관계망 구축은 모두와 함께 소중한 미래의 인재를 키워가는 합리적인 선택이다.

부모는 자녀가 협업의 가치를 이해하고 사회적 상호작용을 통해 성장할 수 있도록 돕는 역할을 해야 한다. OECD는 협력과 소통 능력을 중요하게 여기며, 자녀가 팀워크를 통해 다양한 관점을 수용하고 사회적 기술을 발달시킬 수 있도록 환경을 마련해야 한다. 그룹 활동이나 팀 프로젝트에 참여하도록 장려하며, 협동 학습의 중요성을 가르쳐야 한다. 사회적 봉사 활동이나 지역사회 프로그램에 참여시켜 공동체 의식을 함양하고, 글로벌 시민으로서 사회적 책임감을 가질 수 있도록 돕는 것이다. 이러한 방식으로 자녀의 미래 성장을 지원하며, OECD가 제시하는 교육 방향에 맞춰 자녀가 자기 주도적 학습자로 성장할 수 있도록 할 수 있다.

21세기 대한민국은 글로벌 경제에서 과학기술 혁신을 통해 국제적 위상을 높여가고 있다. 한국은 IT, 인공지능(AI), 로봇공학, 바이오테크놀로지와 같은 첨단 분야에서 세계적인 리더로 성장하고 있으며, 이는 창의적 사고, 혁신적 기술 개발, 빠른 학습 능력을 필요로 한다. 이러한 미래 세대를 살아가야 할 자녀에게 필요한 역량은 창의적 사고, 비판적 사고, 협업 능력, 그리고 디지털 역량이다. 정보화와 글로벌화가 급속도로 진행되는 상황에서 자녀가 복잡한 문제를 해결하고 지속적인 학습 능력을 가질 수 있는 역량 기반 교육 기회를 제공하는 것은 중요하다. 사교육은 단순히 성적 향상을 위한 도구를 넘어, 전문가 교육공동체의 중요한 자원으로 자리 잡고 있다. 자녀가 과학기술 중심의 사회에서 요구되는 창의적 사고, 비판적 사고, 협업 능력을 갖추기 위해서는 부모와 학교뿐만 아니라 학원과 전문가 공동체의 협력이 필수적이다. OECD의 21세기 교육 방향을 반영한 전문가 공동체 교육은 자녀가 글로벌 사회에서 성공적으로 자기 주도적 학습을 실현하고, 창의적 문제 해결 능력을 갖춘 인재로 성장하는 데 중요한 역할을 할 것이다.

"한 아이를 키우는 데는 온 마을이 필요하다." 아프리카 부시먼족의 속담이 있다. 이러한 개념은 21세기 대한민국 교육에도 그대로 적용된다. 자녀가 미래 사회에 적응하고 성공하려면, 부모와 학교뿐만 아니라 친척, 이웃, 지역사회 구성원, 학원, 과외 교사, 전문가 멘토 등 다양한 전문가 교육공동체 자원이 함께 참여해야 한다. 급변하는 시대에 자녀의 양육은 부모 혼자만의 역량과 역할만으로 이루어지기 어렵다. 부모뿐만 아니라 주변의 많은 사회적 자원들이 자녀의 학습과 발달에 동참해야 한다. 부모는 아이가 교육공동체 내에서 다양한 경험과 자원을 활용할 수 있도록 도와야 하며, 이를 통해 자녀는 더욱 폭넓은 교육을 받으며 역량을 기르고, 빠르게 변화하는 환경 속에서 자기의 미래를 개척하며 사회에 적응하는 역량을 습득할 것이다. 이제 부모와 내 아이만의 '2인3각'의 시대는 끝나고

'多人多角'의 전문가 공동체 교육 시대를 살아가고 있음을 알아야 한다.

"아이들은 부모의 자식이기 전에
사회의 자산이다."

아리스토텔레스

아이들의 성장과 교육은 한 가족의 일이 아니라,
전체 사회가 책임져야 할 일이다.

참고문헌

김경희, 『미래의 교육』, 예문아카이브, 2019.

김난도 외 9명, 『트렌드 코리아 2025』, 미래의창, 2024.

김미랑, 『잠자는 아이의 두뇌를 깨워라』, 한울림, 2003.

김호진, 『똑똑해지는 뇌과학 독서법』, 리텍 콘텐츠, 2020.

김영훈, 『독서의 뇌』, 스마트북스, 2023.

김대식, 『12세 전에 완성하는 뇌과학 독서법』, 비룡소, 2023.

김아영, 『실패는 나의 힘』, 초이스북, 2018.

김유라, 『아들 셋 엄마의 돈 되는 독서』, 차이정원, 2018.

매리언 울프, 이희수, 『책읽는 뇌』, 살림, 2009.

매리언 울프, 전병근, 『다시, 책으로』, 어크로스출판사, 2019.

매리언 울프, 이희수, 『프루스트와 오징어』, 어크로스출판사, 2024.

리처드 탈러 · 캐스 선스타인, 이경식, 『넛지: 파이널 에디션』, 리더스북, 2022.

한스 로슬링, 이창신, 『팩트풀니스』, 김영사, 2019.

조너선 하이트, 그레그 루키아노프, 왕수민, 『나쁜 교육』, 프시케의 숲, 2019.

미하이 칙센트미하이, 이희재, 『몰입의 즐거움』, 해냄, 2005.

최유정, 『우리 같이 가구 배치』, 밥북, 2023.

이상인, 『공부방 풍수 인테리어』, 창해, 2011.

안자이 테쓰, 박은지, 『공간을 쉽게 바꾸는 조명』, 마티, 2016.

앤절라 더크워스, 김미정, 『그릿』, 비즈니스북스, 2016.

정미경 · 권재기 · 안혜진, 『창의성을 창의하다』, 공동체, 2022.

정미경 · 권재기 · 안혜진, 『교육평가, 미래교육을 디자인하다』, 지식터, 2024.

리사 손, 『메타인지 학습법』, 21세기북스, 2019.

손승영, 유현심, 서상훈, 『하브루타 독서동아리』, 심다, 2019.

모티머 J. 애들러, 민병덕, 『독서의 기술』, 범우사, 1986.

유애희, 『엄마표 독서육아』, 한국학술정보, 2018.

정아은, 『엄마의 독서』, 한겨레출판, 2018.

문유석, 『쾌락독서』, 문학동네, 2018.

장대은, 『크리스천 엄마의 독서수업』, 생명의말씀사, 2020.

Robert Ditts, 권병희 외 9명, 『NLP로 신념 체계 바꾸기』, 학지사, 2019.

Robert Ditts · Judith DeLozier · Deborah Bacon Ditts, 전경숙 외 9명, 『NLP II : 넥스트 제너레이션』, 학지사, 2019.

이진식, 『NLP 심리치려 및 상담』, 교육과학사, 2020.

데이비드 바드르, 김한영, 『생각은 어떻게 행동이 되는가』, 북하우스퍼브리셔스, 2022.

이지현 · 마송희 · 김수영 · 정정희, 『영유아를 위한 언어교육[제5판]』, 공동체, 2009.

프랜시스 젠슨 · 에이미 엘리스 넛, 김성훈, 『10대의 뇌』, 웅진지식하우스, 2018.

웬디 우드, 김윤재, 『해빗』, 다산북스, 2019.

베셀 반 데어 콜크, 제효영, 『몸은 기억한다』, 을유문화사, 2016.

대니얼 J. 레비틴, 김성훈, 『정리하는 뇌』, 미래엔, 2015.

Arthur L. Costa · Robert J. Garmston, 『인지적 코칭』, 아카데미프레스, 2020.

미겔 니코렐리스, 김성훈, 『뇌와 세계』, 김영사, 2021.

정용, 정재승, 김대수, 『1.4킬로그램의 우주, 뇌』, 사이언스북스, 2014.

존 볼비, 김창대, 『애착』, 연암서가, 2019.

국제미래학회 · 한국교육학술정보원, 『제4차 산업혁명시대 대한민국 미래교육보고서』.

KOTRA, 『2020 한국이 열광할 세계트렌드』, 알키, 2019.

스티븐 코비, 김경섭, 『성공하는 사람들의 7가지 습관』, 김영사, 1994.
레이 커즈와일, 윤영삼, 『마음의 탄생』, 크레센도, 2016.
마틴 셀리그만, 문용린, 『긍정심리학 프라이머』, 물푸레, 2010.
로완 후퍼, 이현정, 『슈퍼휴먼』, 동아엠앤비, 2020.
스티즌 로저 피셔, 신기식, 『읽기의 역사』, 지영사, 2011.
스티븐 로저 피셔, 박수철 · 유수아, 『어의 역사』, 21세기북스, 2011.
알베르트 망구엘, 정명진, 『독서의 역사』, 세종, 2000.
질 볼트 테일러, 진영인, 『나를 알고 싶을 때 뇌과학을 공부합니다』, 윌북, 2022.
알베르트 코스타, 김유경, 『언어의 뇌과학』, 현대지성, 2020.
가토 도시노리, 박현아, 『100세까지 성장하는 뇌 훈련 방법』, 정다와, 2018.
니콜라스 카, 최지향, 『생각하지 않는 사람들』, 청림출판, 2011.
빌 설리번, 김성훈, 『나를 나답게 만드는 것들』, 로크미디어, 2020.
월터 J. 옹, 임명진, 『구술문화와 문자문화』, 문예출판사, 1995.
심성보, 『교육과정에서 왜 지식이 중요한가』, 살림터, 2020.
마야 비알릭 · 찰스 페델 · 웨인 홈즈, 정제영 · 이선복, 『인공지능 시대의 미래교육』, 피와이메이트, 2020.
이인아, 『기억하는 뇌, 망각하는 뇌』, 21세기북스, 2022.
장서영, 『초등 적기독서』, 글담출판사, 2013.
박영숙 · 제롬 글렌, 『일자리 혁명 2030』, 비즈니스북스, 2017.
마우로 기엔, 우진하, 『축의전환 2030』, 리더스북, 2020.
마샬 맥루한, 박정규, 『미디어의 이해』, 커뮤니케이션북스, 1997.
마이클 브룩스, 존 래서, 김수미, 『포노사피엔스 어떻게 키울 것인가』, 21세기북스, 2021.
클라우스 슈밥, 키에리 말르레, 이진원, 『클라우스 슈밥의 위대한 리셋』, 메가스터디, 2021.
리사 손, 『임포스터』, 21세기북스, 2021.
글라우스 슈밥 · 피터 반햄, 김미정, 『자본주의 대예측』, 메가스터디, 2022.
유발 하라리, 전병근, 『21세기를 위한 21가지 제언』, 김영사, 2018.
최재붕, 『CHANGE 9』, 쌤앤파커스, 2020.
최재붕, 『포노사피엔스』, 쌤앤파커스, 2021.
리사 펠드먼 배럿, 변지영, 『이토록 뜻밖의 뇌과학』, 더퀘스트, 2021.
이항심, 『시그니처』, 다산북스, 2020.
도현심 외 5, 『인간발달과 가족』, 교문사, 2005.
전정재, 『독서의 이해』, 한국방송출판, 2001.
천경록 외 2, 『독서 교육론』, 역락, 2022.
한국독서학회, 『독서교육의 이론과 실천』, 박이정, 2021.
모텐 H.크리스티안센, 닉 채터, 이혜경, 『진화하는 언어』, 웨일북, 2023.
버지니아 사티어, 강유리, 『아이는 무엇으로 자라는가』, 포레스트, 2023.
재레드 다이아몬드, 강주헌, 『대변동: 위기, 선택, 변화』, 김영사, 2019.
오자와 마키코, 박동섭, 『심리학은 아이들 편이가』, 서현사, 2010.
유발 하라리 외 3, 정현욱, 『초예측』, 웅진지식하우스, 2019.
유발 하라리 외 5, 신희원, 『초예측, 부의 미래』, 지식하우스, 2020.
브라이언 버네사 우즈, 이민아, 『다정한 것이 살아남는다』, 디플롯, 2021.
마틴 셀리그먼 외 3, 김경일, 김태훈, 『전망하는 인간, 호모 프로스펙투스』, 지식하우스, 2021.
스콧 배리 카우프만, 김완균, 『트랜샌드』, 책과세상, 2021.
이상훈, 『만 시간의 법칙』, 위즈덤하우스, 2010.
안데르스 에릭슨, 로버트 풀, 강혜정, 『만 시간의 재발견』, 비즈니스북스, 2016.
제레드 쿠니 호바스, 김나연, 『사람은 어떻게 생각하고 배우고 기억하는가』, 토네이도, 2020.
전정재, 『전정재 박사의 영재 클리닉』, 김영사, 2002.
나카무로 마키코, 유윤한, 『데이터가 뒤집은 공부의 진실』, 로그인, 2016.

김종화, 신덕룡, 심상교, 『문학의 이해』, 한울, 2007.
고문숙 외 3, 『아동문학교육』, 양성원, 2019.
존 레이티, 리처드 매닝, 이민아, 『맨발로 뛰는 뇌』, 녹색지팡이, 2016.
존 레이티, 에릭 헤이거먼, 이상헌, 『운동화 신은 뇌』, 녹색지팡이, 2018.
주디스 리치 해리스, 최수근, 『양육가설』, 이김, 2017.
켄 로빈슨, 루 애로니카, 정미나, 『학교혁명』, 21세기북스, 2015.
조벽, 『조벽 교수의 인재 혁명』, 해냄출판사, 2010.
존 르 텔리어, 김창환, 『퀀텀 교수법 교육리더십의 실제』, 샌들코어, 2016.
M. Kay Alderman, 김종남, 임선아, 『성취동기』, 학지사, 2015.
Arthur J. Cropley, 김 선, 『교육과 창의성』, 집문당, 2000.
유중근, 『애착이론 BASIC』, 엠씨아이, 2018.
전정재, 『똑똑한 우리 아이' 왜 공부 안하나?』, 대교출판, 2005.
문정화 외 3, 『또 하나의 교육 창의성(3판)』, 학지사, 2019.
장경원 외 5, 『알고 보면 만만한 PBL 수업』, 학지사, 2019.
송재환, 『초등 5학년 공부법』, 글담출판사, 2014.
Max van Manen, 김종훈, 조현희, 『가르침의 묘미』, 학지사, 2022.
펠리치타스 아우어슈페르크, 문항심, 『사회심리학이 이렇게 재밌을 줄이야』, 반니, 2021.
다니엘 G. 에이멘, 김성훈, 『공부하는 뇌』, 반니, 2020.
김지영 외 2, 『놀이지도』, 창지사, 2024.
한국교육컨설턴트협의회, 『대입실전 편』, 한국교육컨설턴트협의회, 2024.
리사 제노바, 『기억의 뇌과학』, 웅진지식하우스, 2022.
이남호, 『교과서에 실린 문학 작품을 어떻게 가르칠 것인가』, 현대문학, 2001.
최유찬, 『문예사조의 이해』, 실천문학, 2002.
마틴 셀리그먼, 김세영, 『낙관적인 아이』, 물푸레, 2010.
홍인재, 『읽고 쓰지 못하는 아이들』, 에듀니티, 2018.
로버트 B. 디너, 우문식, 윤상운, 『긍정심리학 코칭 기술』, 물푸레, 2011.
박창규 외 4, 『코칭 핵심 역량』, 학지사, 2019.
Dan P. McAdams, 양유성, 이우금, 『이야기 심리학』, 학지사, 2015.
Dan P. McAdams, 정석환, 『인간과 성격의 이해』, 시그마프레스, 2017.
정종진, 『뇌기반 학습의 원리와 실제』, 학지사, 2015.
인포비주얼 연구소, 위정훈, 『친절한 뇌과학 이야기』, 북피움, 2022.
이임숙, 『현장에서 효과적인 독서치료』, 학지사, 2018.
이경민 외 5, 『게임하는 뇌』, 몽스북, 2021.
아마노 히카리, 정덕식, 김재현, 『아이의 두뇌는 부부의 대화 속에서 자란다』, 센시오, 2020.
KBS 시사기획 창 제작팀 이흥철, 이헤나, 『중학생 뇌가 달라졌다』, 마더북스, 2020.
D. 펄뮤터, 노혜숙, 『아이 뇌는 자란다』, 프리미엄북스, 2010.
신동선, 『뇌신경 의사, 책을 읽다』, 더메이커, 2021.
양은우, 『소용돌이치는 사춘기의 뇌』, 도서출판 다림, 2022.
Terry Doyle, 박용한, 『뇌기반 학습과학』, 학지사, 2021.
최승필, 『공부머리 독서법』, 책구루, 2019.
장준환, 『아이의 뇌를 알면 공부가 쉽다』, 셀렘, 2022.
오쿠야마 치카라, 양필성, 『아이 뇌를 알면 진짜 마음이 보인다』, 알에이치코리아, 2022.
김영훈, 『엄마의 두뇌태교』, 이다미디어, 2018.
한재은, 『독서! 뇌 발달과 미래력을 만든다』, 드림워드에스, 2021.
"한강, 노벨문학상 탔지만⋯책 안 보고 문해력 처지는 한국학생", 〈연합뉴스〉, 김수현, 24.10.16.
"직장인 10명 중 9명 '현대인 문해력 수준 낮아졌다'", 〈디지털타임스〉, 이상헌, 24.10.10.
"'두발 자유화는 자유로운 두 발'⋯청소년 문해력 '적신호'", 〈뉴시즈〉, 우지은, 24.10.09.

"[한마당]문해력", 〈국민일보〉, 한승주 논설위원, 24.10.09.

"[이호진의 디지털 광장] 모바일 혁명과 문해력", 〈부산일보〉, 이호진, 24.10.10.

"사생대회가 죽기살기 대회?…이게 고2 실력", 〈조선일보〉, 표태준, 24.06.18.

"영어 실력은 느는데…'국포자'는 역대 최대", 〈N뉴스〉, 염혜원, 24.06.23.

"중고생 영어 실력은 느는데… 고교 수학 '기초학력 미달'증가", 〈N뉴스〉, 김민제, 24.06.17.

"[다가온 미래, AI 교과서]수업 진도 못 따라가는 느린 학습자에 큰 도움 기대", 〈부산일보〉, 김한수, 24.06.10.

신혜숙, 「교육연구」, 〈초등교사가 느끼는 행정업무부담과 교사소진의 관계분석〉, 제46권, 2호(2024).

전경희, 「교육연구」, 〈대학 입학전형 평가 요소와 핵심역량 지표의 관계분석〉, 제46권, 2호(2024).

권재기, 양명희, 홍효정, 「교육연구」, 〈대학생 학습역량 검사도구의 개발과 타당화〉, 제46권, 2호(2024).

도우재, 김수진「교육연구」, 〈중학생의 디지털 기기 활용에 대한 자기조절 인식과 경험 연구〉, 제46권, 2호(2024).

황혜진, 「기획 주제 : 비판적 사고와 독서: 비판적 문해력 신장을 위한 드라마 비평문 쓰기교육방법 연구」, 〈한국독서학회〉, 20권, 2008.

전전재, 「부모의 사회경제적 지위 및 양육 태도가 자녀의 문해력에 미치는 영향: 독서 행태와 디지털기기 사용 행태의 매개효과를 중심으로」, 〈한국청소년학회〉, 30권 5호, 2023.

김현애, 「국내 독서복지 실태 및 개선방안 : 취약계층 아동ㆍ청소년을 중심으로」, 〈한국독서학회〉, 62권, 2022.

엄훈, 「아동기 문해력 발달 격차에 대한 문제해결적 접근」, 〈한국독서학회〉, 50권, 2019.

송승훈, 「교사가 마주하는 문해력 교육의 문제 상황」, 〈한국독서아카고라학회〉, 4권, 2022.

이경남, 「기초학력 담론에서 국어 교육의 역할과 과제」, 〈한국초등국어교육학회〉, 72권, 2021.

박아름, 「부모의 책 읽어주기와 자녀의 문해력의 관계」, 〈초등국어교육〉, 27권, 2022.

이연정, 「국내외의 문해력 이슈와 그에 대한 대응 및 지원 사례 연구」, 〈한국리터러시학회〉, 15권 2호, 2024.

이지영, 「성인 독자의 독서 거여험과 초등교사의 독서 교육 실천」, 〈문학교육학〉, 84권, 2024.

임성관, 「성인기 우울 완화를 위한 독서치료 프로그램 개발」, 〈한국독서교육연구학회〉, 제8권 제1호, 2021.

이삼형, 「toddorydbrd로서의 독서교육」, 〈국어교육학연구〉, 41권, 2011.

권옥경, 「독서교육 프로그램이 부모의 자아개념 및 부모효능감에 미치는 영향」, 〈한국창의력교육학회〉, 제8권 제1호, 2008.

조예신, 「성인 독서교육 활성화를 위한 낭독기법 연구」, 〈한국독서아카고라학회〉, 5권, 2023.

홍윤택, 「아들러(M.J.Adler) 독서교육론의 인식론적 토대 연구」, 〈교육사상연구〉, 35권 2호, 2021.

김해인, 「성인 애독자와 비독자의 독서 가치와 목적 인식 비교」, 〈한국독서학회〉, 56권, 2020.

김성연, 「평생교육시대 고등교육의 역할과 단계적 교육방법의 모색: 독서교육을 사례로」, 〈교양학 연구〉, 19권, 2022.

한지님, 우호성, 「성인 대상 독서습관 개선을 위한 ChatGPT 활용방안 연구」, 〈이러닝학회 학술대회〉, 통권, 2024.

김지영, 「그림책의 그림읽기 수업을 통한 시각 문식성 향상에 관한 연구」, 〈한국독서교육학연구회〉, 제2권, 2008.

최미숙, 「어린이 책의 출판과 국어교육」, 〈국어교육학연구〉, 17권, 2003.

박윤경, 「고등학생의 독서 의식 탐구를 통한 독서 교육 사례 연구」, 〈한국리터러시학회〉, 12권 4호, 2021.

정해연, 「매체 자료 독서를 통한 청소년 언어 순화 지도」, 〈국어교과교육학회〉, 제20호, 2012.

천경록, 「독서 발달과 독자 발달의 단계에 대한 고찰」, 〈국어교육학연구〉, 제55권 3호, 2020.

윤준채, 「우리나라 국민의 독서 생활에 관한 실태 연구」, 〈현장중심 초등교육연구〉, 제2권, 2020.

류희경, 「기획 주제: 평생 학습 시대의 독서 ; 평생 학습의 장으로서 도서관 독서프러그램 고찰」, 〈한국독서학회〉, 23권, 2010.

김연옥, 「동화 깊이 읽기를 통한 문학감상활동과 독서습과 형성」, 〈한국인성감성교육학회〉, 2017권 2호, 2017.

한멸숙, 「기획 주제 : 디지털 시대의 고전 읽기 ; 다매체 시대의 어린이 고전과 학교 고전교육」, 〈한국독서학회〉, 19권, 2008.

류보라, 「중학생의 독서와 진로 탐색의 관계」, 〈한국독서학회〉, 33권, 2014.

김혜원, 「주제중심 독서활동을 통한 중학생의 장애인에 대한 태도 변화」, 〈한국독서학회〉, 9권, 2003.

박정진, 「진로 및 진로 독서에 대한 고등학생의 인식」, 〈한국독서학회〉, 72권, 2024.

정대근, 「독서역할모델이 고등학생의 독서유효성에 미치는 영향 연구」, 〈한국도서관ㆍ정보학회지〉, 46권 3호, 2015.

정대근, 「독서환경이 고등학생의 독서생활에 미치는 영향 연구」, 〈전남대학교 사회과학연구소〉, 18권, 2014.

임정훈, 「고등학생의 독서동기 및 도서선택에 미치는 요인 탐구」, 〈한국도서ㆍ정보학회지〉, 48권 2호, 2017.

유병학, 「평생학습으로서의 독서교육」, 〈공주교육대학교 초등교육연구소〉, 6권 1호, 2006.

김성연, 「평생교육시대 고등교육의 역할과 단계적 독서교육의 모색」, 〈한국교양교육학회〉, 2021년 추계전국학술대회 발표집, 2021.

안부영, 「기획 주제 : 평생 학습 시대의 독서 ; 사회적 문식성에 기반한 읽기 교육에 대한 시론」, 〈한국독서학회〉, 23권, 2010.
이선화, 이경화, 「조손 세대 간 소통 강화를 위한 조부모 독서교육 모형 개발」, 이선화, 이경화, 「조손세대 간의 교류를 위한 조부모의 손자녀 독서교육 실태와 활성화 방안」, 〈숭실대학교 영재교육연구소〉, 제5권 2호, 2015.
권옥경, 「독서교육 프로그램이 부모의 자아개념 및 부모효능감에 미치는 영향」, 〈창의력교육연구〉, 제8권 제1호, 2008.
정진구, 「기획 주제 : 평생 학습 시대의 독서 ; 평생학습사회에서 기업의 독서경영」, 〈한국독서학회〉, 23권, 2010.
이성영, 「생태학적으로 타당한 독서 교육을 위하여」, 〈한국초등국어교육학회〉, 22권, 2003.
한철우, 「기획주제 : 교과 교육과 독서 지도의 방향 ; 학교 독서 지도의 방향과 과제」, 〈한국독서학회〉, 14권, 2005.
변학수, 「기회 주제 : 평생 학습 시대의 독서 ; 문학 독서와 치유독자」, 〈한국독서학회〉, 23권, 2010.
이승채, 「성인의 반복독서 경험에 관한 연구－전북대학교 평생교육원 학생들을 중심으로－」, 〈한국문헌정보학회지〉, 45권 1호, 2011.
정옥년, 「평생 독자의 성장과 교육적 지원」, 〈한국독서학회〉, 43권, 2017.
김성연, 「4차 산업 시대 교육환경 변화에 따른 독서교육의 모색」, 〈한국리터러시학회〉, 10권 3호, 2019.
오길주, 「독서교육에서의 그릿(GRIT) 고찰」, 〈한국독서아카고라학회〉, 1권, 2019.
윤금준, 「2022 국어과 교육과정 '독서와 작문'의 쟁점과 과제」, 〈하나국리터러시학회〉, 14권 4호, 2023.
최혜순, 「영유아 독서놀이의 뇌과학적 접근」, 〈한국독서아카고라학회〉, 2권, 2020.
이건우, 「뇌의 밸런스를 잡아주는 분야별 독서법」, 〈나침반 36.5도〉, 12월호, 2023.12.
김혜정, 「독서 관련 학문의 동향과 독서교육: 독서교육 이론의 변화와 쟁점」, 〈한국독서학회〉, 40권, 2016.
이용수, 「책 읽는 뇌는 어떻게 다를까?」, 〈한국뇌학회연구원〉, 90권, 2021.
김경아, 「마음을 편안하게, 머리를 시원하게 하는 공간 : 여름을 독서의 계절로 만드는 그곳_의정부 미술도서관」, 〈한국뇌과학연구원〉, 94권, 2022.
이영수, 「'읽기'와 '쓰기'의 神經生理學的 考察」, 〈한국출판학연구〉, 52권, 2007.
노명완, 「이해, 학습, 기억 : 독서과정에 관한 인지심리학적 연구분석」, 〈KEDI 학술마당〉, 1987.
이광오, 「문식성 발달에 대한 인지심리학적 접근」, 〈한국초등국어교육학회〉, 42권, 2010.
오정례, 「초등학교 1학년 학생의 자기 선택적 독서 연구 －일기 능력과 읽기 태도에 따른 잠재프로파일 유형을 중심으로－」, 박사학위논문, 고려대학교 대학원, 2024.
정지은, 「중학생의 읽기 능력과 독자 인식에 관한 잠재프로파일 유형 및 영향요인 연구」, 박사학위, 고려대학교 대학원, 2024.
장수경, 「학원」의 문학사적 위상 연구」, 박사학위, 고려대학교 대학원, 2010.
이길재, 「단어유형별 단어재인 분석을 통한 뇌 반구성 및 사건관련전위 연구」, 교육학박사 학위, 경성대학교 대학원, 2010.